MARTIN HEIDEGGER

VORTRÄGE UND AUFSÄTZE

NESKE

Fünfte Auflage 1985
Alle Rechte vorbehalten
©Verlag Günther Neske Pfullingen 1954
Umschlag von Brigitte Neske
Druck: Omnitypie Stuttgart
Gebunden bei Heinr. Koch Tübingen
ISBN 3 7885 0092 1
Printed in Germany

INHALT

Vorwort
7

Die Frage nach der Technik
9

Wissenschaft und Besinnung
41

Überwindung der Metaphysik
67

Wer ist Nietzsches Zarathustra?
97

Was heißt Denken?
123

Bauen Wohnen Denken
139

Das Ding
157

«...dichterisch wohnet der Mensch...»
181

Logos (Heraklit, Fragment 50)
199

Moira (Parmenides, Fragment VIII, 34–41)
223

Aletheia (Heraklit, Fragment 16)
249

Hinweise
275

VORWORT

Das Buch ist, solange es ungelesen vorliegt, eine Zusammenstellung von Vorträgen und Aufsätzen. Für den Leser könnte es zu einer Sammlung werden, die sich um die Vereinzelung der Stücke nicht mehr zu kümmern braucht. Der Leser sähe sich auf einen Weg gebracht, den ein Autor vorausgegangen ist, der im Glücksfall als auctor ein augere, ein Gedeihenlassen auslöst.
Im vorliegenden Falle gilt es, sich wie vordem zu mühen, daß dem von altersher zu-Denkenden, aber noch Ungedachten, durch unablässige Versuche ein Bereich bereitet werde, aus dessen Spielraum her das Ungedachte ein Denken beansprucht.
Ein Autor hätte, wäre er dies, nichts auszudrücken und nichts mitzuteilen. Er dürfte nicht einmal anregen wollen, weil Angeregte ihres Wissens schon sicher sind.
Ein Autor auf Denkwegen kann, wenn es hochkommt, nur weisen, ohne selbst ein Weiser im Sinne des σοφός zu sein.
Denkwege, für die Vergangenes zwar vergangen, Gewesendes jedoch im Kommen bleibt, warten, bis irgendwann Denkende sie gehen. Während das geläufige und im weitesten Sinne technische Vorstellen immer noch vorwärts will und alle fortreißt, geben weisende Wege bisweilen eine Aussicht frei auf ein einziges Ge-birg.

Todtnauberg, im August 1954

DIE FRAGE NACH DER TECHNIK

Im folgenden *fragen* wir nach der Technik. Das Fragen baut an einem Weg. Darum ist es ratsam, vor allem auf den Weg zu achten und nicht an einzelnen Sätzen und Titeln hängenzubleiben. Der Weg ist ein Weg des Denkens. Alle Denkwege führen, mehr oder weniger vernehmbar, auf eine ungewöhnliche Weise durch die Sprache. Wir fragen nach der *Technik* und möchten dadurch eine freie Beziehung zu ihr vorbereiten. Frei ist die Beziehung, wenn sie unser Dasein dem Wesen der Technik öffnet. Entsprechen wir diesem, dann vermögen wir es, das Technische in seiner Begrenzung zu erfahren.
Die Technik ist nicht das gleiche wie das Wesen der Technik. Wenn wir das Wesen des Baumes suchen, müssen wir gewahr werden, daß jenes, was jeden Baum als Baum durchwaltet, nicht selber ein Baum ist, der sich zwischen den übrigen Bäumen antreffen läßt.
So ist denn auch das Wesen der Technik ganz und gar nichts Technisches. Wir erfahren darum niemals unsere Beziehung zum Wesen der Technik, solange wir nur das Technische vorstellen und betreiben, uns damit abfinden oder ihm ausweichen. Überall bleiben wir unfrei an die Technik gekettet, ob wir sie leidenschaftlich bejahen oder verneinen. Am ärgsten sind wir jedoch der Technik ausgeliefert, wenn wir sie als etwas Neutrales betrachten; denn diese Vorstellung, der man heute besonders gern huldigt, macht uns vollends blind gegen das Wesen der Technik.
Als das Wesen von etwas gilt nach alter Lehre jenes, *was* etwas ist. Wir fragen nach der Technik, wenn wir fragen, was sie sei. Jedermann kennt die beiden Aussagen, die unsere Frage beant-

worten. Die eine sagt: Technik ist ein Mittel für Zwecke. Die andere sagt: Technik ist ein Tun des Menschen. Beide Bestimmungen der Technik gehören zusammen. Denn Zwecke setzen, die Mittel dafür beschaffen und benützen, ist ein menschliches Tun. Zu dem, was die Technik ist, gehört das Verfertigen und Benützen von Zeug, Gerät und Maschinen, gehört dieses Verfertigte und Benützte selbst, gehören die Bedürfnisse und Zwecke, denen sie dienen. Das Ganze dieser Einrichtungen ist die Technik. Sie selber ist eine Einrichtung, lateinisch gesagt: ein *instrumentum*.

Die gängige Vorstellung von der Technik, wonach sie ein Mittel ist und ein menschliches Tun, kann deshalb die instrumentale und anthropologische Bestimmung der Technik heißen.

Wer wollte leugnen, daß sie richtig sei? Sie richtet sich offenkundig nach dem, was man vor Augen hat, wenn man von Technik spricht. Die instrumentale Bestimmung der Technik ist sogar so unheimlich richtig, daß sie auch noch für die moderne Technik zutrifft, von der man sonst mit einem gewissen Recht behauptet, sie sei gegenüber der älteren handwerklichen Technik etwas durchaus Anderes und darum Neues. Auch das Kraftwerk ist mit seinen Turbinen und Generatoren ein von Menschen gefertigtes Mittel zu einem von Menschen gesetzten Zweck. Auch das Raketenflugzeug, auch die Hochfrequenzmaschine sind Mittel zu Zwecken. Natürlich ist eine Radarstation weniger einfach als eine Wetterfahne. Natürlich bedarf die Verfertigung einer Hochfrequenzmaschine des Ineinandergreifens verschiedener Arbeitsgänge der technisch-industriellen Produktion. Natürlich ist eine Sägemühle in einem verlorenen Schwarzwaldtal ein primitives Mittel im Vergleich zum Wasserkraftwerk im Rheinstrom.

Es bleibt richtig: auch die moderne Technik ist ein Mittel zu Zwecken. Darum bestimmt die instrumentale Vorstellung von der Technik jede Bemühung, den Menschen in den rechten Be-

zug zur Technik zu bringen. Alles liegt daran, die Technik als Mittel in der gemäßen Weise zu handhaben. Man will, wie es heißt, die Technik «geistig in die Hand bekommen». Man will sie meistern. Das Meistern-wollen wird um so dringlicher, je mehr die Technik der Herrschaft des Menschen zu entgleiten droht.
Gesetzt nun aber, die Technik sei kein bloßes Mittel, wie steht es dann mit dem Willen, sie zu meistern? Allein, wir sagten doch, die instrumentale Bestimmung der Technik sei richtig. Gewiß. Das Richtige stellt an dem, was vorliegt, jedesmal irgend etwas Zutreffendes fest. Die Feststellung braucht jedoch, um richtig zu sein, das Vorliegende keineswegs in seinem Wesen zu enthüllen. Nur dort, wo solches Enthüllen geschieht, ereignet sich das Wahre. Darum ist das bloß Richtige noch nicht das Wahre. Erst dieses bringt uns in ein freies Verhältnis zu dem, was uns aus seinem Wesen her angeht. Die richtige instrumentale Bestimmung der Technik zeigt uns demnach noch nicht ihr Wesen. Damit wir zu diesem oder wenigstens in seine Nähe gelangen, müssen wir durch das Richtige hindurch das Wahre suchen. Wir müssen fragen: was ist das Instrumentale selbst? Wohin gehört dergleichen wie ein Mittel und ein Zweck? Ein Mittel ist solches, wodurch etwas bewirkt und so erreicht wird. Was eine Wirkung zur Folge hat, nennt man Ursache. Doch nicht nur jenes, mittels dessen ein anderes bewirkt wird, ist Ursache. Auch der Zweck, demgemäß die Art der Mittel sich bestimmt, gilt als Ursache. Wo Zwecke verfolgt, Mittel verwendet werden, wo das Instrumentale herrscht, da waltet Ursächlichkeit, Kausalität.
Seit Jahrhunderten lehrt die Philosophie, es gäbe vier Ursachen: 1. die causa materialis, das Material, der Stoff, woraus z. B. eine silberne Schale verfertigt wird; 2. die causa formalis, die Form, die Gestalt, in die das Material eingeht; 3. die causa finalis, der Zweck, z. B. der Opferdienst, durch den die benötigte Schale nach Form und Stoff bestimmt wird; 4. die causa efficiens, die den Effekt, die fertige wirkliche Schale erwirkt, der Silber-

schmied. Was die Technik, als Mittel vorgestellt, ist, enthüllt sich, wenn wir das Instrumentale auf die vierfache Kausalität zurückführen.

Wie aber, wenn sich die Kausalität ihrerseits in dem, was sie ist, ins Dunkel hüllt? Zwar tut man seit Jahrhunderten so, als sei die Lehre von den vier Ursachen wie eine sonnenklare Wahrheit vom Himmel gefallen. Indessen dürfte es an der Zeit sein zu fragen: weshalb gibt es gerade vier Ursachen? Was heißt in Bezug auf die genannten vier eigentlich «Ursache»? Woher bestimmt sich der Ursachecharakter der vier Ursachen so einheitlich, daß sie zusammengehören?

Solange wir uns auf diese Fragen nicht einlassen, bleibt die Kausalität und mit ihr das Instrumentale und mit diesem die gängige Bestimmung der Technik dunkel und grundlos.

Man pflegt seit langem die Ursache als das Bewirkende vorzustellen. Wirken heißt dabei: Erzielen von Erfolgen, Effekten. Die causa efficiens, die eine der vier Ursachen, bestimmt in maßgebender Weise alle Kausalität. Das geht so weit, daß man die causa finalis, die Finalität, überhaupt nicht mehr zur Kausalität rechnet. Causa, casus, gehört zum Zeitwort cadere, fallen, und bedeutet dasjenige, was bewirkt, daß etwas im Erfolg so oder so ausfällt. Die Lehre von den vier Ursachen geht auf Aristoteles zurück. Im Bereich des griechischen Denkens und für dieses hat jedoch alles, was die nachkommenden Zeitalter bei den Griechen unter der Vorstellung und dem Titel «Kausalität» suchen, schlechthin nichts mit dem Wirken und Bewirken zu tun. Was wir Ursache, die Römer causa nennen, heißt bei den Griechen αἴτιον, das, was ein anderes verschuldet. Die vier Ursachen sind die unter sich zusammengehörigen Weisen des Verschuldens. Ein Beispiel kann dies erläutern.

Das Silber ist das, woraus die Silberschale verfertigt ist. Es ist als dieser Stoff (ὕλη) mitschuld an der Schale. Diese schuldet, d. h. verdankt dem Silber das, woraus sie besteht. Aber das Opfer-

gerät bleibt nicht nur an das Silber verschuldet. Als Schale erscheint das an das Silber Verschuldete im Aussehen von Schale und nicht in demjenigen von Spange oder Ring. Das Opfergerät ist so zugleich an das Aussehen (εἶδος) von Schalenhaftem verschuldet. Das Silber, worein das Aussehen als Schale eingelassen ist, das Aussehen, worin das Silberne erscheint, sind beide auf ihre Weise mitschuld am Opfergerät.
Schuld an ihm bleibt jedoch vor allem ein Drittes. Es ist jenes, was zum voraus die Schale in den Bereich der Weihe und des Spendens eingrenzt. Dadurch wird sie als Opfergerät umgrenzt. Das Umgrenzende beendet das Ding. Mit diesem Ende hört das Ding nicht auf, sondern aus ihm her beginnt es als das, was es nach der Herstellung sein wird. Das Beendende, Vollendende in diesem Sinne heißt griechisch τέλος, was man allzuhäufig durch «Ziel» und «Zweck» übersetzt und so mißdeutet. Das τέλος verschuldet, was als Stoff und was als Aussehen das Opfergerät mitverschuldet.
Schließlich ist ein Viertes mitschuld am Vor- und Bereitliegen des fertigen Opfergerätes: der Silberschmied; aber keineswegs dadurch, daß er wirkend die fertige Opferschale als den Effekt eines Machens bewirkt, nicht als causa efficiens.
Die Lehre des Aristoteles kennt weder die mit diesem Titel genannte Ursache, noch gebraucht sie einen entsprechenden griechischen Namen.
Der Silberschmied überlegt sich und versammelt die drei genannten Weisen des Verschuldens. Überlegen heißt griechisch λέγειν, λόγος. Es beruht im ἀποφαίνεσθαι, zum Vorschein bringen. Der Silberschmied ist mitschuld als das, von wo her das Vorbringen und das Aufsichberuhen der Opferschale ihren ersten Ausgang nehmen und behalten. Die drei zuvor genannten Weisen des Verschuldens verdanken der Überlegung des Silberschmieds, daß sie und wie sie für das Hervorbringen der Opferschale zum Vorschein und ins Spiel kommen.

In dem vor- und bereitliegenden Opfergerät walten somit vier Weisen des Verschuldens. Sie sind unter sich verschieden und gehören doch zusammen. Was einigt sie im voraus? Worin spielt das Zusammenspiel der vier Weisen des Verschuldens? Woher stammt die Einheit der vier Ursachen? Was meint denn, griechisch gedacht, dieses Verschulden?

Wir Heutigen sind zu leicht geneigt, das Verschulden entweder moralisch als Verfehlung zu verstehen oder aber als eine Art des Wirkens zu deuten. In beiden Fällen versperren wir uns den Weg zum anfänglichen Sinn dessen, was man später Kausalität nennt. Solange sich dieser Weg nicht öffnet, erblicken wir auch nicht, was das Instrumentale, das im Kausalen beruht, eigentlich ist.

Um uns vor den genannten Mißdeutungen des Verschuldens zu schützen, verdeutlichen wir seine vier Weisen aus dem her, was sie verschulden. Nach dem Beispiel verschulden sie das Vor- und Bereitliegen der Silberschale als Opfergerät. Vorliegen und Bereitliegen (ὑποκεῖσθαι) kennzeichnen das Anwesen eines Anwesenden. Die vier Weisen des Verschuldens bringen etwas ins Erscheinen. Sie lassen es in das An-wesen vorkommen. Sie lassen es dahin los und lassen es so an, nämlich in seine vollendete Ankunft. Das Verschulden hat den Grundzug dieses An-lassens in die Ankunft. Im Sinne solchen Anlassens ist das Verschulden das Ver-an-lassen. Aus dem Blick auf das, was die Griechen im Verschulden, in der αἰτία, erfuhren, geben wir dem Wort «ver-an-lassen» jetzt einen weiteren Sinn, so daß dieses Wort das Wesen der griechisch gedachten Kausalität benennt. Die geläufige und engere Bedeutung des Wortes «Veranlassung» besagt dagegen nur soviel wie Anstoß und Auslösung und meint eine Art von Nebenursache im Ganzen der Kausalität.

Worin spielt nun aber das Zusammenspiel der vier Weisen des Ver-an-lassens? Sie lassen das noch nicht Anwesende ins Anwesen ankommen. Demnach sind sie einheitlich durchwaltet von einem Bringen, das Anwesendes in den Vorschein bringt. Was dieses Bringen ist, sagt uns Platon in einem Satz des «Symposion» (205 b): ἡ γάρ τοι ἐκ τοῦ μὴ ὄντος εἰς τὸ ὂν ἰόντι ὁτῳοῦν αἰτία πᾶσά ἐστι ποίησις.

«Jede Veranlassung für das, was immer aus dem Nicht-Anwesenden über- und vorgeht in das Anwesen, ist ποίησις, ist Her-vor-bringen.»

Alles liegt daran, daß wir das Her-vor-bringen in seiner ganzen Weite und zugleich im Sinne der Griechen denken. Ein Her-vor-bringen, ποίησις, ist nicht nur das handwerkliche Verfertigen, nicht nur das künstlerisch-dichtende zum-Scheinen- und ins-Bild-Bringen. Auch die φύσις, das von-sich-her Aufgehen, ist ein Her-vor-bringen, ist ποίησις. Die φύσις ist sogar ποίησις im höchsten Sinne. Denn das φύσει Anwesende hat den Aufbruch des Her-vor-bringens, z. B. das Aufbrechen der Blüte ins Erblühen, in ihr selbst (ἐν ἑαυτῷ). Dagegen hat das handwerklich und künstlerisch Her-vor-gebrachte, z. B. die Silberschale, den Aufbruch des Her-vor-bringens nicht in ihm selbst, sondern in einem anderen (ἐν ἄλλῳ), im Handwerker und Künstler.

Die Weisen der Veranlassung, die vier Ursachen, spielen somit innerhalb des Her-vor-bringens. Durch dieses kommt sowohl das Gewachsene der Natur als auch das Verfertigte des Handwerks und der Künste jeweils zu seinem Vorschein.

Wie aber geschieht das Her-vor-bringen, sei es in der Natur, sei es im Handwerk und in der Kunst? Was ist das Her-vor-bringen, darin die vierfache Weise des Veranlassens spielt? Das Veranlassen geht das Anwesen dessen an, was jeweils im Her-vor-bringen zum Vorschein kommt. Das Her-vor-bringen bringt aus der Verborgenheit her in die Unverborgenheit vor. Her-vor-bringen ereignet sich nur, insofern Verborgenes ins Unverborgene kommt. Dieses Kommen beruht und schwingt in dem, was wir das Entbergen nennen. Die Griechen haben dafür das Wort ἀλήθεια. Die Römer übersetzen es durch «veritas». Wir sagen «Wahrheit» und verstehen sie gewöhnlich als Richtigkeit des Vorstellens.

Wohin haben wir uns verirrt? Wir fragen nach der Technik und sind jetzt bei der ἀλήθεια, beim Entbergen angelangt. Was hat das Wesen der Technik mit dem Entbergen zu tun? Antwort: Alles. Denn im Entbergen gründet jedes Her-vor-bringen. Dieses aber versammelt in sich die vier Weisen der Veranlassung – die Kausalität – und durchwaltet sie. In ihren Bereich gehören Zweck und Mittel, gehört das Instrumentale. Dieses gilt als der Grundzug der Technik. Fragen wir Schritt für Schritt, was die als Mittel vorgestellte Technik eigentlich sei, dann gelangen wir zum Entbergen. In ihm beruht die Möglichkeit aller herstellenden Verfertigung.

Die Technik ist also nicht bloß ein Mittel. Die Technik ist eine Weise des Entbergens. Achten wir darauf, dann öffnet sich uns ein ganz anderer Bereich für das Wesen der Technik. Es ist der Bereich der Entbergung, d. h. der Wahr-heit.

Dieser Ausblick befremdet uns. Er soll es auch, soll es möglichst lange und so bedrängend, daß wir endlich auch einmal die schlichte Frage ernst nehmen, was denn der Name «Technik» sage. Das Wort stammt aus der griechischen Sprache. Τεχνικόν meint solches, was zur τέχνη gehört. Hinsichtlich der Bedeutung dieses Wortes müssen wir zweierlei beachten. Einmal ist τέχνη nicht nur der Name für das handwerkliche Tun und Können, sondern auch für die hohe Kunst und die schönen Künste. Die τέχνη gehört zum Her-vor-bringen, zur ποίησις; sie ist etwas Poietisches.

Das andere, was es hinsichtlich des Wortes τέχνη zu bedenken gilt, ist noch gewichtiger. Das Wort τέχνη geht von früh an bis in die Zeit Platons mit dem Wort ἐπιστήμη zusammen. Beide Worte sind Namen für das Erkennen im weitesten Sinne. Sie meinen das Sichauskennen in etwas, das Sichverstehen auf etwas. Das Erkennen gibt Aufschluß. Als aufschließendes ist es ein Entbergen. Aristoteles unterscheidet in einer besonderen Betrachtung (Eth. Nic. VI, c. 3 und 4) die ἐπιστήμη und die τέχνη, und zwar im Hinblick darauf, was sie und wie sie entbergen. Die τέχνη ist eine Weise des ἀληθεύειν. Sie entbirgt solches, was sich nicht selber her-vor-bringt und noch nicht vorliegt, was deshalb bald so, bald anders aussehen und ausfallen kann. Wer ein Haus oder ein Schiff baut oder eine Opferschale schmiedet, entbirgt das Her-vor-zu-bringende nach den Hinsichten der vier Weisen der Veranlassung. Dieses Entbergen versammelt im voraus das Aussehen und den Stoff von Schiff und Haus auf das vollendet erschaute fertige Ding und bestimmt von da her die Art der Verfertigung. Das Entscheidende der τέχνη liegt somit keineswegs im Machen und Hantieren, nicht im Verwenden von Mitteln, sondern in dem genannten Entbergen. Als dieses, nicht aber als Verfertigen, ist die τέχνη ein Her-vor-bringen.

So führt uns denn der Hinweis darauf, was das Wort τέχνη sagt und wie die Griechen das Genannte bestimmen, in den selben Zusammenhang, der sich uns auftat, als wir der Frage nachgingen, was das Instrumentale als solches in Wahrheit sei.

Technik ist eine Weise des Entbergens. Die Technik west in dem Bereich, wo Entbergen und Unverborgenheit, wo ἀλήθεια, wo Wahrheit geschieht.

Gegen diese Bestimmung des Wesensbereiches der Technik kann man einwenden, sie gelte zwar für das griechische Denken und passe im günstigen Fall auf die handwerkliche Technik, treffe jedoch nicht für die moderne Kraftmaschinentechnik zu. Und gerade sie, sie allein ist das Beunruhigende, das uns bewegt, nach «der» Technik zu fragen. Man sagt, die moderne Technik sei eine unvergleichbar andere gegenüber aller früheren, weil sie auf der neuzeitlichen exakten Naturwissenschaft beruhe. Inzwischen hat man deutlicher erkannt, daß auch das Umgekehrte gilt: die neuzeitliche Physik ist als experimentelle auf technische Apparaturen und auf den Fortschritt des Apparatebaues angewiesen. Die Feststellung dieses Wechselverhältnisses zwischen Technik und Physik ist richtig. Aber sie bleibt eine bloß historische Feststellung von Tatsachen und sagt nichts von dem, worin dieses Wechselverhältnis gründet. Die entscheidende Frage bleibt doch: welchen Wesens ist die moderne Technik, daß sie darauf verfallen kann, die exakte Naturwissenschaft zu verwenden?

Was ist die moderne Technik? Auch sie ist ein Entbergen. Erst wenn wir den Blick auf diesem Grundzug ruhen lassen, zeigt sich uns das Neuartige der modernen Technik.

Das Entbergen, das die moderne Technik durchherrscht, entfaltet sich nun aber nicht in ein Her-vor-bringen im Sinne der ποίησις. Das in der modernen Technik waltende Entbergen ist ein Herausfordern, das an die Natur das Ansinnen stellt, Energie zu liefern, die als solche herausgefördert und gespeichert werden kann. Gilt dies aber nicht auch von der alten Windmühle? Nein. Ihre Flügel drehen sich zwar im Winde, seinem Wehen bleiben sie unmittelbar anheimgegeben. Die Windmühle erschließt aber nicht Energien der Luftströmung, um sie zu speichern.

Ein Landstrich wird dagegen in die Förderung von Kohle und Erzen herausgefordert. Das Erdreich entbirgt sich jetzt als Kohlenrevier, der Boden als Erzlagerstätte. Anders erscheint das Feld, das der Bauer vormals bestellte, wobei bestellen noch hieß: hegen und pflegen. Das bäuerliche Tun fordert den Ackerboden nicht heraus. Im Säen des Korns gibt es die Saat den Wachstumskräften anheim und hütet ihr Gedeihen. Inzwischen ist auch die Feldbestellung in den Sog eines andersgearteten Bestellens geraten, das die Natur *stellt*. Es stellt sie im Sinne der Herausforderung. Ackerbau ist jetzt motorisierte Ernährungsindustrie. Die Luft wird auf die Abgabe von Stickstoff hin gestellt, der Boden auf Erze, das Erz z. B. auf Uran, dieses auf Atomenergie, die zur Zerstörung oder friedlichen Nutzung entbunden werden kann.

Das Stellen, das die Naturenergien herausfordert, ist ein Fördern in einem doppelten Sinne. Es fördert, indem es erschließt und herausstellt. Dieses Fördern bleibt jedoch im voraus darauf abgestellt, anderes zu fördern, d. h. vorwärts zu treiben in die größtmögliche Nutzung bei geringstem Aufwand. Die im Kohlenrevier geförderte Kohle wird nicht gestellt, damit sie nur überhaupt und irgendwo vorhanden sei. Sie lagert, d. h. sie ist zur Stelle für die Bestellung der in ihr gespeicherten Sonnenwärme. Diese wird herausgefordert auf Hitze, die bestellt ist, Dampf zu liefern, dessen Druck das Getriebe treibt, wodurch eine Fabrik in Betrieb bleibt.

Das Wasserkraftwerk ist in den Rheinstrom gestellt. Es stellt ihn auf seinen Wasserdruck, der die Turbinen daraufhin stellt, sich zu drehen, welche Drehung diejenige Maschine umtreibt, deren Getriebe den elektrischen Strom herstellt, für den die Überlandzentrale und ihr Stromnetz zur Strombeförderung bestellt sind. Im Bereich dieser ineinandergreifenden Folgen der Bestellung elektrischer Energie erscheint auch der Rheinstrom als etwas Bestelltes. Das Wasserkraftwerk ist nicht in den Rheinstrom gebaut wie die alte Holzbrücke, die seit Jahrhunderten Ufer mit Ufer verbindet. Vielmehr ist der Strom in das Kraftwerk verbaut. Er ist, was er jetzt als Strom ist, nämlich Wasserdrucklieferant, aus dem Wesen des Kraftwerks. Achten wir doch, um das Ungeheuere, das hier waltet, auch nur entfernt zu ermessen, für einen Augenblick auf den Gegensatz, der sich in den beiden Titeln ausspricht: «Der Rhein», verbaut in das *Kraft*werk, und «Der Rhein», gesagt aus dem *Kunst*werk der gleichnamigen Hymne Hölderlins. Aber der Rhein bleibt doch, wird man entgegnen, Strom der Landschaft. Mag sein, aber wie? Nicht anders denn als bestellbares Objekt der Besichtigung durch eine Reisegesellschaft, die eine Urlaubsindustrie dorthin bestellt hat.

Das Entbergen, das die moderne Technik durchherrscht, hat den Charakter des Stellens im Sinne der Herausforderung. Diese geschieht dadurch, daß die in der Natur verborgene Energie aufgeschlossen, das Erschlossene umgeformt, das Umgeformte gespeichert, das Gespeicherte wieder verteilt und das Verteilte erneut umgeschaltet wird. Erschließen, umformen, speichern, verteilen, umschalten sind Weisen des Entbergens. Dieses läuft jedoch nicht einfach ab. Es verläuft sich auch nicht ins Unbestimmte. Das Entbergen entbirgt ihm selber seine eigenen, vielfach verzahnten Bahnen dadurch, daß es sie steuert. Die Steuerung selbst wird ihrerseits überall gesichert. Steuerung und Sicherung werden sogar die Hauptzüge des herausfordernden Entbergens.

Welche Art von Unverborgenheit eignet nun dem, was durch das herausfordernde Stellen zustande kommt? Überall ist es bestellt, auf der Stelle zur Stelle zu stehen, und zwar zu stehen, um selbst bestellbar zu sein für ein weiteres Bestellen. Das so Bestellte hat seinen eigenen Stand. Wir nennen ihn den Bestand. Das Wort sagt hier mehr und Wesentlicheres als nur «Vorrat». Das Wort «Bestand» rückt jetzt in den Rang eines Titels. Er kennzeichnet nichts Geringeres als die Weise, wie alles anwest, was vom herausfordernden Entbergen betroffen wird. Was im Sinne des Bestandes steht, steht uns nicht mehr als Gegenstand gegenüber.

Aber ein Verkehrsflugzeug, das auf der Startbahn steht, ist doch ein Gegenstand. Gewiß. Wir können die Maschine so vorstellen. Aber dann verbirgt sie sich in dem, was und wie sie ist. Entborgen steht sie auf der Rollbahn nur als Bestand, insofern sie bestellt ist, die Möglichkeit des Transports sicherzustellen. Hierfür muß sie selbst in ihrem ganzen Bau, in jedem ihrer Bestandteile bestellfähig, d. h. startbereit sein. (Hier wäre der Ort, Hegels Bestimmung der Maschine als eines selbständigen Werkzeugs zu erörtern. Vom Werkzeug des Handwerks her gesehen, ist seine Kennzeichnung richtig. Allein, so ist die Maschine gerade nicht aus dem Wesen der Technik gedacht, in die sie gehört. Vom Bestand her gesehen, ist die Maschine schlechthin unselbständig; denn sie hat ihren Stand einzig aus dem Bestellen von Bestellbarem.)

Daß sich uns jetzt, wo wir versuchen, die moderne Technik als das herausfordernde Entbergen zu zeigen, die Worte «stellen», «bestellen», «Bestand» aufdrängen und sich in einer trockenen, einförmigen und darum lästigen Weise häufen, hat seinen Grund in dem, was zur Sprache kommt.

Wer vollzieht das herausfordernde Stellen, wodurch das, was man das Wirkliche nennt, als Bestand entborgen wird? Offenbar der Mensch. Inwiefern vermag er solches Entbergen? Der Mensch kann zwar dieses oder jenes so oder so vorstellen, gestalten und betreiben. Allein, über die Unverborgenheit, worin sich jeweils das Wirkliche zeigt oder entzieht, verfügt der Mensch nicht. Daß sich seit Platon das Wirkliche im Lichte von Ideen zeigt, hat nicht Platon gemacht. Der Denker hat nur dem entsprochen, was sich ihm zusprach.

Nur insofern der Mensch seinerseits schon herausgefordert ist, die Naturenergien herauszufördern, kann dieses bestellende Entbergen geschehen. Wenn der Mensch dazu herausgefordert, bestellt ist, gehört dann nicht auch der Mensch, ursprünglicher noch als die Natur, in den Bestand? Die umlaufende Rede vom Menschenmaterial, vom Krankenmaterial einer Klinik spricht dafür. Der Forstwart, der im Wald das geschlagene Holz vermißt und dem Anschein nach wie sein Großvater in der gleichen Weise dieselben Waldwege begeht, ist heute von der Holzverwertungsindustrie bestellt, ob er es weiß oder nicht. Er ist in die Bestellbarkeit von Zellulose bestellt, die ihrerseits durch den Bedarf an Papier herausgefordert ist, das den Zeitungen und illustrierten Magazinen zugestellt wird. Diese aber stellen die öffentliche Meinung daraufhin, das Gedruckte zu verschlingen, um für eine bestellte Meinungsherrichtung bestellbar zu werden. Doch gerade weil der Mensch ursprünglicher als die Naturenergien herausgefordert ist, nämlich in das Bestellen, wird er niemals zu einem bloßen Bestand. Indem der Mensch die Technik betreibt, nimmt er am Bestellen als einer Weise des Entbergens teil. Allein, die Unverborgenheit selbst, innerhalb deren sich das Bestellen entfaltet, ist niemals ein menschliches Gemächte, so wenig wie der Bereich, den der Mensch jederzeit schon durchgeht, wenn er als Subjekt sich auf ein Objekt bezieht.

Wo und wie geschieht das Entbergen, wenn es kein bloßes Gemächte des Menschen ist? Wir brauchen nicht weit zu suchen. Nötig ist nur, unvoreingenommen Jenes zu vernehmen, was den Menschen immer schon in Anspruch genommen hat, und dies so entschieden, daß er nur als der so Angesprochene jeweils Mensch sein kann. Wo immer der Mensch sein Auge und Ohr öffnet, sein Herz aufschließt, sich in das Sinnen und Trachten, Bilden und Werken, Bitten und Danken freigibt, findet er sich überall schon ins Unverborgene gebracht. Dessen Unverborgenheit hat sich schon ereignet, so oft sie den Menschen in die ihm zugemessenen Weisen des Entbergens hervorruft. Wenn der Mensch auf seine Weise innerhalb der Unverborgenheit das Anwesende entbirgt, dann entspricht er nur dem Zuspruch der Unverborgenheit, selbst dort, wo er ihm widerspricht. Wenn also der Mensch forschend, betrachtend der Natur als einem Bezirk seines Vorstellens nachstellt, dann ist er bereits von einer Weise der Entbergung beansprucht, die ihn herausfordert, die Natur als einen Gegenstand der Forschung anzugehen, bis auch der Gegenstand in das Gegenstandlose des Bestandes verschwindet.

So ist denn die moderne Technik als das bestellende Entbergen kein bloß menschliches Tun. Darum müssen wir auch jenes

Herausfordern, das den Menschen stellt, das Wirkliche als Bestand zu bestellen, so nehmen, wie es sich zeigt. Jenes Herausfordern versammelt den Menschen in das Bestellen. Dieses Versammelnde konzentriert den Menschen darauf, das Wirkliche als Bestand zu bestellen.

Was die Berge ursprünglich zu Bergzügen entfaltet und sie in ihrem gefalteten Beisammen durchzieht, ist das Versammelnde, das wir Gebirg nennen.

Wir nennen jenes ursprünglich Versammelnde, daraus sich die Weisen entfalten, nach denen uns so und so zumute ist, das Gemüt.

Wir nennen jetzt jenen herausfordernden Anspruch, der den Menschen dahin versammelt, das Sichentbergende als Bestand zu bestellen – das *Ge-stell*.

Wir wagen es, dieses Wort in einem bisher völlig ungewohnten Sinne zu gebrauchen.

Nach der gewöhnlichen Bedeutung meint das Wort «Gestell» ein Gerät, z. B. ein Büchergestell. Gestell heißt auch ein Knochengerippe. Und so schaurig wie dieses scheint die uns jetzt zugemutete Verwendung des Wortes «Gestell» zu sein, ganz zu schweigen von der Willkür, mit der so Worte der gewachsenen Sprache mißhandelt werden. Kann man das Absonderliche noch weiter treiben? Gewiß nicht. Allein, dieses Absonderliche ist alter Brauch des Denkens. Und zwar fügen sich ihm die Denker gerade dort, wo es das Höchste zu denken gilt. Wir Spätgeborenen sind nicht mehr imstande zu ermessen, was es heißt, daß Platon es wagt, für das, was in allem und jedem west, das Wort εἶδος zu gebrauchen. Denn εἶδος bedeutet in der alltäglichen Sprache die Ansicht, die ein sichtbares Ding unserem sinnlichen Auge darbietet. Platon mutet jedoch diesem Wort das ganz Ungewöhnliche zu, Jenes zu benennen, was gerade nicht und niemals mit sinnlichen Augen vernehmbar wird. Aber auch so ist des Ungewöhnlichen noch keineswegs genug. Denn ἰδέα nennt nicht nur das nichtsinnliche Aussehen des sinnlich Sichtbaren. Aussehen, ἰδέα heißt und ist auch, was im Hörbaren, Tastbaren Fühlbaren, in jeglichem, was irgendwie zugänglich ist, das Wesen ausmacht. Gegenüber dem, was Platon der Sprache und dem Denken in diesem und anderen Fällen zumutet, ist der jetzt gewagte Gebrauch des Wortes «Gestell» als Name für das Wesen der modernen Technik beinahe harmlos. Indessen bleibt der jetzt verlangte Sprachgebrauch eine Zumutung und mißverständlich.

Ge-stell heißt das Versammelnde jenes Stellens, das den Menschen stellt, d. h. herausfordert, das Wirkliche in der Weise des Bestellens als Bestand zu entbergen. Ge-stell heißt die Weise des Entbergens, die im Wesen der modernen Technik waltet und selber nichts Technisches ist. Zum Technischen gehört dagegen alles, was wir als Gestänge und Geschiebe und Gerüste kennen und was Bestandstück dessen ist, was man Montage nennt. Diese fällt jedoch samt den genannten Bestandstücken in den Bezirk der technischen Arbeit, die stets nur der Herausforderung des Ge-stells entspricht, aber niemals dieses selbst ausmacht oder gar bewirkt.

Das Wort «stellen» meint im Titel Ge-stell nicht nur das Herausfordern, es soll zugleich den Anklang an ein anderes «Stellen» bewahren, aus dem es abstammt, nämlich an jenes Her- und Dar-stellen, das im Sinne der ποίησις das Anwesende in die Unverborgenheit hervorkommen läßt. Dieses hervorbringende Her-stellen, z. B. das Aufstellen eines Standbildes im Tempelbezirk und das jetzt bedachte herausfordernde Bestellen sind zwar grundverschieden und bleiben doch im Wesen verwandt. Beide sind Weisen des Entbergens, der ἀλήθεια. Im Ge-stell ereignet sich die Unverborgenheit, dergemäß die Arbeit der modernen Technik das Wirkliche als Bestand entbirgt. Sie ist darum weder nur ein menschliches Tun, noch gar ein bloßes Mittel innerhalb solchen Tuns. Die nur instrumentale,

die nur anthropologische Bestimmung der Technik wird im Prinzip hinfällig; sie läßt sich nicht durch eine nur dahinter geschaltete metaphysische oder religiöse Erklärung ergänzen.
Wahr bleibt allerdings, daß der Mensch des technischen Zeitalters auf eine besonders hervorstechende Weise in das Entbergen herausgefordert ist. Dieses betrifft zunächst die Natur als den Hauptspeicher des Energiebestandes. Dementsprechend zeigt sich das bestellende Verhalten des Menschen zuerst im Aufkommen der neuzeitlichen exakten Naturwissenschaft. Ihre Art des Vorstellens stellt der Natur als einem berechenbaren Kräftezusammenhang nach. Die neuzeitliche Physik ist nicht deshalb Experimentalphysik, weil sie Apparaturen zur Befragung der Natur ansetzt, sondern umgekehrt: weil die Physik, und zwar schon als reine Theorie, die Natur daraufhin stellt, sich als einen vorausberechenbaren Zusammenhang von Kräften darzustellen, deshalb wird das Experiment bestellt, nämlich zur Befragung, ob sich die so gestellte Natur und wie sie sich meldet.
Aber die mathematische Naturwissenschaft ist doch um fast zwei Jahrhunderte vor der modernen Technik entstanden. Wie soll sie da schon von der modernen Technik in deren Dienst gestellt sein? Die Tatsachen sprechen für das Gegenteil. Die moderne Technik kam doch erst in Gang, als sie sich auf die exakte Naturwissenschaft stützen konnte. Historisch gerechnet, bleibt dies richtig. Geschichtlich gedacht, trifft es nicht das Wahre.
Die neuzeitliche physikalische Theorie der Natur ist die Wegbereiterin nicht erst der Technik, sondern des Wesens der modernen Technik. Denn das herausfordernde Versammeln in das bestellende Entbergen waltet bereits in der Physik. Aber es kommt in ihr noch nicht eigens zum Vorschein. Die neuzeitliche Physik ist der in seiner Herkunft noch unbekannte Vorbote des Ge-stells. Das Wesen der modernen Technik verbirgt sich auf lange Zeit auch dort noch, wo bereits Kraftmaschinen erfunden,

die Elektrotechnik auf die Bahn und die Atomtechnik in Gang gesetzt sind.

Alles Wesende, nicht nur das der modernen Technik, hält sich überall am längsten verborgen. Gleichwohl bleibt es im Hinblick auf sein Walten solches, was allem voraufgeht: das Früheste. Davon wußten schon die griechischen Denker, wenn sie sagten: Jenes, was hinsichtlich des waltenden Aufgehens früher ist, wird uns Menschen erst später offenkundig. Dem Menschen zeigt sich die anfängliche Frühe erst zuletzt. Darum ist im Bereich des Denkens eine Bemühung, das anfänglich Gedachte noch anfänglicher zu durchdenken, nicht der widersinnige Wille, Vergangenes zu erneuern, sondern die nüchterne Bereitschaft, vor dem Kommenden der Frühe zu erstaunen.

Für die historische Zeitrechnung liegt der Beginn der neuzeitlichen Naturwissenschaft im 17. Jahrhundert. Dagegen entwickelt sich die Kraftmaschinentechnik erst in der zweiten Hälfte des 18. Jahrhunderts. Allein, das für die historische Feststellung Spätere, die moderne Technik, ist hinsichtlich des in ihm waltenden Wesens das geschichtlich Frühere.

Wenn die moderne Physik in zunehmendem Maße sich damit abfinden muß, daß ihr Vorstellungsbereich unanschaulich bleibt, dann ist dieser Verzicht nicht von irgendeiner Kommission von Forschern diktiert. Er ist vom Walten des Ge-stells herausgefordert, das die Bestellbarkeit der Natur als Bestand verlangt. Darum kann die Physik bei allem Rückzug aus dem bis vor kurzem allein maßgebenden, nur den Gegenständen zugewandten Vorstellen auf eines niemals verzichten: daß sich die Natur in irgendeiner rechnerisch feststellbaren Weise meldet und als ein System von Informationen bestellbar bleibt. Dieses System bestimmt sich dann aus einer noch einmal gewandelten Kausalität. Sie zeigt jetzt weder den Charakter des hervorbringenden Veranlassens, noch die Art der causa efficiens oder gar der causa formalis. Vermutlich schrumpft die Kausalität in ein herausgefor-

dertes Melden gleichzeitig oder nacheinander sicherzustellender Bestände zusammen. Dem entspräche der Prozeß des zunehmenden Sichabfindens, den Heisenbergs Vortrag in eindrucksvoller Weise schilderte. (W. Heisenberg, Das Naturbild in der heutigen Physik, in: Die Künste im technischen Zeitalter, München 1954, S. 43 ff.).
Weil das Wesen der modernen Technik im Ge-stell beruht, deshalb muß diese die exakte Naturwissenschaft verwenden. Dadurch entsteht der trügerische Schein, als sei die moderne Technik angewandte Naturwissenschaft. Dieser Schein kann sich solange behaupten, als weder die Wesensherkunft der neuzeitlichen Wissenschaft, noch gar das Wesen der modernen Technik hinreichend erfragt werden.

Wir fragen nach der Technik, um unsere Beziehung zu ihrem Wesen ans Licht zu heben. Das Wesen der modernen Technik zeigt sich in dem, was wir das Ge-stell nennen. Allein der Hinweis darauf ist noch keineswegs die Antwort auf die Frage nach der Technik, wenn antworten heißt: entsprechen, nämlich dem Wesen dessen, wonach gefragt wird.
Wohin sehen wir uns gebracht, wenn wir jetzt noch um einen Schritt weiter dem nachdenken, was das Ge-stell als solches selber ist? Es ist nichts Technisches, nichts Maschinenartiges. Es ist die Weise, nach der sich das Wirkliche als Bestand entbirgt. Wiederum fragen wir: geschieht dieses Entbergen irgendwo jenseits alles menschlichen Tuns? Nein. Aber es geschieht auch nicht nur *im* Menschen und nicht maßgebend *durch* ihn.
Das Ge-stell ist das Versammelnde jenes Stellens, das den Menschen stellt, das Wirkliche in der Weise des Bestellens als Bestand zu entbergen. Als der so Herausgeforderte steht der Mensch im Wesensbereich des Ge-stells. Er kann gar nicht erst nachträglich eine Beziehung zu ihm aufnehmen. Darum kommt die Frage, wie wir in eine Beziehung zum Wesen der Technik

gelangen sollen, in dieser Form jederzeit zu spät. Aber nie zu spät kommt die Frage, ob wir uns eigens als diejenigen erfahren, deren Tun und Lassen überall, bald offenkundig, bald versteckt, vom Ge-stell herausgefordert ist. Nie zu spät kommt vor allem die Frage, ob und wie wir uns eigens auf das einlassen, worin das Ge-stell selber west.

Das Wesen der modernen Technik bringt den Menschen auf den Weg jenes Entbergens, wodurch das Wirkliche überall, mehr oder weniger vernehmlich, zum Bestand wird. Auf einen Weg bringen – dies heißt in unserer Sprache: schicken. Wir nennen jenes versammelnde Schicken, das den Menschen erst auf einen Weg des Entbergens bringt, das *Geschick*. Von hier aus bestimmt sich das Wesen aller Geschichte. Sie ist weder nur der Gegenstand der Historie, noch nur der Vollzug menschlichen Tuns. Dieses wird geschichtlich erst als ein geschickliches (vgl. Vom Wesen der Wahrheit, 1930; in erster Auflage gedruckt 1943, S. 16 f.). Und erst das Geschick in das vergegenständlichende Vorstellen macht das Geschichtliche für die Historie, d. h. eine Wissenschaft, als Gegenstand zugänglich und von hier aus erst die gängige Gleichsetzung des Geschichtlichen mit dem Historischen möglich.

Als die Herausforderung ins Bestellen schickt das Ge-stell in eine Weise des Entbergens. Das Ge-stell ist eine Schickung des Geschickes wie jede Weise des Entbergens. Geschick in dem genannten Sinne ist auch das Her-vor-bringen, die ποίησις.

Immer geht die Unverborgenheit dessen, was ist, auf einem Weg des Entbergens. Immer durchwaltet den Menschen das Geschick der Entbergung. Aber es ist nie das Verhängnis eines Zwanges. Denn der Mensch wird gerade erst frei, insofern er in den Bereich des Geschickes gehört und so ein Hörender wird, nicht aber ein Höriger.

Das Wesen der Freiheit ist *ursprünglich* nicht dem Willen oder gar nur der Kausalität des menschlichen Wollens zugeordnet.

Die Freiheit verwaltet das Freie im Sinne des Gelichteten, d. h.

des Entborgenen. Das Geschehnis des Entbergens, d. h. der Wahrheit, ist es, zu dem die Freiheit in der nächsten und innigsten Verwandtschaft steht. Alles Entbergen gehört in ein Bergen und Verbergen. Verborgen aber ist und immer sich verbergend das Befreiende, das Geheimnis. Alles Entbergen kommt aus dem Freien, geht ins Freie und bringt ins Freie. Die Freiheit des Freien besteht weder in der Ungebundenheit der Willkür, noch in der Bindung durch bloße Gesetze. Die Freiheit ist das lichtend Verbergende, in dessen Lichtung jener Schleier weht, der das Wesende aller Wahrheit verhüllt und den Schleier als den verhüllenden erscheinen läßt. Die Freiheit ist der Bereich des Geschickes, das jeweils eine Entbergung auf ihren Weg bringt.

Das Wesen der modernen Technik beruht im Ge-stell. Dieses gehört in das Geschick der Entbergung. Die Sätze sagen anderes als die öfter verlautende Rede, die Technik sei das Schicksal unseres Zeitalters, wobei Schicksal meint: das Unausweichliche eines unabänderlichen Verlaufs.

Wenn wir jedoch das Wesen der Technik bedenken, dann erfahren wir das Ge-stell als ein Geschick der Entbergung. So halten wir uns schon im Freien des Geschickes auf, das uns keineswegs in einen dumpfen Zwang einsperrt, die Technik blindlings zu betreiben oder, was das Selbe bleibt, uns hilflos gegen sie aufzulehnen und sie als Teufelswerk zu verdammen. Im Gegenteil: wenn wir uns dem *Wesen* der Technik eigens öffnen, finden wir uns unverhofft in einen befreienden Anspruch genommen.

Das Wesen der Technik beruht im Ge-stell. Sein Walten gehört in das Geschick. Weil dieses den Menschen jeweils auf einen Weg des Entbergens bringt, geht der Mensch, also unterwegs, immerfort am Rande der Möglichkeit, nur das im Bestellen Entborgene zu verfolgen und zu betreiben und von da her alle Maße zu nehmen. Hierdurch verschließt sich die andere Möglichkeit, daß der Mensch eher und mehr und stets anfänglicher auf das Wesen des Unverborgenen und seine Unverborgenheit sich einläßt, um die gebrauchte Zugehörigkeit zum Entbergen als sein Wesen zu erfahren.

Zwischen diese Möglichkeiten gebracht, ist der Mensch aus dem Geschick her gefährdet. Das Geschick der Entbergung ist als solches in jeder seiner Weisen und darum notwendig *Gefahr*.

In welcher Weise auch immer das Geschick der Entbergung walten mag, die Unverborgenheit, in der alles, was ist, sich jeweils zeigt, birgt die Gefahr, daß der Mensch sich am Unverborgenen versieht und es mißdeutet. So kann, wo alles Anwesende sich im Lichte des Ursache-Wirkung-Zusammenhangs darstellt, sogar Gott für das Vorstellen alles Heilige und Hohe, das Geheimnisvolle seiner Ferne verlieren. Gott kann im Lichte der Kausalität zu einer Ursache, zur causa efficiens, herabsinken. Er wird dann sogar innerhalb der Theologie zum Gott der Philosophen, jener nämlich, die das Unverborgene und Verborgene nach der Kausalität des Machens bestimmen, ohne dabei jemals die Wesensherkunft dieser Kausalität zu bedenken.

Insgleichen kann die Unverborgenheit, dergemäß sich die Natur als ein berechenbarer Wirkungszusammenhang von Kräften darstellt, zwar richtige Feststellungen verstatten, aber gerade durch diese Erfolge die Gefahr bleiben, daß sich in allem Richtigen das Wahre entzieht.

Das Geschick der Entbergung ist in sich nicht irgendeine, sondern *die* Gefahr.

Waltet jedoch das Geschick in der Weise des Ge-stells, dann ist es die höchste Gefahr. Sie bezeugt sich uns nach zwei Hinsichten. Sobald das Unverborgene nicht einmal mehr als Gegenstand, sondern ausschließlich als Bestand den Menschen angeht und der Mensch innerhalb des Gegenstandlosen nur noch der Besteller des Bestandes ist, – geht der Mensch am äußersten Rand des Absturzes, dorthin nämlich, wo er selber nur noch als Bestand genommen werden soll. Indessen spreizt sich gerade der so bedrohte Mensch in die Gestalt des Herrn der Erde auf. Dadurch macht sich der Anschein breit, alles was begegne, bestehe nur, insofern es ein Gemächte des Menschen sei. Dieser Anschein zeitigt einen letzten trügerischen Schein. Nach ihm sieht es so aus, als begegne der Mensch überall nur noch sich selbst. Heisenberg hat mit vollem Recht darauf hingewiesen, daß sich dem heutigen Menschen das Wirkliche so darstellen muß (a. a. O. S. 60 ff.). *Indessen begegnet der Mensch heute in Wahrheit gerade nirgends mehr sich selber, d. h. seinem Wesen.* Der Mensch steht so entschieden im Gefolge der Herausforderung des Ge--stells, daß er dieses nicht als einen Anspruch vernimmt, daß er sich selber als den Angesprochenen übersieht und damit auch jede Weise überhört, inwiefern er aus seinem Wesen her im Bereich eines Zuspruchs ek-sistiert und darum *niemals* nur sich selber begegnen *kann*.

Allein, das Ge-stell gefährdet nicht nur den Menschen in seinem Verhältnis zu sich selbst und zu allem, was ist. Als Geschick verweist es in das Entbergen von der Art des Bestellens. Wo dieses herrscht, vertreibt es jede andere Möglichkeit der Entbergung. Vor allem verbirgt das Ge-stell jenes Entbergen, das im Sinne der ποίησις das Anwesende ins Erscheinen her-vor-kommen läßt. Im Vergleich hierzu drängt das herausfordernde Stellen in den entgegengesetzt-gerichteten Bezug zu dem, was ist. Wo das Ge--stell waltet, prägen Steuerung und Sicherung des Bestandes alles Entbergen. Sie lassen sogar ihren eigenen Grundzug, nämlich dieses Entbergen als ein solches nicht mehr zum Vorschein kommen.

So verbirgt denn das herausfordernde Ge-stell nicht nur eine vormalige Weise des Entbergens, das Hor-vor-bringen, sondern es verbirgt das Entbergen als solches und mit ihm Jenes, worin sich Unverborgenheit, d. h. Wahrheit ereignet.

Das Ge-stell verstellt das Scheinen und Walten der Wahrheit. Das Geschick, das in das Bestellen schickt, ist somit die äußerste Gefahr. Das Gefährliche ist nicht die Technik. Es gibt keine Dä-

monie der Technik, wohl dagegen das Geheimnis ihres Wesens.
Das Wesen der Technik ist als ein Geschick des Entbergens die
Gefahr. Die gewandelte Bedeutung des Wortes «Ge-stell» wird
uns jetzt vielleicht schon um einiges vertrauter, wenn wir Ge-
-stell im Sinne von Geschick und Gefahr denken.
Die Bedrohung des Menschen kommt nicht erst von den mög-
licherweise tödlich wirkenden Maschinen und Apparaturen der
Technik. Die eigentliche Bedrohung hat den Menschen bereits
in seinem Wesen angegangen. Die Herrschaft des Ge-stells droht
mit der Möglichkeit, daß dem Menschen versagt sein könnte,
in ein ursprünglicheres Entbergen einzukehren und so den Zuspruch einer anfänglicheren Wahrheit zu erfahren.
So ist denn, wo das Ge-stell herrscht, im höchsten Sinne *Gefahr*.

> «Wo aber Gefahr ist, wächst
> Das Rettende auch.»

Bedenken wir das Wort Hölderlins sorgsam. Was heißt «retten»?
Gewöhnlich meinen wir, es bedeute nur: das vom Untergang
Bedrohte gerade noch erhaschen, um es in seinem bisherigen
Fortbestehen zu sichern. Aber «retten» sagt mehr. «Retten»
ist: einholen ins Wesen, um so das Wesen erst zu seinem eigent-
lichen Scheinen zu bringen. Wenn das Wesen der Technik, das
Ge-stell, die äußerste Gefahr ist und wenn zugleich Hölderlins
Wort Wahres sagt, dann kann sich die Herrschaft des Ge-stells
nicht darin erschöpfen, alles Leuchten jedes Entbergens, alles
Scheinen der Wahrheit nur zu verstellen. Dann muß vielmehr
gerade das Wesen der Technik das Wachstum des Rettenden in
sich bergen. Könnte dann aber nicht ein zureichender Blick in
das, was das Ge-stell als ein Geschick des Entbergens ist, das
Rettende in seinem Aufgehen zum Scheinen bringen?
Inwiefern wächst dort, wo Gefahr ist, das Rettende auch? Wo
etwas wächst, dort wurzelt es, von dorther gedeiht es. Beides
geschieht verborgen und still und zu seiner Zeit. Nach dem

Wort des Dichters dürfen wir aber gerade nicht erwarten, dort, wo Gefahr ist, das Rettende unmittelbar und unvorbereitet aufgreifen zu können. Darum müssen wir jetzt zuvor bedenken, inwiefern in dem, was die äußerste Gefahr ist, inwiefern im Walten des Ge-stells das Rettende sogar am tiefsten wurzelt und von dorther gedeiht. Um solches zu bedenken, ist es nötig, durch einen letzten Schritt unseres Weges noch helleren Auges in die Gefahr zu blicken. Dementsprechend müssen wir noch einmal nach der Technik fragen. Denn in ihrem Wesen wurzelt und gedeiht nach dem Gesagten das Rettende.

Wie sollen wir jedoch das Rettende im Wesen der Technik erblicken, solange wir nicht bedenken, in welchem Sinne von «Wesen» das Gestell eigentlich das Wesen der Technik ist?

Bisher verstanden wir das Wort «Wesen» in der geläufigen Bedeutung. In der Schulsprache der Philosophie heißt «Wesen» jenes, *was* etwas ist, lateinisch: quid. Die quidditas, die Washeit gibt Antwort auf die Frage nach dem Wesen. Was z. B. allen Arten von Bäumen, der Eiche, Buche, Birke, Tanne, zukommt, ist das selbe Baumhafte. Unter dieses als die allgemeine Gattung, das «universale», fallen die wirklichen und möglichen Bäume. Ist nun das Wesen der Technik, das Ge-stell, die gemeinsame Gattung für alles Technische? Träfe dies zu, dann wäre z. B. die Dampfturbine, wäre der Rundfunksender, wäre das Zyklotron ein Ge-stell. Aber das Wort «Gestell» meint jetzt kein Gerät oder irgendeine Art von Apparaturen. Es meint noch weniger den allgemeinen Begriff solcher Bestände. Die Maschinen und Apparate sind ebensowenig Fälle und Arten des Ge-stells wie der Mann an der Schalttafel und der Ingenieur im Konstruktionsbureau. All das gehört zwar als Bestandstück, als Bestand, als Besteller je auf seine Art in das Ge-stell, aber dieses ist niemals das Wesen der Technik im Sinne einer Gattung. Das Ge-stell ist eine geschickhafte Weise des Entbergens, nämlich das herausfordernde. Eine solche geschickhafte Weise ist auch das hervorbringende Entbergen, die ποίησις. Aber diese Weisen sind nicht Arten, die nebeneinandergeordnet unter den Begriff des Entbergens fallen. Die Entbergung ist jenes Geschick, das sich je und jäh und allem Denken unerklärbar in das hervorbringende und herausfordernde Entbergen verteilt und sich dem Menschen zuteilt. Das herausfordernde Entbergen hat im hervorbringenden seine geschickliche Herkunft. Aber zugleich verstellt das Ge-stell geschickhaft die ποίησις.

So ist denn das Ge-stell als ein Geschick der Entbergung zwar das Wesen der Technik, aber niemals Wesen im Sinne der Gattung und der essentia. Beachten wir dies, dann trifft uns etwas Erstaunliches: die Technik ist es, die von uns verlangt, das, was man gewöhnlich unter «Wesen» versteht, in einem anderen Sinne zu denken. Aber in welchem?

Schon wenn wir «Hauswesen», «Staatswesen» sagen, meinen wir nicht das Allgemeine einer Gattung, sondern die Weise, wie Haus und Staat walten, sich verwalten, entfalten und verfallen. Es ist die Weise, wie sie wesen. J. P. Hebel gebraucht in einem Gedicht «Gespenst an der Kanderer Straße», das Goethe besonders liebte, das alte Wort «die Weserei». Es bedeutet das Rathaus, insofern sich dort das Gemeindeleben versammelt und das dörfliche Dasein im Spiel bleibt, d. h. west. Vom Zeitwort «wesen» stammt erst das Hauptwort ab. «Wesen», verbal verstanden, ist das Selbe wie «währen»; nicht nur bedeutungsmäßig, sondern auch in der lautlichen Wortbildung. Schon Sokrates und Platon denken das Wesen von etwas als das Wesende im Sinne des Währenden. Doch sie denken das Währende als das Fortwährende (ἀεὶ ὄν). Das Fortwährende finden sie aber in dem, was sich als das Bleibende durchhält bei jeglichem, was vorkommt. Dieses Bleibende wiederum entdecken sie im Aussehen (εἶδος, ἰδέα), z. B. in der Idee «Haus».

In ihr zeigt sich jenes, was jedes so Geartete ist. Die einzelnen wirklichen und möglichen Häuser sind dagegen wechselnde und vergängliche Abwandlungen der «Idee» und gehören deshalb zu dem Nichtwährenden.

Nun ist aber auf keine Weise jemals zu begründen, daß das Währende einzig und allein in dem beruhen soll, was Platon als die ἰδέα, Aristoteles als τὸ τί ἦν εἶναι (jenes, was jegliches je schon war), was die Metaphysik in den verschiedensten Auslegungen als essentia denkt.

Alles Wesende währt. Aber ist das Währende nur das Fortwährende? Währt das Wesen der Technik im Sinne des Fortwährens einer Idee, die über allem Technischen schwebt, so daß von hier aus der Anschein entsteht, der Name «die Technik» meine ein mythisches Abstraktum? Wie die Technik west, läßt sich nur aus jenem Fortwähren ersehen, worin sich das Ge-stell als ein Geschick des Entbergens ereignet. Goethe gebraucht einmal (Die Wahlverwandtschaften II. Teil, 10. Kap., in der Novelle «Die wunderlichen Nachbarskinder») statt «fortwähren» das geheimnisvolle Wort «fortgewähren». Sein Ohr hört hier «währen» und «gewähren» in einem unausgesprochenen Einklang. Bedenken wir nun aber nachdenklicher als bisher, was eigentlich währt und vielleicht einzig währt, dann dürfen wir sagen: *Nur das Gewährte währt. Das anfänglich aus der Frühe Währende ist das Gewährende.*

Als das Wesende der Technik ist das Ge-stell das Währende. Waltet dieses gar im Sinne des Gewährenden? Schon die Frage scheint ein offenkundiger Mißgriff zu sein. Denn das Ge-stell ist doch nach allem Gesagten ein Geschick, das in die herausfordernde Entbergung versammelt. Herausfordern ist alles andere, nur kein Gewähren. So sieht es aus, solange wir nicht darauf achten, daß auch das Herausfordern in das Bestellen des Wirklichen als Bestand immer noch ein Schicken bleibt, das den Menschen auf einen Weg des Entbergens bringt. Als dieses Geschick läßt das Wesende der Technik den Menschen in Solches ein, was er selbst von sich aus weder erfinden, noch gar machen kann; denn so etwas wie einen Menschen, der einzig von sich aus nur Mensch ist, gibt es nicht.

Allein, wenn dieses Geschick, das Ge-stell, die äußerste Gefahr ist, nicht nur für das Menschenwesen, sondern für alles Entbergen als solches, darf dann dieses Schicken noch ein Gewähren heißen? Allerdings, und vollends dann, wenn in diesem Geschick das Rettende wachsen sollte. Jedes Geschick eines Entbergens ereignet sich aus dem Gewähren und als ein solches. Denn dieses trägt dem Menschen erst jenen Anteil am Entbergen zu, den das Ereignis der Entbergung braucht. Als der so Gebrauchte ist der Mensch dem Ereignis der Wahrheit vereignet. Das Gewährende, das so oder so in die Entbergung schickt, ist als solches das Rettende. Denn dieses läßt den Menschen in die höchste Würde seines Wesens schauen und einkehren. Sie beruht darin, die Unverborgenheit und mit ihr je zuvor die Verborgenheit alles Wesens auf dieser Erde zu hüten. Gerade im Ge-stell, das den Menschen in das Bestellen als die vermeintlich einzige Weise der Entbergung fortzureißen droht und so den Menschen in die Gefahr der Preisgabe seines freien Wesens stößt, gerade in dieser äußersten Gefahr kommt die innigste, unzerstörbare Zugehörigkeit des Menschen in das Gewährende zum Vorschein, gesetzt, daß wir an unserem Teil beginnen, auf das Wesen der Technik zu achten.

So birgt denn, was wir am wenigsten vermuten, das Wesende der Technik den möglichen Aufgang des Rettenden in sich.

Darum liegt alles daran, daß wir den Aufgang bedenken und andenkend hüten. Wie geschieht dies? Vor allem anderen so, daß wir das Wesende in der Technik erblicken, statt nur auf das Technische zu starren. Solange wir die Technik als Instrument vorstellen, bleiben wir im Willen hängen, sie zu meistern. Wir treiben am Wesen der Technik vorbei.

Fragen wir indessen, wie das Instrumentale als eine Art des Kausalen west, dann erfahren wir dieses Wesende als das Geschick eines Entbergens.

Bedenken wir zuletzt, daß das Wesende des Wesens sich im Gewährenden ereignet, das den Menschen in den Anteil am Entbergen braucht, dann zeigt sich:

Das Wesen der Technik ist in einem hohen Sinne zweideutig. Solche Zweideutigkeit deutet in das Geheimnis aller Entbergung, d. h. der Wahrheit.

Einmal fordert das Ge-stell in das Rasende des Bestellens heraus, das jeden Blick in das Ereignis der Entbergung verstellt und so den Bezug zum Wesen der Wahrheit von Grund auf gefährdet.

Zum anderen ereignet sich das Ge-stell seinerseits im Gewährenden, das den Menschen darin währen läßt, unerfahren bislang, aber erfahrener vielleicht künftig, der Gebrauchte zu sein zur Wahrnis des Wesens der Wahrheit. So erscheint der Aufgang des Rettenden.

Das Unaufhaltsame des Bestellens und das Verhaltene des Rettenden ziehen aneinander vorbei wie im Gang der Gestirne die Bahn zweier Sterne. Allein, dieser ihr Vorbeigang ist das Verborgene ihrer Nähe.

Blicken wir in das zweideutige Wesen der Technik, dann erblicken wir die Konstellation, den Sternengang des Geheimnisses.

Die Frage nach der Technik ist die Frage nach der Konstellation, in der sich Entbergung und Verbergung, in der sich das Wesende der Wahrheit ereignet.

Doch was hilft uns der Blick in die Konstellation der Wahrheit? Wir blicken in die Gefahr und erblicken das Wachstum des Rettenden.

Dadurch sind wir noch nicht gerettet. Aber wir sind daraufhin angesprochen, im wachsenden Licht des Rettenden zu verhoffen. Wie kann dies geschehen? Hier und jetzt und im Geringen so, daß wir das Rettende in seinem Wachstum hegen. Dies schließt ein, daß wir jederzeit die äußerste Gefahr im Blick behalten.

Das Wesende der Technik bedroht das Entbergen, droht mit der Möglichkeit, daß alles Entbergen im Bestellen aufgeht und alles sich nur in der Unverborgenheit des Bestandes darstellt. Menschliches Tun kann nie unmittelbar dieser Gefahr begegnen. Menschliche Leistung kann nie allein die Gefahr bannen. Doch menschliche Besinnung kann bedenken, daß alles Rettende höheren, aber zugleich verwandten Wesens sein muß wie das Gefährdete.

Vermöchte es dann vielleicht ein anfänglicher gewährtes Entbergen, das Rettende zum ersten Scheinen zu bringen inmitten der Gefahr, die sich im technischen Zeitalter eher noch verbirgt als zeigt?

Einstmals trug nicht nur die Technik den Namen τέχνη. Einstmals hieß τέχνη auch jenes Entbergen, das die Wahrheit in den Glanz des Scheinenden hervorbringt.

Einstmals hieß τέχνη auch das Hervorbringen des Wahren in das Schöne. Τέχνη hieß auch die ποίησις der schönen Künste.

Am Beginn des abendländischen Geschickes stiegen in Griechenland die Künste in die höchste Höhe des ihnen gewährten Entbergens. Sie brachten die Gegenwart der Götter, brachten die Zwiesprache des göttlichen und menschlichen Geschickes zum Leuchten. Und die Kunst hieß nur τέχνη. Sie war ein einziges, vielfältiges Entbergen. Sie war fromm, πρόμος, d. h. fügsam dem Walten und Verwahren der Wahrheit.

Die Künste entstammten nicht dem Artistischen. Die Kunstwerke wurden nicht ästhetisch genossen. Die Kunst war nicht Sektor eines Kulturschaffens.

Was war die Kunst? Vielleicht nur für kurze, aber hohe Zeiten? Warum trug sie den schlichten Namen τέχνη? Weil sie ein herund vor-bringendes Entbergen war und darum in die ποίησις gehörte. Diesen Namen erhielt zuletzt jenes Entbergen als Eigennamen, das alle Kunst des Schönen durchwaltet, die Poesie, das Dichterische.

Der selbe Dichter, von dem wir das Wort hörten:

> «Wo aber Gefahr ist, wächst
> Das Rettende auch.»

sagt uns:

> «...dichterisch wohnet der Mensch auf dieser Erde.»

Das Dichterische bringt das Wahre in den Glanz dessen, was Platon im «Phaidros» τὸ ἐκφανέστατον nennt, das am reinsten Hervorscheinende. Das Dichterische durchwest jede Kunst, jede Entbergung des Wesenden ins Schöne.

Sollten die schönen Künste in das dichterische Entbergen gerufen sein? Sollte das Entbergen sie anfänglicher in den Anspruch nehmen, damit sie so an ihrem Teil das Wachstum des Rettenden eigens hegen, Blick und Zutrauen in das Gewährende neu wecken und stiften?

Ob der Kunst diese höchste Möglichkeit ihres Wesens inmitten der äußersten Gefahr gewährt ist, vermag niemand zu wissen. Doch wir können erstaunen. Wovor? Vor der anderen Möglichkeit, daß überall das Rasende der Technik sich einrichtet, bis eines Tages durch alles Technische hindurch das Wesen der Technik west im Ereignis der Wahrheit.

Weil das Wesen der Technik nichts Technisches ist, darum muß die wesentliche Besinnung auf die Technik und die entscheidende Auseinandersetzung mit ihr in einem Bereich geschehen, der einerseits mit dem Wesen der Technik verwandt und andererseits von ihm doch grundverschieden ist.

Ein solcher Bereich ist die Kunst. Freilich nur dann, wenn die künstlerische Besinnung ihrerseits sich der Konstellation der Wahrheit nicht verschließt, nach der wir *fragen*.

Also fragend bezeugen wir den Notstand, daß wir das Wesende der Technik vor lauter Technik noch nicht erfahren, daß wir das

Wesende der Kunst vor lauter Ästhetik nicht mehr bewahren.
Je fragender wir jedoch das Wesen der Technik bedenken, um so geheimnisvoller wird das Wesen der Kunst.
Je mehr wir uns der Gefahr nähern, um so heller beginnen die Wege ins Rettende zu leuchten, um so fragender werden wir. Denn das Fragen ist die Frömmigkeit des Denkens.

WISSENSCHAFT UND BESINNUNG

Nach einer geläufigen Vorstellung bezeichnen wir den Bereich, worin sich die geistige und schöpferische Tätigkeit des Menschen abspielt, mit dem Namen «Kultur». Zu ihr rechnet auch die Wissenschaft, deren Pflege und Organisation. Die Wissenschaft ist so unter die Werte eingereiht, die der Mensch schätzt, denen er aus verschiedenen Beweggründen sein Interesse zuwendet.
Solange wir die Wissenschaft jedoch nur in diesem kulturellen Sinne nehmen, ermessen wir niemals die Tragweite ihres Wesens. Das Gleiche gilt von der Kunst. Noch heute nennt man beide gern zusammen: Kunst und Wissenschaft. Auch die Kunst läßt sich als ein Sektor des Kulturbetriebes vorstellen. Aber man erfährt dann nichts von ihrem Wesen. Auf dieses gesehen, ist die Kunst eine Weihe und ein Hort, worin das Wirkliche seinen bislang verborgenen Glanz jedesmal neu dem Menschen verschenkt, damit er in solcher Helle reiner schaue und klarer höre, was sich seinem Wesen zuspricht.
Sowenig wie die Kunst ist die Wissenschaft nur eine kulturelle Betätigung des Menschen. Die Wissenschaft ist eine und zwar entscheidende Weise, in der sich uns alles, was ist, darstellt.
Darum müssen wir sagen: die Wirklichkeit, innerhalb der sich der heutige Mensch bewegt und zu halten versucht, wird nach ihren Grundzügen in zunehmendem Maße durch das mitbestimmt, was man die abendländisch-europäische Wissenschaft nennt.
Wenn wir diesem Vorgang nachsinnen, dann zeigt sich, daß die Wissenschaft im Weltkreis des Abendlandes und in den Zeitaltern seiner Geschichte eine sonst nirgends auf der Erde antreffbare Macht entfaltet hat und dabei ist, diese Macht schließlich über den ganzen Erdball zu legen.

Ist nun die Wissenschaft nur ein menschliches Gemächte, das sich in eine solche Herrschaft hochgetrieben hat, so daß man meinen könnte, es ließe sich eines Tages durch menschliches Wollen, durch Beschlüsse von Kommissionen auch wieder abbauen? Oder waltet hier ein größeres Geschick? Herrscht in der Wissenschaft anderes noch als ein bloßes Wissenwollen von seiten des Menschen? So ist es in der Tat. Ein Anderes waltet. Aber dieses Andere verbirgt sich uns, solange wir den gewohnten Vorstellungen über die Wissenschaft nachhängen.

Dieses Andere ist ein Sachverhalt, der durch alle Wissenschaften hindurch waltet, ihnen selber jedoch verborgen bleibt. Damit dieser Sachverhalt in unseren Blick kommt, muß jedoch eine hinreichende Klarheit darüber bestehen, was die Wissenschaft ist. Wie sollen wir dies erfahren? Am sichersten, so scheint es, dadurch, daß wir den heutigen Wissenschaftsbetrieb schildern. Eine solche Darstellung könnte zeigen, wie die Wissenschaften seit geraumer Zeit sich immer entschiedener und zugleich unauffälliger in alle Organisationsformen des modernen Lebens verzahnen: in die Industrie, in die Wirtschaft, in den Unterricht, in die Politik, in die Kriegführung, in die Publizistik jeglicher Art. Diese Verzahnung zu kennen, ist wichtig. Um sie jedoch darstellen zu können, müssen wir zuvor erfahren haben, worin das Wesen der Wissenschaft beruht. Dies läßt sich in einem knappen Satz aussagen. Er lautet: *Die Wissenschaft ist die Theorie des Wirklichen.*

Der Satz will weder eine fertige Definition, noch eine handliche Formel liefern. Der Satz enthält lauter Fragen. Sie erwachen erst, wenn der Satz erläutert wird. Vordem müssen wir beachten, daß der Name «Wissenschaft» in dem Satz «die Wissenschaft ist die Theorie des Wirklichen» stets und nur die neuzeitlich-moderne Wissenschaft meint. Der Satz «die Wissenschaft ist die Theorie des Wirklichen» gilt weder für die Wissenschaft des Mittelalters, noch für diejenige des Altertums. Von einer Theorie des Wirklichen bleibt die mittelalterliche doctrina ebenso wesentlich verschieden wie diese wiederum gegenüber der antiken ἐπιστήμη. Gleichwohl gründet das Wesen der modernen Wissenschaft, die als europäische inzwischen planetarisch geworden ist, im Denken der Griechen, das seit Platon Philosophie heißt.

Durch diesen Hinweis soll der umwälzende Charakter der neuzeitlichen Art des Wissens in keiner Weise abgeschwächt werden; ganz im Gegenteil: das Auszeichnende des neuzeitlichen Wissens besteht in der entschiedenen Herausarbeitung eines Zuges, der im Wesen des griechisch erfahrenen Wissens noch verborgen bleibt und der das griechische gerade braucht, um dagegen ein anderes Wissen zu werden.

Wer es heute wagt, fragend, überlegend und so bereits mithandelnd dem Tiefgang der Welterschütterung zu entsprechen, die wir stündlich erfahren, der muß nicht nur beachten, daß unsere heutige Welt vom Wissenwollen der modernen Wissenschaft durchherrscht wird, sondern er muß auch und vor allem anderen bedenken, daß jede Besinnung auf das, was jetzt ist, nur aufgehen und gedeihen kann, wenn sie durch ein Gespräch mit den griechischen Denkern und deren Sprache ihre Wurzeln in den Grund unseres geschichtlichen Daseins schlägt. Dieses Gespräch wartet noch auf seinen Beginn. Es ist kaum erst vorbereitet und bleibt selbst wieder für uns die Vorbedingung für das unausweichliche Gespräch mit der ostasiatischen Welt.

Das Gespräch mit den griechischen Denkern und d. h. zugleich Dichtern, meint jedoch keine moderne Renaissance der Antike. Es meint ebensowenig eine historische Neugier für solches, was inzwischen zwar vergangen ist, aber noch dazu dienen könnte, uns einige Züge der modernen Welt historisch in ihrer Entstehung zu erklären.

Das in der Frühe des griechischen Altertums Gedachte und Gedichtete ist heute noch gegenwärtig, so gegenwärtig, daß sein ihm selber noch verschlossenes Wesen uns überall entgegenwartet und auf uns zukommt, dort am meisten, wo wir solches am wenigsten vermuten, nämlich in der Herrschaft der modernen Technik, die der Antike durchaus fremd ist, aber gleichwohl in dieser ihre Wesensherkunft hat.

Um diese Gegenwart der Geschichte zu erfahren, müssen wir uns aus der immer noch herrschenden historischen Vorstellung der Geschichte lösen. Das historische Vorstellen nimmt die Geschichte als einen Gegenstand, worin ein Geschehen abläuft, das in seiner Wandelbarkeit zugleich vergeht.

In dem Satz «die Wissenschaft ist die Theorie des Wirklichen» bleibt früh Gedachtes, früh Geschicktes gegenwärtig.

Wir erläutern jetzt den Satz nach zwei Hinsichten. Wir fragen einmal: Was heißt «das Wirkliche»? Wir fragen zum andern: Was heißt «die Theorie»?

Die Erläuterung zeigt zugleich, wie beide, das Wirkliche und die Theorie, aus ihrem Wesen aufeinander zugehen.

Um zu verdeutlichen, was im Satz «die Wissenschaft ist die Theorie des Wirklichen» der Name «das Wirkliche» meint, halten wir uns an das Wort. Das Wirkliche erfüllt den Bereich des Wirkenden, dessen, was wirkt. Was heißt «wirken»? Die Beantwortung der Frage muß sich an die Etymologie halten. Doch entscheidend bleibt, wie dies geschieht. Das bloße Feststellen der alten und oft nicht mehr sprechenden Bedeutung der Wörter, das Aufgreifen dieser Bedeutung in der Absicht, sie in einem neuen Sprachgebrauch zu verwenden, führt zu nichts, es sei denn zur Willkür. Es gilt vielmehr, im Anhalt an die frühe Wortbedeutung und ihren Wandel den Sachbereich zu erblicken, in den das Wort hineinspricht. Es gilt, diesen Wesensbereich als denjenigen zu bedenken, innerhalb dessen sich die durch das Wort genannte Sache bewegt. Nur so spricht das Wort und zwar im Zusammenhang der Bedeutungen, in die sich die von ihm genannte Sache durch die Geschichte des Denkens und Dichtens hindurch entfaltet.

«Wirken» heißt «tun». Was heißt «tun»? Das Wort gehört zum indogermanischen Stamm dhē; daher stammt auch das griechische θέσις: Setzung, Stellung, Lage. Aber dieses Tun ist nicht nur als menschliche Tätigkeit gemeint, vor allem nicht als Tätigkeit im Sinne der Aktion und des Agierens. Auch Wachstum, Walten der Natur (φύσις) ist ein Tun und zwar in dem genauen Sinne der θέσις. Erst in späterer Zeit gelangen die Titel φύσις und θέσις in einen Gegensatz, was wiederum nur deshalb möglich wird, weil ein Selbiges sie bestimmt. Φύσις ist θέσις: von sich aus etwas vor-legen, es her-stellen, her- und vor-bringen, nämlich ins Anwesen. Das in solchem Sinne Tuende ist das Wirkende, ist das An-wesende in seinem Anwesen. Das so verstandene Wort «wirken», nämlich her- und vor-bringen, nennt somit eine Weise, wie Anwesendes anwest. Wirken ist her- und vorbringen, sei es, daß etwas sich von sich aus her ins Anwesen vor-bringt, sei es, daß der Mensch das Her- und Vor-bringen von etwas leistet. In der Sprache des Mittelalters besagt unser deutsches Wort «wirken» noch das Hervorbringen von Häusern, Geräten, Bildern; später verengt sich die Bedeutung von «Wirken» auf das Hervorbringen im Sinne von nähen, sticken, weben.

Das Wirkliche ist das Wirkende, Gewirkte: das ins Anwesen Her-vor-bringende und Her-vor-gebrachte. «Wirklichkeit» meint dann, weit genug gedacht: das ins Anwesen hervor-gebrachte Vorliegen, das in sich vollendete Anwesen von Sich-hervorbringendem. «Wirken» gehört zum indogermanischen Stamm uerg, daher unser Wort «Werk» und das griechische ἔργον. Aber nicht oft genug kann eingeschärft werden: der Grundzug von Wirken und Werk beruht nicht im efficere und effectus, sondern darin, daß etwas ins Unverborgene zu stehen und zu liegen kommt. Auch dort, wo die Griechen – nämlich

Aristoteles – von dem sprechen, was die Lateiner causa efficiens nennen, meinen sie niemals das Leisten eines Effekts. Das im ἔργον sich Vollendende ist das ins volle Anwesen Sich-hervor-bringende; ἔργον ist das, was im eigentlichen und höchsten Sinne an-west. Darum und nur darum nennt Aristoteles die Anwesenheit des eigentlich Anwesenden die ἐνέργεια oder auch die ἐντελέχεια: das Sich-in-der-Vollendung (nämlich des Anwesens)-halten. Diese von Aristoteles für das eigentliche Anwesen des Anwesenden geprägten Namen sind in dem, was sie sagen, durch einen Abgrund getrennt von der späteren neuzeitlichen Bedeutung von ἐνέργεια im Sinne von «Energie» und ἐντελέχεια im Sinne von «Entelechie» als Wirkanlage und Wirkfähigkeit.

Das aristotelische Grundwort für das Anwesen, ἐνέργεια, ist nur dann sachgerecht durch unser Wort «Wirklichkeit» übersetzt, wenn wir unsererseits «wirken» griechisch denken im Sinne von: her – ins Unverborgene, vor – ins Anwesen bringen. «Wesen» ist dasselbe Wort wie «währen», bleiben. Anwesen denken wir als währen dessen, was, in der Unverborgenheit angekommen, da verbleibt. Seit der Zeit nach Aristoteles wird jedoch diese Bedeutung von ἐνέργεια: im-Werk-Währen, verschüttet zugunsten anderer. Die Römer übersetzen, d. h. denken ἔργον von der operatio als actio her und sagen statt ἐνέργεια: actus, ein ganz anderes Wort mit einem ganz anderen Bedeutungsbereich. Das Her- und Vor-gebrachte erscheint jetzt als das, was sich aus einer operatio er-gibt. Das Ergebnis ist das, was aus einer und auf eine actio folgt: der Er-folg. Das Wirkliche ist jetzt das Erfolgte. Der Erfolg wird durch eine Sache erbracht, die ihm voraufgeht, durch die Ursache (causa). Das Wirkliche erscheint jetzt im Lichte der Kausalität der causa efficiens. Selbst Gott wird in der Theologie, nicht im Glauben, als causa prima, als die erste Ursache, vorgestellt. Schließlich drängt sich im Verfolg der Ursache-Wirkungsbeziehung das

Nacheinander in den Vordergrund und damit der zeitliche Ablauf. Kant erkennt die Kausalität als eine Regel der Zeitfolge. In den jüngsten Arbeiten von W. Heisenberg ist das Kausalproblem ein rein mathematisches Zeitmessungsproblem. Allein mit diesem Wandel der Wirklichkeit des Wirklichen ist noch ein anderes, nicht minder Wesentliches verbunden. Das Erwirkte im Sinne des Erfolgten zeigt sich als Sache, die sich in einem Tun, d. h. jetzt Leisten und Arbeiten herausgestellt hat. Das in der Tat solchen Tuns Erfolgte ist das Tatsächliche. Das Wort «tatsächlich» spricht heute im Sinne des Versicherns und besagt so viel wie «gewiß» und «sicher». Statt «es ist gewiß so», sagen wir «es ist tatsächlich so», «es ist wirklich so». Daß nun aber das Wort «wirklich» mit dem Beginn der Neuzeit, seit dem 17. Jahrhundert, so viel bedeutet wie «gewiß», ist weder ein Zufall, noch eine harmlose Laune des Bedeutungswandels bloßer Wörter.

Das «Wirkliche» im Sinne des Tatsächlichen bildet jetzt den Gegensatz zu dem, was einer Sicherstellung nicht standhält und sich als bloßer Schein oder als nur Gemeintes vorstellt. Allein auch in dieser mannigfach gewandelten Bedeutung behält das Wirkliche immer noch den früheren, aber jetzt weniger oder anders hervorkommenden Grundzug des Anwesenden, das sich von sich her herausstellt.

Aber jetzt stellt es sich dar im Erfolgen. Der Erfolg ergibt, daß das Anwesende durch ihn zu einem gesicherten Stand gekommen ist und als solcher Stand begegnet. Das Wirkliche zeigt sich jetzt als Gegen-Stand.

Das Wort «Gegenstand» entsteht erst im 18. Jahrhundert und zwar als die deutsche Übersetzung des lateinischen «obiectum». Es hat seine tieferen Gründe, warum die Worte «Gegenstand» und «Gegenständlichkeit» für Goethe ein besonderes Gewicht empfangen. Aber weder das mittelalterliche noch das griechische Denken stellen das Anwesende als Gegenstand vor. Wir

nennen jetzt die Art der Anwesenheit *des* Anwesenden, das in der Neuzeit als Gegenstand erscheint, die *Gegenständigkeit*.
Sie ist in erster Linie ein Charakter des Anwesenden selber. Wie jedoch die Gegenständigkeit des Anwesenden zum Vorschein gebracht und das Anwesende zum Gegenstand für ein Vor-stellen wird, kann sich uns erst zeigen, wenn wir fragen: was ist das Wirkliche in bezug auf die Theorie und somit in gewisser Weise mit durch diese? Anders gewendet fragen wir jetzt: was heißt im Satz «die Wissenschaft ist die Theorie des Wirklichen» das Wort «Theorie»? Der Name «Theorie» stammt von dem griechischen Zeitwort θεωρεῖν. Das zugehörige Hauptwort lautet θεωρία. Diesen Worten eignet eine hohe und geheimnisvolle Bedeutung. Das Zeitwort θεωρεῖν ist aus zwei Stammworten zusammengewachsen: θέα und ὁράω. Θέα (vgl. Theater) ist der Anblick, das Aussehen, worin sich etwas zeigt, die Ansicht, in der es sich darbietet. Platon nennt dieses Aussehen, worin Anwesendes das zeigt, was es ist, εἶδος. Dieses Aussehen gesehen haben, εἰδέναι, ist Wissen. Das zweite Stammwort in θεωρεῖν, das ὁράω, bedeutet: etwas ansehen, in den Augenschein nehmen, be-sehen. So ergibt sich: θεωρεῖν ist θέαν ὁρᾶν: den Anblick, worin das Anwesende erscheint, ansehen und durch solche Sicht bei ihm sehend verweilen.
Diejenige Lebensart (βίος), die aus dem θεωρεῖν ihre Bestimmung empfängt und ihm sich weiht, nennen die Griechen den βίος θεωρητικός, die Lebensart des Schauenden, der in das reine Scheinen des Anwesenden schaut. Im Unterschied dazu ist der βίος πρακτικός die Lebensart, die sich dem Handeln und Herstellen widmet. Bei dieser Unterscheidung müssen wir jedoch stets eines festhalten: für die Griechen ist der βίος θεωρητικός, das schauende Leben, zumal in seiner reinsten Gestalt als Denken, das höchste Tun. Die θεωρία ist in sich, nicht erst durch eine dazukommende Nutzbarkeit, die vollendete Gestalt menschlichen Daseins. Denn die θεωρία ist der

reine Bezug zu den Anblicken des Anwesenden, die durch ihr Scheinen den Menschen angehen, indem sie die Gegenwart der Götter be-scheinen. Die weitere Kennzeichnung des θεωρεῖν, daß es die ἀρχαί und αἰτίαι des Anwesenden vor das Vernehmen und Darlegen bringt, kann hier nicht gegeben werden; denn dies verlangte eine Besinnung darauf, was das griechische Erfahren unter dem verstand, was wir seit langem als principium und causa, Grund und Ursache, vorstellen (vgl. Aristoteles, Eth. Nic. VI c. 2, 1139 a sq).

Mit dem höchsten Rang der θεωρία innerhalb des griechischen βίος hängt zusammen, daß die Griechen, die auf eine einzigartige Weise aus ihrer Sprache dachten, d. h. ihr Dasein empfingen, im Wort θεωρία noch Anderes mithören mochten. Die beiden Stammworte θεα und οραω können in anderer Betonung lauten: θεά und ὥρα. Θεά ist die Göttin. Als solche erscheint dem frühen Denker Parmenides die Ἀλήθεια, die Unverborgenheit, aus der und in der Anwesendes anwest. Wir übersetzen ἀλήθεια durch das lateinische Wort «veritas» und unser deutsches Wort «Wahrheit».

Das griechische Wort ὥρα bedeutet die Rücksicht, die wir nehmen, die Ehre und Achtung, die wir schenken. Denken wir das Wort θεωρία jetzt aus den zuletzt genannten Wortbedeutungen, dann ist die θεωρία das verehrende Beachten der Unverborgenheit des Anwesenden. Die Theorie im alten und d. h. frühen, keineswegs veralteten Sinne ist das *hütende Schauen der Wahrheit*. Unser althochdeutsches Wort wara (wovon wahr, wahren und Wahrheit) geht in denselben Stamm zurück wie das griechische ὁράω, ὥρα: Fορα..

Das mehrdeutige und nach jeder Hinsicht hohe Wesen der griechisch gedachten Theorie bleibt verschüttet, wenn wir heute in der Physik von der Relativitätstheorie, in der Biologie von der Deszendenztheorie, in der Historie von der Zyklentheorie, in der Jurisprudenz von der Naturrechtstheorie sprechen. Gleichwohl zieht durch die modern verstandene «Theorie» immer noch der Schatten der frühen θεωρία. Jene lebt aus dieser und zwar nicht nur in dem äußerlich feststellbaren Sinne einer geschichtlichen Abhängigkeit. Was sich hier ereignet, wird deutlicher, wenn wir jetzt fragen: was ist im Unterschied zur frühen θεωρία «die Theorie», die in dem Satz genannt wird: «die moderne Wissenschaft ist die Theorie des Wirklichen»?

Wir antworten mit der nötigen Kürze, indem wir einen anscheinend äußerlichen Weg wählen. Wir achten darauf, wie die griechischen Worte θεωρεῖν und θεωρία in die lateinische und in die deutsche Sprache übersetzt werden. Wir sagen mit Bedacht «die Worte» und nicht die Wörter, um anzudeuten, daß sich im Wesen und Walten der Sprache jedesmal ein Schicksal entscheidet.

Die Römer übersetzen θεωρεῖν durch contemplari, θεωρία durch contemplatio. Diese Übersetzung, die aus dem Geist der römischen Sprache und d.h. des römischen Daseins kommt, bringt das Wesenhafte dessen, was die griechischen Worte sagen, mit einem Schlag zum Verschwinden. Denn contemplari heißt: etwas in einen Abschnitt einteilen und darin umzäunen. Templum ist das griechische τέμενος, das einer ganz anderen Erfahrung entspringt als das θεωρεῖν. Τέμνειν heißt: schneiden, abteilen. Das Unzerschneidbare ist das ἄτμητον, ἄ-τομον, Atom.

Das lateinische templum bedeutet ursprünglich den am Himmel und auf der Erde herausgeschnittenen Abschnitt, die Himmelsrichtung, Himmelsgegend nach dem Sonnengang. Innerhalb dieser stellen die Vogeldeuter ihre Beobachtungen an, um aus Flug, Geschrei und Fressen der Vögel die Zukunft festzustellen (vgl. Ernout-Meillet, Dictionnaire étymologique de la langue latine[3] 1951, p. 1202: contemplari dictum est a templo, i. e. loco qui ab omni *parte aspici*, vel ex quo omnis *pars videri* potest, quem antiqui templum nominabant).

In der zur contemplatio gewordenen θεωρία meldet sich das

bereits im griechischen Denken mitvorbereitete Moment des einschneidenden, aufteilenden Zusehens. Der Charakter des eingeteilten, eingreifenden Vorgehens gegen das, was ins Auge gefaßt werden soll, macht sich im Erkennen geltend. Allein auch jetzt noch bleibt die vita contemplativa von der vita activa unterschieden.

In der Sprache der christlich-mittelalterlichen Frömmigkeit und Theologie gewinnt die genannte Unterscheidung wiederum einen anderen Sinn. Er hebt das beschaulich-klösterliche Leben gegen das weltlich-tätige ab.

Die deutsche Übersetzung für contemplatio lautet: Betrachtung. Das griechische θεωρεῖν, das Besehen des Aussehens des Anwesenden, erscheint jetzt als Betrachten. Die Theorie ist die Betrachtung des Wirklichen. Doch was heißt Betrachtung? Man spricht von einer Betrachtung im Sinne der religiösen Meditation und Versenkung. Diese Art Betrachtung gehört in den Bereich der soeben genannten vita contemplativa. Wir sprechen auch vom Betrachten eines Bildes, in dessen Anblick wir uns freigeben. Bei solchem Sprachgebrauch bleibt das Wort «Betrachtung» in der Nähe von Beschauung und es scheint noch das Gleiche zu meinen wie die frühe θεωρία der Griechen. Allein «die Theorie», als welche sich die moderne Wissenschaft zeigt, ist etwas wesentlich anderes als die griechische «θεωρία». Wenn wir daher «Theorie» durch «Betrachtung» übersetzen, dann geben wir dem Wort «Betrachtung» eine andere Bedeutung, keine willkürlich erfundene, sondern die ursprünglich ihm angestammte. Machen wir ernst mit dem, was das deutsche Wort «Betrachtung» nennt, dann erkennen wir das Neue im Wesen der modernen Wissenschaft als der Theorie des Wirklichen.

Was heißt Betrachtung? Trachten ist das lateinische tractare, behandeln, bearbeiten. Nach etwas trachten heißt: sich auf etwas zu-arbeiten, es verfolgen, ihm nachstellen, um es sicher zu stellen. Demnach wäre die Theorie als Betrachtung das nachstellende und sicherstellende Bearbeiten des Wirklichen. Diese Kennzeichnung der Wissenschaft dürfte aber offenkundig ihrem Wesen zuwiderlaufen. Denn die Wissenschaft ist als Theorie doch gerade «theoretisch». Von einer Bearbeitung des Wirklichen sieht sie doch ab. Sie setzt alles daran, das Wirkliche rein zu erfassen. Sie greift nicht in das Wirkliche ein, um es zu verändern. Die reine Wissenschaft, verkündet man, ist «zweckfrei».

Und dennoch: die moderne Wissenschaft ist als Theorie im Sinne des Be-trachtens eine unheimlich eingreifende Bearbeitung des Wirklichen. Gerade durch diese Bearbeitung entspricht sie einem Grundzug des Wirklichen selbst. Das Wirkliche ist das sich herausstellende Anwesende. Dies zeigt sich unterdessen neuzeitlich in der Weise, daß es sein Anwesen in der Gegenständigkeit zum Stehen bringt. Diesem gegenständigen Walten des Anwesens entspricht die Wissenschaft, insofern sie ihrerseits als Theorie das Wirkliche eigens auf seine Gegenständigkeit hin herausfordert. Die Wissenschaft stellt das Wirkliche. Sie stellt es darauf hin, daß sich das Wirkliche jeweils als Gewirk, d. h. in den übersehbaren Folgen von angesetzten Ursachen darstellt. So wird das Wirkliche in seinen Folgen verfolgbar und übersehbar. Das Wirkliche wird in seiner Gegenständigkeit sichergestellt. Hieraus ergeben sich Gebiete von Gegenständen, denen das wissenschaftliche Betrachten auf seine Weise nachstellen kann. Das nachstellende Vorstellen, das alles Wirkliche in seiner verfolgbaren Gegenständigkeit sicherstellt, ist der Grundzug des Vorstellens, wodurch die neuzeitliche Wissenschaft dem Wirklichen entspricht. Die alles entscheidende Arbeit, die solches Vorstellen in jeder Wissenschaft leistet, ist nun aber diejenige Bearbeitung des Wirklichen, die überhaupt das Wirkliche erst und eigens in eine Gegenständigkeit herausarbeitet, wodurch alles Wirkliche im vorhinein zu einer Mannigfaltigkeit von Gegenständen für das nachstellende Sicherstellen umgearbeitet wird.

Daß sich das Anwesende, z. B. die Natur, der Mensch, die Geschichte, die Sprache als das Wirkliche in seiner Gegenständigkeit herausstellt, daß in einem damit die Wissenschaft zur Theorie wird, die dem Wirklichen nach- und es im Gegenständigen sicherstellt, wäre für den mittelalterlichen Menschen ebenso befremdlich, wie es für das griechische Denken bestürzend sein müßte.

Die moderne Wissenschaft ist darum als die Theorie des Wirklichen nichts Selbstverständliches. Sie ist weder ein bloßes Gemächte des Menschen, noch wird sie vom Wirklichen erzwungen. Wohl dagegen wird das Wesen der Wissenschaft durch das Anwesen des Anwesenden in dem Augenblick benötigt, da sich das Anwesen in die Gegenständigkeit des Wirklichen herausstellt. Dieser Augenblick bleibt wie jeder seiner Art geheimnisvoll. Nicht nur die größten Gedanken kommen wie auf Taubenfüßen, sondern erst recht und vordem jeweils der Wandel des Anwesens alles Anwesenden.

Die Theorie stellt jeweils einen Bezirk des Wirklichen als ihr Gegenstandsgebiet sicher. Der Gebietscharakter der Gegenständigkeit zeigt sich daran, daß er zum voraus die Möglichkeiten der Fragestellung vorzeichnet. Jede innerhalb eines Wissenschaftsgebietes auftauchende neue Erscheinung wird solange bearbeitet, bis sie sich in den maßgebenden gegenständlichen Zusammenhang der Theorie einpaßt. Dieser selbst wird dabei zuweilen abgewandelt. Die Gegenständigkeit als solche bleibt jedoch in ihren Grundzügen unverändert. Der im vorhinein vorgestellte Bestimmungsgrund für ein Verhalten und Vorgehen ist nach dem streng gedachten Begriff das Wesen dessen, was «Zweck» heißt. Wenn etwas in sich durch einen Zweck bestimmt bleibt, dann ist es die reine Theorie. Sie wird bestimmt durch die Gegenständigkeit des Anwesenden. Würde diese preisgegeben, dann wäre das Wesen der Wissenschaft verleugnet. Dies ist z. B. der Sinn des Satzes, daß die moderne

Atomphysik keineswegs die klassische Physik von Galilei und Newton beseitige, sondern nur in ihrem Geltungsbereich einschränke. Allein diese Einschränkung ist zugleich die Bestätigung der für die Theorie der Natur maßgebenden Gegenständigkeit, der gemäß die Natur sich als ein raum-zeitlicher, auf irgendeine Weise vorausberechenbarer Bewegungszusammenhang dem Vorstellen darstellt.

Weil die moderne Wissenschaft in dem gekennzeichneten Sinne Theorie ist, deshalb hat in all ihrem Be-trachten die Art ihres Trachtens, d. h. die Art des nachstellend-sicherstellenden Vorgehens, d. h. die Methode, den entscheidenden Vorrang. Ein oft angeführter Satz von Max Planck lautet: «Wirklich ist, was sich messen läßt.» Dies besagt: der Entscheid darüber, was für die Wissenschaft, in diesem Fall für die Physik, als gesicherte Erkenntnis gelten darf, steht bei der in der Gegenständigkeit der Natur angesetzten Meßbarkeit und ihr gemäß bei den Möglichkeiten des messenden Vorgehens. Der Satz von Max Planck ist aber nur deshalb wahr, weil er etwas ausspricht, was zum Wesen der modernen Wissenschaft, nicht nur der Naturwissenschaft, gehört. Das nachstellend-sicherstellende Verfahren aller Theorie des Wirklichen ist ein Berechnen. Wir dürfen diesen Titel allerdings nicht in dem verengten Sinne von Operieren mit Zahlen verstehen. Rechnen im weiten, wesentlichen Sinne meint: mit etwas rechnen, d. h. etwas in Betracht ziehen, auf etwas rechnen, d. h. in die Erwartung stellen. In dieser Weise ist alle Vergegenständlichung des Wirklichen ein Rechnen, mag sie kausal-erklärend den Erfolgen von Ursachen nachsetzen, mag sie morphologisch sich über die Gegenstände ins Bild setzen, mag sie einen Folge- und Ordnungszusammenhang in seinen Gründen sicherstellen. Auch die Mathematik ist kein Rechnen im Sinne des Operierens mit Zahlen zur Feststellung quantitativer Ergebnisse, wohl dagegen ist sie das Rechnen, das überall den Ausgleich von Ordnungsbeziehungen durch Gleichungen in ihre Erwartung gestellt hat und deshalb im voraus mit einer Grundgleichung für alle nur mögliche Ordnung «rechnet».

Weil die moderne Wissenschaft als Theorie des Wirklichen auf dem Vorrang der Methode beruht, muß sie als Sicherstellen der Gegenstandsgebiete diese gegeneinander abgrenzen und das Abgegrenzte in Fächer eingrenzen, d. h. einfächern. Die Theorie des Wirklichen ist notwendig Fachwissenschaft.

Die Erforschung eines Gegenstandsgebietes muß bei ihrer Arbeit auf die jeweils besondere Artung der zugehörigen Gegenstände eingehen. Solches Eingehen auf das Besondere macht das Vorgehen der Fachwissenschaft zur Spezialforschung. Die Spezialisierung ist darum keineswegs eine verblendete Ausartung oder gar eine Verfallserscheinung der modernen Wissenschaft. Die Spezialisierung ist auch nicht ein nur unvermeidliches Übel. Sie ist eine notwendige und die positive Folge des Wesens der modernen Wissenschaft.

Die Abgrenzung der Gegenstandsgebiete, die Eingrenzung dieser in Spezialzonen reißt die Wissenschaften nicht auseinander, sondern ergibt erst einen Grenzverkehr zwischen ihnen, wodurch sich Grenzgebiete abzeichnen. Diesen entstammt eine eigene Stoßkraft, die neue, oft entscheidende Fragestellungen auslöst. Man kennt diese Tatsache. Ihr Grund bleibt rätselhaft, so rätselhaft wie das ganze Wesen der modernen Wissenschaft.

Zwar haben wir dieses Wesen jetzt dadurch gekennzeichnet, daß wir den Satz «die Wissenschaft ist die Theorie des Wirklichen» nach den beiden Haupttiteln erläuterten. Es geschah als Vorbereitung für den zweiten Schritt, bei dem wir fragen: welcher unscheinbare Sachverhalt verbirgt sich im Wesen der Wissenschaft?

Wir bemerken den Sachverhalt, sobald wir am Beispiel einiger Wissenschaften eigens darauf achten, wie es jeweils mit der Gegenständigkeit der Gegenstandsgebiete der Wissenschaften bestellt ist. Die Physik, worin jetzt, roh gesprochen, Makrophysik und Atomphysik, Astrophysik und Chemie eingeschlossen sind, betrachtet die Natur (φύσις), insofern sich diese als die leblose herausstellt. In solcher Gegenständigkeit zeigt sich die Natur als der Bewegungszusammenhang materieller Körper. Der Grundzug des Körperhaften ist die Undurchdringlichkeit, die ihrerseits sich wieder als eine Art von Bewegungszusammenhang der elementaren Gegenstände darstellt. Diese selbst und ihr Zusammenhang werden in der klassischen Physik als geometrische Punktmechanik, in der heutigen Physik durch die Titel «Kern» und «Feld» vorgestellt. Demgemäß ist für die klassische Physik jeder Bewegungszustand der raumerfüllenden Körper jederzeit zugleich sowohl nach Ort als auch nach Bewegungsgröße bestimmbar, d. h. eindeutig vorauszuberechnen. Dagegen läßt sich in der Atomphysik ein Bewegungszustand grundsätzlich nur entweder nach Ort oder nach Bewegungsgröße bestimmen. Dementsprechend hält die klassische Physik dafür, daß sich die Natur eindeutig und vollständig vorausberechnen läßt, wogegen die Atomphysik nur eine Sicherstellung des gegenständlichen Zusammenhangs zuläßt, die statistischen Charakter hat.

Die Gegenständigkeit der materiellen Natur zeigt in der modernen Atomphysik *völlig andere Grundzüge* als in der klassischen Physik. Diese, die klassische Physik, kann wohl in jene, die Atomphysik, eingebaut werden, aber nicht umgekehrt. Die Kernphysik läßt sich nicht mehr in die klassische Physik auf- und zurückheben. Und dennoch – *auch* die moderne Kern- und Feldphysik bleibt noch Physik, d. h. Wissenschaft, d. h. Theorie, die den Gegenständen des Wirklichen in ihrer Gegenständigkeit nachstellt, um sie in der Einheit der Gegenständigkeit sicherzustellen. Auch für die moderne Physik gilt es, diejenigen elementaren Gegenstände sicherzustellen, aus denen alle anderen Gegenstände des ganzen Gebietes bestehen. Auch das Vorstellen

der modernen Physik bleibt darauf abgestellt, «eine einzige Grundgleichung anschreiben zu können, aus der die Eigenschaften aller Elementarteilchen und damit das Verhalten der Materie überhaupt folgt». (Heisenberg, Die gegenwärtigen Grundprobleme der Atomphysik. Vgl. Wandlungen in den Grundlagen der Naturwissenschaft, 8. Auflage, 1948, S. 98).
Der grobe Hinweis auf den Unterschied der Epochen innerhalb der neuzeitlichen Physik macht deutlich, wo der Wandel von der einen zur anderen sich abspielt: in der Erfahrung und Bestimmung der Gegenständigkeit, in die sich die Natur herausstellt. Was sich jedoch bei diesem Wandel von der geometrisierend-klassischen zur Kern- und Feldphysik *nicht* wandelt, ist dies, daß die Natur zum voraus sich dem nachstellenden Sicherstellen zu stellen hat, das die Wissenschaft als Theorie vollzieht. Inwiefern jedoch in der jüngsten Phase der Atomphysik *auch noch* der *Gegenstand* verschwindet und so allererst die Subjekt-Objekt-Beziehung als bloße Beziehung in den Vorrang *vor* dem Objekt und dem Subjekt gelangt und als Bestand gesichert werden will, kann an dieser Stelle nicht genauer erörtert werden.
[Die Gegenständigkeit wandelt sich in die aus dem Gestell bestimmte Beständigkeit des Bestandes (vgl. Die Frage nach der Technik). Die Subjekt-Objekt-Beziehung gelangt so erst in ihren reinen «Beziehungs»-, d. h. Bestellungscharakter, in dem sowohl das Subjekt als auch das Objekt als Bestände aufgesogen werden. Das sagt nicht: die Subjekt-Objekt-Beziehung verschwindet, sondern das Gegenteil: sie gelangt jetzt in ihre äußerste, aus dem Gestell vorbestimmte Herrschaft. Sie wird ein zu bestellender Bestand.]
Wir achten jetzt auf den unscheinbaren Sachverhalt, der im Walten der Gegenständigkeit liegt.
Die Theorie stellt das Wirkliche, im Falle der Physik die leblose Natur in *ein* Gegenstandsgebiet fest. Indessen west die Natur immer schon von sich her an. Die Vergegenständlichung ihrer-

seits bleibt auf die anwesende Natur angewiesen. Auch dort, wo die Theorie aus Wesensgründen wie in der modernen Atomphysik notwendig unanschaulich wird, ist sie darauf angewiesen, daß sich die Atome für eine sinnliche Wahrnehmung herausstellen, mag dieses Sich-zeigen der Elementarteilchen auch auf einem sehr indirekten und technisch vielfältig vermittelten Wege geschehen (vgl. Wilsonkammer, Geigerzähler, Freiballonflüge zur Feststellung der Mesonen). Die Theorie kommt an der schon anwesenden Natur nie vorbei und sie kommt in solchem Sinne nie um die Natur herum. Die Physik mag die allgemeinste und durchgängige Gesetzlichkeit der Natur aus der Identität von Materie und Energie vorstellen, dieses physikalisch Vorgestellte ist zwar die Natur selbst, jedoch unweigerlich nur die Natur als das Gegenstandsgebiet, dessen Gegenständigkeit sich erst durch die physikalische Bearbeitung bestimmt und in ihr eigens erstellt wird. Die Natur ist in ihrer Gegenständigkeit für die moderne Naturwissenschaft nur *eine* Art, wie das Anwesende, das von altersher φύσις genannt wird, sich offenbart und der wissenschaftlichen Bearbeitung stellt. Auch wenn das Gegenstandsgebiet der Physik in sich einheitlich und geschlossen ist, kann diese Gegenständigkeit niemals die Wesensfülle der Natur einkreisen. Das wissenschaftliche Vorstellen vermag das Wesen der Natur nie zu umstellen, weil die Gegenständigkeit der Natur zum voraus nur *eine* Weise ist, in der sich die Natur herausstellt. Die Natur bleibt so für die Wissenschaft der Physik das Unumgängliche. Das Wort meint hier zweierlei. Einmal ist die Natur nicht zu umgehen, insofern die Theorie nie am Anwesenden vorbeikommt, sondern auf es angewiesen bleibt. Sodann ist die Natur nicht zu umgehen, insofern die Gegenständigkeit als solche es verwehrt, daß das ihr entsprechende Vorstellen und Sicherstellen je die Wesensfülle der Natur umstellen könnte. Dies ist es, was Goethe bei seinem verunglückten Streit mit der Newtonschen Physik im Grunde vorschwebte. Goethe konnte noch nicht sehen, daß auch sein anschauendes Vorstellen der Natur sich im Medium der Gegenständigkeit, in der Subjekt-Objekt-Beziehung bewegt und darum grundsätzlich von der Physik nicht verschieden ist und metaphysisch das Selbe bleibt wie jene. Das wissenschaftliche Vorstellen kann seinerseits niemals entscheiden, ob die Natur durch ihre Gegenständigkeit sich nicht eher entzieht, als daß sie ihre verborgene Wesensfülle zum Erscheinen bringt. Die Wissenschaft vermag diese Frage nicht einmal zu fragen; denn als Theorie hat sie sich bereits auf das von der Gegenständigkeit eingegrenzte Gebiet festgelegt.

In der Gegenständigkeit der Natur, der die Physik als Vergegenständlichung entspricht, waltet das in einem zweifachen Sinne Unumgängliche. Sobald wir dieses Unumgängliche einmal in einer Wissenschaft erblickt und auch nur ungefähr bedacht haben, sehen wir es leicht in jeder anderen.

Die Psychiatrie be-trachtet das menschliche Seelenleben in seinen kranken und d. h. immer zugleich gesunden Erscheinungen. Sie stellt diese aus der Gegenständigkeit der leiblich-seelisch-geistigen Einheit des ganzen Menschen vor. In die Gegenständigkeit der Psychiatrie stellt sich jeweils das schon anwesende menschliche Dasein heraus. Das Da-sein, worin der Mensch als Mensch ek-sistiert, bleibt das Unumgängliche der Psychiatrie.

Die Historie, die sich immer drängender zur Universalhistorie entfaltet, vollzieht ihr nachstellendes Sicherstellen in dem Gebiet, das sich ihrer Theorie als Geschichte zustellt. Das Wort «Historie» (ἱστορεῖν) bedeutet: erkunden und sichtbar machen und nennt darum eine Art des Vorstellens. Dagegen bedeutet das Wort «Geschichte» das, was sich begibt, insofern es so und so bereitet und bestellt, d. h. beschickt und geschickt ist. Historie ist die Erkundung der Geschichte. Aber das historische Betrachten schafft nicht erst die Geschichte selbst. Alles Historische, alles in der Weise der Historie Vor- und Festgestellte ist geschichtlich, d. h. auf das Geschick im Geschehen gegründet. Aber die Geschichte ist niemals notwendig historisch.

Ob die Geschichte sich in ihrem Wesen nur durch und für die Historie offenbart oder ob die Geschichte durch die historische Vergegenständlichung nicht eher verdeckt wird, bleibt für die Geschichtswissenschaft unentscheidbar. Entschieden aber ist: in der Theorie der Historie waltet die Geschichte als das Unumgängliche.

Die Philologie macht die Literatur der Nationen und Völker zum Gegenstand des Erklärens und Auslegens. Das Schriftliche der Literatur ist jeweils das Gesprochene einer Sprache. Wenn die Philologie von der Sprache handelt, bearbeitet sie diese nach den gegenständlichen Hinsichten, die durch Grammatik, Etymologie und vergleichende Sprachhistorie, durch Stilistik und Poetik festgelegt sind.

Die Sprache spricht jedoch, ohne daß sie zur Literatur wird und vollends unabhängig davon, ob die Literatur ihrerseits in die Gegenständigkeit gelangt, der die Feststellungen einer Literaturwissenschaft entsprechen. In der Theorie der Philologie waltet die Sprache als das Unumgängliche.

Natur, Mensch, Geschichte, Sprache bleiben für die genannten Wissenschaften das innerhalb ihrer Gegenständigkeit schon waltende Unumgängliche, worauf sie jeweils angewiesen sind, was sie jedoch in seiner Wesensfülle durch ihr Vorstellen nie um*stellen* können. Dieses Unvermögen der Wissenschaften gründet nicht darin, daß ihr nachstellendes Sicherstellen nie zu Ende kommt, sondern darin, daß im Prinzip die Gegenständigkeit, in die sich jeweils Natur, Mensch, Geschichte, Sprache herausstellen, selbst nur immer *eine* Art des Anwesens bleibt, in der das genannte Anwesende zwar erscheinen kann, aber niemals unbedingt erscheinen muß.

Das gekennzeichnete Unumgängliche waltet im Wesen jeder Wissenschaft. Ist nun dieses Unumgängliche der unscheinbare

Sachverhalt, den wir in den Blick bringen möchten? Ja und nein. Ja, insofern das Unumgängliche zum gemeinten Sachverhalt gehört; nein, insofern das genannte Unumgängliche für sich allein den Sachverhalt noch nicht ausmacht. Dies zeigt sich schon daran, daß dieses Unumgängliche selber noch eine wesentliche Frage veranlaßt.

Das Unumgängliche waltet im Wesen der Wissenschaft. Demnach müßte zu erwarten sein, daß die Wissenschaft selbst das Unumgängliche in ihr selbst vorfinden und es als ein solches bestimmen könne. Allein gerade dies trifft nicht zu und zwar deshalb, weil dergleichen wesensmäßig unmöglich ist. Woran läßt sich dies erkennen? Wenn die Wissenschaften jeweils selber in ihnen selbst das genannte Unumgängliche sollten vorfinden können, müßten sie vor allem anderen imstande sein, ihr eigenes Wesen vorzustellen. Doch hiezu bleiben sie jederzeit außerstande.

Die Physik kann als Physik über die Physik keine Aussagen machen. Alle Aussagen der Physik sprechen physikalisch. Die Physik selbst ist kein möglicher Gegenstand eines physikalischen Experimentes. Dasselbe gilt von der Philologie. Als Theorie der Sprache und Literatur ist sie niemals ein möglicher Gegenstand philologischer Betrachtung. Das Gesagte gilt für jede Wissenschaft.

Indessen könnte sich ein Einwand melden. Die Historie hat als Wissenschaft gleich allen übrigen Wissenschaften eine Geschichte. Also kann die Geschichtswissenschaft sich selber im Sinne ihrer Thematik und Methode betrachten. Gewiß. Durch solche Betrachtung erfaßt die Historie die Geschichte der Wissenschaft, die sie ist. Allein die Historie erfaßt dadurch niemals ihr Wesen als Historie, d. h. als Wissenschaft. Will man über die Mathematik als Theorie etwas aussagen, dann muß man das Gegenstandsgebiet der Mathematik und ihre Vorstellungsweise verlassen. Man kann nie durch eine mathematische Berechnung ausmachen, was die Mathematik selbst ist.

Es bleibt dabei: die Wissenschaften sind außerstande, mit den Mitteln ihrer Theorie und durch die Verfahrensweisen der Theorie jemals sich selber als Wissenschaften vor-zustellen.

Wenn der Wissenschaft versagt bleibt, überhaupt auf das eigene Wesen wissenschaftlich einzugehen, dann vermögen es die Wissenschaften vollends nicht, auf das in ihrem Wesen waltende Unumgängliche zuzugehen.

So zeigt sich etwas Erregendes. Das in den Wissenschaften jeweils Unumgängliche: die Natur, der Mensch, die Geschichte, die Sprache, ist *als* dieses Unumgängliche für die Wissenschaften und durch sie unzugänglich.

Erst wenn wir diese Unzugänglichkeit des Unumgänglichen mitbeachten, kommt der Sachverhalt in den Blick, der das Wesen der Wissenschaft durchwaltet.

Weshalb nennen wir aber das unzugängliche Unumgängliche den «unscheinbaren Sachverhalt»? Das Unscheinbare fällt nicht auf. Es mag gesehen sein, ohne doch eigens beachtet zu werden. Bleibt der gezeigte Sachverhalt im Wesen der Wissenschaft nur deshalb unbeachtet, weil man das Wesen der Wissenschaft zu selten und zu wenig bedenkt? Dies Letztere dürfte kaum jemand mit Grund behaupten. Im Gegenteil, viele Zeugnisse sprechen dafür, daß heute nicht nur durch die Physik, sondern durch alle Wissenschaften eine seltsame Beunruhigung geht. Vordem jedoch regten sich in den vergangenen Jahrhunderten der abendländischen Geistes- und Wissenschaftsgeschichte immer wieder Versuche, das Wesen der Wissenschaft zu umgrenzen. Das leidenschaftliche und unablässige Bemühen darum ist vor allem ein Grundzug der Neuzeit. Wie könnte da jener Sachverhalt unbeachtet bleiben? Heute spricht man von der «Grundlagenkrise» der Wissenschaften. Sie betrifft allerdings nur die Grundbegriffe der einzelnen Wissenschaften. Sie ist keineswegs eine Krisis der Wissenschaft als solcher. Diese geht heute ihren Gang sicherer denn je.

Das unzugängliche Unumgängliche, das die Wissenschaften

durchwaltet und so ihr Wesen ins Rätselhafte rückt, ist indessen weit mehr, nämlich wesenhaft Anderes als eine bloße Unsicherheit in der Ansetzung der Grundbegriffe, durch die jeweils den Wissenschaften das Gebiet beigestellt wird. So reicht denn auch die Beunruhigung in den Wissenschaften weit über die bloße Unsicherheit ihrer Grundbegriffe hinaus. Man ist in den Wissenschaften beunruhigt und kann doch nicht sagen, woher und worüber trotz der mannigfachen Erörterungen über die Wissenschaften. Man philosophiert heute von den verschiedensten Standpunkten aus über die Wissenschaften. Man trifft sich bei solchen Bemühungen von seiten der Philosophie mit den Selbstdarstellungen, die überall durch die Wissenschaften selbst in der Form zusammenfassender Abrisse und durch das Erzählen der Wissenschaftsgeschichte versucht werden.

Und dennoch bleibt jenes unzugängliche Unumgängliche im Unscheinbaren. Deshalb kann die Unscheinbarkeit des Sachverhalts nicht nur darin beruhen, daß er *uns* nicht auffällt und daß *wir* ihn nicht beachten. Das Unscheinbare des Sachverhalts gründet vielmehr darin, daß er selbst von sich her nicht zum Vorschein kommt. Am unzugänglichen Unumgänglichen als solchem liegt es, daß es stets übergangen wird. Insofern das Unscheinbare ein Grundzug des genannten Sachverhalts selbst ist, wird er erst dann zureichend bestimmt, wenn wir sagen:

Der Sachverhalt, der das Wesen der Wissenschaft, d. h. der Theorie des Wirklichen durchwaltet, ist das stets übergangene unzugängliche Unumgängliche.

Der unscheinbare Sachverhalt verbirgt sich in den Wissenschaften. Aber er liegt nicht in ihnen wie der Apfel im Korb. Wir müssen eher sagen: die Wissenschaften ruhen ihrerseits im unscheinbaren Sachverhalt wie der Fluß im Quell.

Unser Vorhaben war, auf den Sachverhalt hinzuweisen, damit er selbst in die Gegend winke, aus der das Wesen der Wissenschaft stammt.

Was haben wir erreicht? Wir sind aufmerksam geworden für das stets übergangene unzugängliche Unumgängliche. Es zeigt sich uns an der Gegenständigkeit, in die sich das Wirkliche herausstellt, durch die hindurch die Theorie den Gegenständen nachstellt, um diese und ihren Zusammenhang im Gegenstandsgebiet der jeweiligen Wissenschaft für das Vorstellen sicherzustellen. Der unscheinbare Sachverhalt durchwaltet die Gegenständigkeit, worin sowohl die Wirklichkeit des Wirklichen als auch die Theorie des Wirklichen, worin somit auch das ganze Wesen der neuzeitlich-modernen Wissenschaft schwingt.
Wir begnügen uns damit, auf den unscheinbaren Sachverhalt hinzuweisen. Was er in sich selber ist, dies auszumachen bedürfte eines neuen Fragens. Wir sind jedoch durch den Hinweis auf den unscheinbaren Sachverhalt in eine Wegrichtung gewiesen, die vor das Fragwürdige bringt. Im Unterschied zum bloß Fraglichen und zu allem Fraglosen verleiht das Fragwürdige von sich her erst den klaren Anlaß und den freien Anhalt, wodurch wir es vermögen, dem entgegen- und das herbeizurufen, was sich unserem Wesen zuspricht. Die Wanderschaft in der Wegrichtung zum Fragwürdigen ist nicht Abenteuer sondern Heimkehr.
Eine Wegrichtung einschlagen, die eine Sache von sich aus schon genommen hat, heißt in unserer Sprache sinnan, sinnen. Sich auf den Sinn einlassen, ist das Wesen der Besinnung. Dies meint mehr als das bloße Bewußtmachen von etwas. Wir sind noch nicht bei der Besinnung, wenn wir nur bei Bewußtsein sind. Besinnung ist mehr. Sie ist die Gelassenheit zum Fragwürdigen.
Durch die so verstandene Besinnung gelangen wir eigens dorthin, wo wir, ohne es schon zu erfahren und zu durchschauen, uns seit langem aufhalten. In der Besinnung gehen wir auf einen Ort zu, von dem aus sich erst der Raum öffnet, den unser jeweiliges Tun und Lassen durchmißt.

Besinnung ist anderen Wesens als das Bewußtmachen und Wissen der Wissenschaft, anderen Wesens auch als die Bildung. Das Wort «bilden» meint einmal: ein Vor-bild aufstellen und eine Vor-schrift herstellen. Es bedeutet sodann: vorgegebene Anlagen ausformen. Die Bildung bringt ein Vorbild vor den Menschen, demgemäß er sein Tun und Lassen ausbildet. Bildung bedarf eines zum voraus gesicherten Leitbildes und eines allseitig befestigten Standortes. Das Erstellen eines gemeinsamen Bildungsideals und seine Herrschaft setzen eine fraglose, nach jeder Richtung gesicherte Lage des Menschen voraus. Diese Voraussetzung ihrerseits muß in einem Glauben an die unwiderstehliche Macht einer unveränderlichen Vernunft und ihrer Prinzipien gründen.
Die Besinnung bringt uns dagegen erst auf den Weg zu dem Ort unseres Aufenthalts. Dieser bleibt stets ein geschichtlicher, d. h. ein uns zugewiesener, gleichviel ob wir ihn historisch vorstellen, zergliedern und einordnen oder ob wir meinen, durch eine nur gewollte Abkehr von der Historie uns künstlich aus der Geschichte lösen zu können.
Wie und wodurch unser geschichtlicher Aufenthalt sein Wohnen an- und ausbaut, darüber vermag die Besinnung unmittelbar nichts zu entscheiden.
Das Zeitalter der Bildung geht zu Ende, nicht weil die Ungebildeten an die Herrschaft gelangen, sondern weil Zeichen eines Weltalters sichtbar werden, in dem erst das Fragwürdige wieder die Tore zum Wesenhaften aller Dinge und Geschicke öffnet.
Dem Anspruch der Weite, dem Anspruch des Verhaltens dieses Weltalters entsprechen wir, wenn wir beginnen, uns zu besinnen, indem wir uns auf den Weg einlassen, den jener Sachverhalt schon eingeschlagen hat, der sich uns im Wesen der Wissenschaft, jedoch nicht nur hier, zeigt.
Gleichwohl bleibt die Besinnung vorläufiger, langmütiger und ärmer als die vormals gepflegte Bildung im Verhältnis zu ihrem

Zeitalter. Die Armut der Besinnung ist jedoch das Versprechen auf einen Reichtum, dessen Schätze im Glanz jenes Nutzlosen leuchten, das sich nie verrechnen läßt.

Die Wege der Besinnung wandeln sich stets, je nach der Wegstelle, an der ein Gang beginnt, je nach der Wegstrecke, die er durchmißt, je nach dem Weitblick, der sich unterwegs in das Fragwürdige öffnet.

Wenngleich die Wissenschaften gerade auf ihren Wegen und mit ihren Mitteln niemals zum Wesen der Wissenschaft vordringen können, vermag doch jeder Forscher und Lehrer der Wissenschaften, jeder durch eine Wissenschaft hindurchgehende Mensch als denkendes Wesen auf verschiedenen Ebenen der Besinnung sich zu bewegen und sie wachzuhalten.

Doch selbst dort, wo einmal durch eine besondere Gunst die höchste Stufe der Besinnung erreicht würde, müßte sie sich dabei begnügen, eine Bereitschaft nur vorzubereiten für den Zuspruch, dessen unser heutiges Menschengeschlecht bedarf.

Besinnung braucht es, aber nicht, um eine zufällige Ratlosigkeit zu beheben oder den Widerwillen gegen das Denken zu brechen. Besinnung braucht es als ein Entsprechen, das sich in der Klarheit unablässigen Fragens an das Unerschöpfliche des Fragwürdigen vergißt, von dem her das Entsprechen im geeigneten Augenblick den Charakter des Fragens verliert und zum einfachen Sagen wird.

ÜBERWINDUNG DER METAPHYSIK

I

Was heißt «Überwindung der Metaphysik»? Im seinsgeschichtlichen Denken ist dieser Titel nur behelfsmäßig gebraucht, damit es sich überhaupt verständlich machen kann. In Wahrheit gibt dieser Titel zu vielen Mißverständnissen Anlaß; denn er läßt die Erfahrung nicht auf den Grund kommen, von dem aus erst die Geschichte des Seins ihr Wesen offenbart. Es ist das Er-eignis, in dem das Sein selbst verwunden wird. Überwindung meint vor allem nicht das Wegdrängen einer Disziplin aus dem Gesichtskreis der philosophischen «Bildung». «Metaphysik» ist schon als Geschick der Wahrheit des Seienden gedacht, d. h. der Seiendheit, *als* einer noch verborgenen, aber ausgezeichneten Ereignung, nämlich der Vergessenheit des Seins.
Sofern Überwindung als Gemächte der Philosophie gemeint ist, könnte der gemäßere Titel heißen: Die Vergangenheit der Metaphysik. Freilich ruft er neue Irrmeinungen hervor. Vergangenheit sagt hier: Ver-gehen und Aufgehen in die Gewesenheit. Indem die Metaphysik vergeht, *ist* sie vergangen. Die Vergangenheit schließt nicht aus sondern ein, daß jetzt erst die Metaphysik ihre unbedingte Herrschaft im Seienden selbst und als dieses in der wahrheitslosen Gestalt des Wirklichen und der Gegenstände antritt. Aus der Frühe des Anfangs erfahren, ist aber die Metaphysik zugleich vergangen in dem Sinne, daß sie in ihre Ver-endung eingegangen ist. Die Verendung *dauert* länger als die bisherige Geschichte der Metaphysik.

II

Die Metaphysik läßt sich nicht wie eine Ansicht abtun. Man kann sie keineswegs als eine nicht mehr geglaubte und vertretene Lehre hinter sich bringen.

Daß der Mensch als animal rationale, d. h. jetzt als das arbeitende Lebewesen die Wüste der Verwüstung der Erde durchirren muß, könnte ein Zeichen dafür sein, daß die Metaphysik aus dem Sein selbst und die Überwindung der Metaphysik als Verwindung des Seins sich ereignet. Denn die Arbeit (vgl. Ernst Jünger, «Der Arbeiter» 1932) gelangt jetzt in den metaphysischen Rang der unbedingten Vergegenständlichung alles Anwesenden, das im Willen zum Willen west.

Steht es so, dann dürfen wir nicht wähnen, auf Grund einer Ahnung des Verendens der Metaphysik außerhalb ihrer zu stehen. Denn die überwundene Metaphysik verschwindet nicht. Sie kehrt gewandelt zurück und bleibt als der fortwaltende Unterschied des Seins zum Seienden in der Herrschaft.

Untergang der Wahrheit des Seienden besagt: die Offenbarkeit des Seienden und *nur* des Seienden verliert die bisherige Einzigkeit ihres maßgebenden Anspruchs.

III

Der Untergang der Wahrheit des Seienden ereignet sich notwendig und zwar als die Vollendung der Metaphysik.

Der Untergang vollzieht sich zumal durch den Einsturz der von der Metaphysik geprägten Welt und durch die aus der Metaphysik stammende Verwüstung der Erde.

Einsturz und Verwüstung finden den gemäßen Vollzug darin, daß der Mensch der Metaphysik, das animal rationale, zum arbeitenden Tier fest-gestellt wird.

Diese Fest-stellung bestätigt die äußerste Verblendung über die Seinsvergessenheit. Der Mensch aber will *sich* als den Freiwilligen des Willens zum Willen, für den alle Wahrheit zu demjenigen Irrtum wird, den er benötigt, damit er vor sich die Täuschung darüber sicherstellen kann, daß der Wille zum Willen nichts anderes wollen kann als das nichtige Nichts, demgegenüber er sich behauptet, ohne die vollendete Nichtigkeit seiner selbst wissen zu können.

Ehe das Sein sich in seiner anfänglichen Wahrheit ereignen kann, muß das Sein als der Wille gebrochen, muß die Welt zum Einsturz und die Erde in die Verwüstung und der Mensch zur bloßen Arbeit gezwungen werden. Erst nach diesem Untergang ereignet sich in langer Zeit die jähe Weile des Anfangs. Im Untergang geht alles, d. h. das Seiende im Ganzen der Wahrheit der Metaphysik, zu seinem Ende.

Der Untergang hat sich schon ereignet. Die Folgen dieses Ereignisses sind die Begebenheiten der Weltgeschichte dieses Jahrhunderts. Sie geben nur noch den Ablauf des schon Verendeten. Sein Verlauf wird im Sinne des letzten Stadiums der Metaphysik historisch-technisch geordnet. Diese Ordnung ist die letzte Einrichtung des Verendeten in den Anschein einer Wirklichkeit, deren Gewirk unwiderstehlich wirkt, weil es vorgibt, ohne ein Entbergen des *Wesens des Seins* auskommen zu können und dies so entschieden, daß es von solcher Entbergung nichts zu ahnen braucht.

Dem Menschentum der Metaphysik ist die noch verborgene Wahrheit des Seins verweigert. Das arbeitende Tier ist dem Taumel seiner Gemächte überlassen, damit es sich selbst zerreiße und in das nichtige Nichts vernichte.

IV

Inwiefern gehört die Metaphysik zur Natur des Menschen? Der Mensch ist zunächst, metaphysisch vorgestellt, als ein Seiendes unter anderem mit Vermögen ausgestattet. Das so und so beschaffene Wesen, seine Natur, das Was und Wie seines Seins ist selbst in sich metaphysisch: animal (Sinnlichkeit) und rationale (Nicht-

sinnliches). Dergestalt in das Metaphysische eingegrenzt, bleibt der Mensch dem unerfahrenen Unterschied von Seiendem und Sein verhaftet. Die metaphysisch geprägte Weise des menschlichen Vorstellens findet überall nur die metaphysisch gebaute Welt. Die Metaphysik gehört zur Natur des Menschen. Doch was ist die Natur selbst? Was ist die Metaphysik selbst? Wer ist innerhalb dieser natürlichen Metaphysik der Mensch selbst? Ist er nur ein Ich, das durch die Berufung auf ein Du erst recht sich in seiner Ichheit, weil in der Ich-Du-Beziehung, verfestigt?
Das ego cogito ist für Descartes in allen cogitationes das schon Vor- und Her-gestellte, das Anwesende, Fraglose, das Unbezweifelbare und je schon im Wissen Stehende, das eigentlich Gewisse, das allem vorauf Feststehende, nämlich als jenes, das alles auf *sich* zu und so in das «gegen» zu anderem stellt.
Zum Gegenstand gehört zumal der Was-bestand des Gegenstehenden (essentia-possibilitas) und das Stehen des Entgegenstehenden (existentia). Der Gegenstand ist die Einheit der Ständigkeit des Bestandes. Der Bestand in seinem Stand ist wesenhaft bezogen auf das Stellen des Vor-stellens als des sichernden Vor-sich-habens. Der ursprüngliche Gegenstand ist die Gegenständigkeit selbst. Die ursprüngliche Gegenständigkeit ist das «Ich denke» im Sinne des «ich percipiere», das allem Percipierbaren im voraus schon sich vorlegt und vorgelegt hat, subiectum ist. Das Subjekt ist in der Ordnung der transzendentalen Genesis des Gegenstandes das erste Objekt des ontologischen Vorstellens.
Ego cogito ist cogito : me cogitare.

V

Die neuzeitliche Gestalt der Ontologie ist die Transzendentalphilosophie, die zur Erkenntnistheorie wird.
Inwiefern entspringt dergleichen in der neuzeitlichen Metaphysik? Insofern die Seiendheit des Seienden als die Anwesen-

heit *für* das sicherstellende Vorstellen gedacht wird. Seiendheit ist jetzt Gegenständigkeit. Die Frage nach der Gegenständigkeit, nach der Möglichkeit des Entgegenstehens (nämlich dem sichernden, rechnenden Vorstellen) ist die Frage nach der Erkennbarkeit.

Aber diese Frage ist eigentlich nicht gemeint als Frage nach dem physisch-psychischen Mechanismus des Erkenntnisablaufes, sondern nach der Möglichkeit des Anwesens des Gegenstandes im und für das Erkennen.

Die «Erkenntnistheorie» ist Betrachtung, θεωρία, insofern das ὄν, als Gegenstand gedacht, hinsichtlich der Gegenständigkeit und deren Ermöglichung (ᾗ ὄν) befragt wird.

Inwiefern stellt Kant durch die transzendentale Fragestellung das Metaphysische der neuzeitlichen Metaphysik sicher? Insofern die Wahrheit zur Gewißheit wird und so die Seiendheit (οὐσία) des Seienden sich zur Gegenständigkeit der perceptio und der cogitatio des Bewußtseins, des Wissens, wandelt, rückt das Wissen und Erkennen in den Vordergrund.

Die «Erkenntnistheorie» und was man dafür hält, ist im Grunde die auf der Wahrheit als der Gewißheit des sichernden Vorstellens gegründete Metaphysik und Ontologie.

Dagegen geht die Deutung der «Erkenntnistheorie» als der Erklärung des «Erkennens» und als «Theorie» der Wissenschaften irre, obzwar dieses Sicherungsgeschäft nur eine Folge der Umdeutung des Seins in die Gegenständigkeit und Vorgestelltheit ist.

«Erkenntnistheorie» ist der Titel für das zunehmende wesenhafte Unvermögen der neuzeitlichen Metaphysik, ihr eigenes Wesen und dessen Grund zu wissen. Die Rede von der «Metaphysik der Erkenntnis» bleibt im selben Mißverstand. In Wahrheit handelt es sich um die Metaphysik des Gegenstandes, d. h. des Seienden als des Gegenstandes, des Objekts für ein Subjekt.

Die bloße Kehrseite der empiristisch-positivistischen Mißdeutung der Erkenntnistheorie meldet sich im Vordrängen der Logistik.

VI

Die Vollendung der Metaphysik beginnt mit Hegels Metaphysik des absoluten Wissens als des Willens des Geistes.

Warum ist diese Metaphysik erst der Beginn der Vollendung und nicht sie selbst? Ist die unbedingte Gewißheit nicht zu ihr selbst gekommen als die absolute Wirklichkeit?

Gibt es hier noch eine Möglichkeit des Hinausgehens über sich? Dieses wohl nicht. Aber noch ist die Möglichkeit des unbedingten Eingehens auf sich als den Willen des Lebens nicht vollzogen. Noch ist der Wille nicht als der Wille zum Willen in seiner von ihm bereiteten Wirklichkeit erschienen. Deshalb ist die Metaphysik mit der absoluten Metaphysik des Geistes noch nicht vollendet.

Trotz des flachen Geredes vom Zusammenbruch der Hegelschen Philosophie bleibt dies Eine bestehen, daß im 19. Jahrhundert nur diese Philosophie die Wirklichkeit bestimmte, obzwar nicht in der äußerlichen Form einer befolgten Lehre, sondern als Metaphysik, als Herrschaft der Seiendheit im Sinne der Gewißheit. Die Gegenbewegungen gegen diese Metaphysik gehören *zu* ihr. Seit Hegels Tod (1831) ist alles nur Gegenbewegung, nicht nur in Deutschland sondern in Europa.

VII

Kennzeichnend ist für die Metaphysik, daß in ihr durchgängig die existentia, wenn überhaupt, dann immer nur kurz und wie etwas Selbstverständliches abgehandelt ist. (Vgl. die dürftige Erklärung des Postulats der Wirklichkeit in Kants Kritik der reinen Vernunft.) Die einzige Ausnahme bildet Aristoteles, der die ἐνέργεια durchdenkt, ohne daß jemals dieses Denken künftig in seiner Ursprünglichkeit wesentlich werden konnte. Die Umbildung der ἐνέργεια zur actualitas und Wirklichkeit hat alles in der ἐνέργεια zum Vorschein Gekommene verschüttet. Der Zusammenhang zwischen οὐσία und ἐνέργεια verdunkelt sich. Erst Hegel durchdenkt wieder die existentia, aber in seiner «Logik». Schelling denkt sie in der Unterscheidung von Grund und Existenz, welche Unterscheidung jedoch in der Subjektität wurzelt.

In der Verengung des Seins auf «Natur» zeigt sich ein später und verworrener Nachklang des Seins als φύσις.

Der Natur werden die Vernunft und die Freiheit gegenübergestellt. Weil die Natur das Seiende ist, wird die Freiheit und das Sollen nicht als Sein gedacht. Es bleibt bei dem Gegensatz von Sein und Sollen, Sein und Wert. Schließlich wird auch das Sein selbst, sobald der Wille in sein äußerstes Unwesen kommt, zu einem bloßen «Wert». Der Wert ist als Willensbedingung gedacht.

VIII

Die Metaphysik ist in allen ihren Gestalten und geschichtlichen Stufen ein einziges, aber vielleicht auch das notwendige Verhängnis des Abendlandes und die Voraussetzung seiner planetarischen Herrschaft. Deren Wille wirkt jetzt auf die Mitte des Abendlandes zurück, aus welcher Mitte auch wieder nur ein Wille dem Willen entgegnet.

Die Entfaltung der unbedingten Herrschaft der Metaphysik steht erst an ihrem Beginn. Dieser tritt ein, wenn die Metaphysik das ihr gemäße Unwesen bejaht und ihr Wesen in dieses ausliefert und darin verfestigt.

Die Metaphysik ist Verhängnis in dem strengen, hier allein gemeinten Sinne, daß sie als Grundzug der abendländisch-europäischen Geschichte die Menschentümer inmitten des Seienden hängen läßt, *ohne* daß das Sein des Seienden jemals *als die*

Zwiefalt beider von der Metaphysik her und durch diese in ihrer Wahrheit erfahren und erfragt und gefügt werden könnte.

Dieses seinsgeschichtlich zu denkende Verhängnis ist aber deshalb notwendig, weil das Sein selbst den in ihm verwahrten Unterschied von Sein und Seiendem erst dann in seiner Wahrheit lichten kann, wenn der Unterschied selbst sich eigens ereignet. Wie aber kann er dies, wenn nicht das Seiende zuvor in die äußerste Seinsvergessenheit eingegangen ist und das Sein zugleich seine metaphysisch unkennbare unbedingte Herrschaft als der Wille zum Willen übernommen hat, der sich zunächst und einzig durch den alleinigen Vorrang des Seienden (des gegenständig Wirklichen) vor dem Sein zur Geltung bringt?

So stellt sich das Unterscheidbare des Unterschieds in gewisser Weise vor und hält sich doch in einer seltsamen Unerkennbarkeit verborgen. Deshalb bleibt der Unterschied selbst verhüllt. Ein Kennzeichen dafür ist die metaphysisch-technische Reaktion auf den Schmerz, die zugleich die Auslegung seines Wesens vorbestimmt.

Mit dem Beginn der Vollendung der Metaphysik beginnt die unerkannte und der Metaphysik wesentlich unzugängliche Vorbereitung eines ersten Erscheinens der Zwiefalt des Seins und des Seienden. Noch verbirgt sich in diesem Erscheinen der erste Anklang der Wahrheit des Seins, die den Vorrang des Seins hinsichtlich seines Waltens in sich zurücknimmt.

IX

Die Überwindung der Metaphysik wird seinsgeschichtlich gedacht. Sie ist das Vorzeichen der anfänglichen Verwindung der Vergessenheit des Seins. Früher, obzwar auch verborgener als das Vorzeichen, ist das in ihm Sichzeigende. Dies ist das Ereignis selbst. Das, was für die metaphysische Denkungsart wie ein Vorzeichen eines anderen aussieht, kommt nur noch als letzter bloßer Anschein einer anfänglicheren Lichtung in den Anschlag.

Die Überwindung bleibt nur insofern denkwürdig, als an die Verwindung gedacht wird. Dieses inständige Denken denkt zugleich noch an die Überwindung. Solches Andenken erfährt das einzige Ereignis der Enteignung des Seienden, worin die Not der Wahrheit des Seins und so die Anfängnis der Wahrheit sich lichtet und das Menschenwesen abschiedlich überleuchtet. Die Überwindung ist die Über-lieferung der Metaphysik in ihre Wahrheit.
Zunächst kann die Überwindung der Metaphysik nur aus der Metaphysik selbst gleichsam in der Art einer Überhöhung ihrer selbst durch sie selbst vorgestellt werden. In diesem Falle besteht die Rede von der Metaphysik der Metaphysik zurecht, die in der Schrift «Kant und das Problem der Metaphysik» gestreift ist, indem sie den Kantischen Gedanken, der noch aus der bloßen Kritik der rationalen Metaphysik stammt, nach dieser Hinsicht zu deuten versucht. Dem Denken Kants wird dadurch allerdings mehr zugesprochen, als er selbst in den Grenzen seiner Philosophie zu denken vermochte.
Die Rede von der Überwindung der Metaphysik kann dann auch noch die Bedeutung haben, daß «Metaphysik» der Name für den Platonismus bleibt, der sich der modernen Welt in der Interpretation durch Schopenhauer und Nietzsche darstellt. Die Umkehrung des Platonismus, dergemäß dann für Nietzsche das Sinnliche zur wahren Welt und das Übersinnliche zur unwahren wird, verharrt durchaus innerhalb der Metaphysik. Diese Art der Überwindung der Metaphysik, die Nietzsche im Auge hat und dies im Sinne des Positivismus des 19. Jahrhunderts, ist, wenngleich in einer höheren Verwandlung, nur die endgültige Verstrickung in die Metaphysik. Zwar hat es den Anschein, als sei das «Meta», die Transzendenz ins Übersinnliche, zugunsten des Beharrens im Elementaren der Sinnlichkeit beseitigt, während doch nur die Seinsvergessenheit vollendet und das Übersinnliche als der Wille zur Macht losgelassen und betrieben wird.

X

Der Wille zum Willen verwehrt, ohne es wissen zu können und ein Wissen darüber zuzulassen, jedes Geschick, worunter hier die Zuweisung einer Offenbarkeit des Seins des Seienden verstanden wird. Der Wille zum Willen verhärtet alles in das Geschicklose. Dessen Folge ist das Ungeschichtliche. Dessen Kennzeichen ist die Herrschaft der Historie. Deren Ratlosigkeit ist der Historismus. Wollte man sich die Geschichte des Seins gemäß dem heute geläufigen *historischen* Vorstellen zurechtlegen, dann wäre durch diesen Fehlgriff die Herrschaft der Vergessenheit des Seinsgeschickes auf die handgreiflichste Art bestätigt.

Das Zeitalter der vollendeten Metaphysik steht vor seinem Beginn.

Der Wille zum Willen erzwingt sich als seine Grundformen des Erscheinens die Berechnung und die Einrichtung von Allem, dies jedoch nur zur unbedingt fortsetzbaren Sicherung seiner selbst.

Die Grundform des Erscheinens, in der dann der Wille zum Willen im Ungeschichtlichen der Welt der vollendeten Metaphysik sich selbst einrichtet und berechnet, kann bündig «die Technik» heißen. Dabei umfaßt dieser Name alle Bezirke des Seienden, die jeweils das Ganze des Seienden zurüsten: die vergegenständlichte Natur, die betriebene Kultur, die gemachte Politik und die übergebauten Ideale. «Die Technik» meint hier also nicht die gesonderten Bezirke der maschinenhaften Erzeugung und Zurüstung. Diese hat freilich eine näher zu bestimmende Vormachtstellung, die in dem Vorrang des Stofflichen als des vermeintlich Elementaren und in erster Linie Gegenständigen begründet ist.

Der Name «die Technik» ist hier so wesentlich verstanden, daß er sich in seiner Bedeutung deckt mit dem Titel: die vollendete Metaphysik. Er enthält die Erinnerung an die τέχνη, die eine

Grundbedingung der Wesensentfaltung der Metaphysik überhaupt ist. Der Name ermöglicht zugleich, daß das Planetarische der Metaphysikvollendung und ihrer Herrschaft ohne Bezugnahme auf historisch nachweisbare Abwandlungen bei Völkern und Kontinenten gedacht werden kann.

XI

Nietzsches Metaphysik bringt im Willen zur Macht die *vorletzte* Stufe der Willensentfaltung der Seiendheit des Seienden als Wille zum Willen zum Vorschein. Das Ausbleiben der letzten Stufe gründet in der Vorherrschaft der «Psychologie», im Macht- und Kraft-Begriff, im Lebens-Enthusiasmus. Darum fehlt diesem Denken die Strenge und Sorgfalt des Begriffes und die Ruhe der geschichtlichen Besinnung. Die Historie herrscht und darum die Apologetik und Polemik.

Woher kommt es, daß Nietzsches Metaphysik zur Verachtung des Denkens geführt hat unter Berufung auf «das Leben»? Daher, daß man nicht erkannte, wie die vorstellend-planende (machtende) Bestandsicherung nach Nietzsches Lehre gleichwesentlich für das «Leben» ist wie die «Steigerung» und Erhöhung. Diese selbst hat man nur nach der Seite des Rauschhaften (psychologisch) genommen und wiederum nicht nach der entscheidenden Hinsicht, daß sie zugleich der Bestandsicherung den eigentlichen und je neuen Anstoß und die Rechtfertigung für die Steigerung gibt. Deshalb gehört zum Willen zur Macht die unbedingte Herrschaft der rechnenden Vernunft und nicht der Dunst und die Verwirrung eines trüben Lebensgewühls. Der mißleitete Wagnerkult hat um Nietzsches Denken und seine Darstellung ein «Künstlertum» gelegt, das nach dem Vorgang der Verhöhnung der Philosophie (d. h. Hegels und Schellings) durch Schopenhauer und nach dessen oberflächlicher Platon- und Kantauslegung die letzten Jahrzehnte des 19. Jahrhunderts reif machte für eine Begeisterung, der das Oberflächliche und das Dunstige der Geschichtslosigkeit schon für sich genommen als Kennzeichen des Wahren dienen.

Hinter all dem liegt aber dieses einzige Unvermögen, aus dem Wesen der Metaphysik zu denken und die Tragweite des Wesenswandels der Wahrheit und den geschichtlichen Sinn der erwachenden Vorherrschaft der Wahrheit als Gewißheit zu erkennen und aus dieser Erkenntnis die Metaphysik Nietzsches in die einfachen Bahnen der neuzeitlichen Metaphysik zurückzudenken, statt daraus ein literarisches Phänomen zu machen, das die Köpfe mehr erhitzt, als reinigt und stutzig macht und vielleicht gar erschreckt. Schließlich verrät Nietzsches Leidenschaft für die Schaffenden, daß er nur neuzeitlich vom Genius und vom Genialen und zugleich technisch vom Leistungshaften her denkt. Im Begriff des Willens zur Macht sind die beiden konstitutiven «Werte» (die Wahrheit und die Kunst) nur Umschreibungen für die «Technik» im wesentlichen Sinne der planend-rechnenden Beständigung als Leistung und für das Schaffen der «Schöpferischen», die über das jeweilige Leben hinaus ein neues Stimulans dem Leben zubringen und den Betrieb der Kultur sicherstellen.

All dies bleibt dem Willen zur Macht dienstbar, aber es verhindert auch, daß dessen Wesen in das klare Licht des weiten wesentlichen Wissens tritt, das im seinsgeschichtlichen Denken allein seinen Ursprung haben kann.

Das Wesen des Willens zur Macht läßt sich erst aus dem Willen zum Willen begreifen. Dieser jedoch ist erst erfahrbar, wenn die Metaphysik bereits in den Übergang eingegangen ist.

XII

Nietzsches Metaphysik des Willens zur Macht ist in dem Satz vorgebildet: «Der Grieche kannte und empfand die Schrecken und Entsetzlichkeiten des Daseins: um überhaupt leben zu können, mußte er vor sie hin die glänzende Traumgeburt der

Olympischen stellen.» (Sokrates und die griechische Tragödie, 3. Kapitel, 1871. Ursprüngliche Fassung der «Geburt der Tragödie aus dem Geiste der Musik.» München 1933.)
Hier ist der Gegensatz des «Titanischen» und «Barbarischen», des «Wilden» und «Triebhaften» auf der *einen* und des schönen, erhabenen Scheines auf der *anderen* Seite gesetzt.
Hier ist vorgezeichnet, wenngleich noch nicht klar gedacht und unterschieden und aus einheitlichem Grunde gesehen, daß der «Wille» der Bestandsicherung und Erhöhung *zugleich* bedarf. Aber dies, daß der Wille Wille zur Macht ist, bleibt noch verborgen. Schopenhauers Willenslehre beherrscht zunächst Nietzsches Denken. Die Vorrede zu der Schrift ist «am Geburtstage Schopenhauers» geschrieben.
Mit Nietzsches Metaphysik ist die Philosophie vollendet. Das will sagen: sie hat den Umkreis der vorgezeichneten Möglichkeiten abgeschritten. Die vollendete Metaphysik, die der Grund der planetarischen Denkweise ist, gibt das Gerüst für eine vermutlich lange dauernde Ordnung der Erde. Die Ordnung bedarf der Philosophie nicht mehr, weil sie ihr schon zugrunde liegt. Aber mit dem Ende der Philosophie ist nicht auch schon das Denken am Ende, sondern im Übergang zu einem anderen Anfang.

XIII

In den Aufzeichnungen zum IV. Teil von «Also sprach Zarathustra» schreibt Nietzsche (1886): «*Wir machen einen Versuch mit der Wahrheit!* Vielleicht geht die Menschheit dran zu Grunde! Wohlan!» (WW XII, S. 307)
Eine Aufzeichnung aus der Zeit der «Morgenröte» (1880/81) lautet: «Das Neue an unserer jetzigen Stellung zur Philosophie ist eine Überzeugung, die noch kein Zeitalter hatte: *Daß wir die Wahrheit nicht haben.* Alle früheren Menschen „hatten die Wahrheit", selbst die Skeptiker.» (WW XI, S. 268)
Was meint Nietzsche, wenn er hier und dort von «der Wahr-

heit» spricht? Meint er «das Wahre» und denkt er dies als das wirklich Seiende oder als das Gültige alles Urteilens, Verhaltens und Lebens?

Was heißt dies: mit der Wahrheit einen Versuch machen? Heißt es: den Willen zur Macht in der ewigen Wiederkehr des Gleichen als das wahrhaft Seiende in den Vorschlag bringen?

Kommt dieses Denken jemals zu der Frage, *worin* das *Wesen* der Wahrheit beruhe und *woher* sich die Wahrheit des *Wesens* ereigne?

XIV

Wie gelangt die Gegenständigkeit in den Charakter, das Wesen des Seienden als solchen auszumachen?

Man denkt «Sein» als Gegenständigkeit und müht sich dann von da aus um das «Seiende an sich», wobei man nur vergißt zu fragen und zu sagen, was man hier mit «seiend» und mit «an sich» meint.

Was «ist» Sein? Dürfen wir dem «Sein» nachfragen, *was es sei*? Sein bleibt ungefragt und selbstverständlich und daher unbedacht. Es hält sich in einer längst vergessenen und grundlosen Wahrheit.

XV

Gegenstand im Sinne von Ob-jekt gibt es erst dort, wo der Mensch zum Subjekt, wo das Subjekt zum Ich und das Ich zum ego cogito wird, erst dort, wo dieses cogitare in seinem Wesen als «ursprünglich synthetische Einheit der transzendentalen Apperzeption» begriffen wird, erst dort, wo der höchste Punkt für die «Logik» erreicht wird (in der Wahrheit als der Gewißheit des «Ich denke»). Erst hier enthüllt sich das Wesen des Gegenstandes in seiner Gegenständigkeit. Erst hier wird es dann in der Folge möglich und unumgänglich, die Gegenständigkeit selbst als «*den* neuen wahren Gegenstand» zu begreifen und ins Unbedingte zu denken.

XVI

Subjektität, Gegenstand und Reflexion gehören zusammen. Erst wenn die Reflexion als solche erfahren ist, nämlich als der tragende Bezug zum Seienden, erst dann wird das Sein als Gegenständigkeit bestimmbar.

Die Erfahrung der Reflexion als dieses Bezugs setzt aber voraus, daß überhaupt der Bezug zum Seienden als repraesentatio erfahren *ist:* als Vor-stellen.

Dieses kann jedoch nur geschicklich werden, wenn die idea zur perceptio geworden ist. Diesem Werden liegt der Wandel der Wahrheit als Übereinstimmung zur Wahrheit als Gewißheit zugrunde, worin die adaequatio erhalten bleibt. Die Gewißheit ist als die Selbstsicherung (Sich-selbst-wollen) die iustitia als Rechtfertigung des Bezugs zum Seienden und seiner ersten Ursache und damit der Zugehörigkeit in das Seiende. Die iustificatio im Sinne der Reformation und Nietzsches Begriff der Gerechtigkeit als Wahrheit sind das Selbe.

Dem Wesen nach gründet die repraesentatio in der reflexio. Deshalb wird das Wesen der Gegenständigkeit als solcher erst dort offenkundig, wo das Wesen des Denkens als «Ich denke etwas», d. h. als Reflexion erkannt und eigens vollzogen wird.

XVII

Kant ist auf dem Weg, das Wesen der Reflexion im transzendentalen, d. h. ontologischen Sinne zu bedenken. Es geschieht in der Form einer unscheinbaren Nebenbemerkung in der Kritik der reinen Vernunft unter dem Titel «Von der Amphibolie der Reflexionsbegriffe». Der Abschnitt ist nachgetragen, aber erfüllt von wesentlicher Einsicht und Auseinandersetzung mit Leibniz und demgemäß mit aller voraufgegangenen Metaphysik, wie sie für Kant selbst im Blick steht und in ihrer ontologischen Verfassung auf die Ichheit gegründet ist.

XVIII

Von außen nimmt es sich so aus, als sei die Ichheit nur die nachträgliche Verallgemeinerung und Abstraktion des Ichhaften aus den geeinzelten «Ichen» des Menschen. Vor allem denkt Descartes offenkundig an das «Ich» seiner selbst als der geeinzelten Person (res cogitans als substantia finita), wogegen allerdings Kant das «Bewußtsein überhaupt» denkt. Allein Descartes denkt auch sein eigenes einzelnes Ich bereits im Lichte der freilich noch nicht eigens vorgestellten Ichheit. Diese Ichheit erscheint bereits in der Gestalt des certum, der Gewißheit, die nichts anderes ist als die Sicherung des Vorgestellten für das Vorstellen. Der verhüllte Bezug zur Ichheit als der Gewißheit seiner selbst und des Vorgestellten waltet schon. Nur aus diesem Bezug ist das einzelne Ich als dieses erfahrbar. Das menschliche Ich als das sich vollendende geeinzelte Selbst kann sich nur wollen im Lichte des *Bezugs* des noch ungekannten Willens zum Willen *auf* dieses Ich. Kein Ich ist «an sich» vorhanden, sondern es ist «an sich» stets nur als «in sich» erscheinendes und d. h. als Ichheit.

Deshalb west diese auch dort, wo keineswegs das einzelne Ich sich vordrängt, wo dieses vielmehr zurücktritt und die Gesellschaft und andere Verbandsformen die Herrschaft haben. Auch da ist und gerade hier die reine Herrschaft des metaphysisch zu denkenden «Egoismus», der mit dem naiv gedachten «Solipsismus» nichts zu tun hat.

Die Philosophie im Zeitalter der vollendeten Metaphysik ist die Anthropologie. (vgl. jetzt Holzwege, S. 91 f). Ob man eigens noch «philosophische» Anthropologie sagt oder nicht, gilt gleichviel. Inzwischen ist die Philosophie zur Anthropologie geworden und auf diesem Wege zu einer Beute der Abkömmlinge der Metaphysik, d. h. der Physik im weitesten Sinne, der die Physik des Lebens und des Menschen, die Biologie und Psychologie einschließt.

Zur Anthropologie geworden, geht die Philosophie selbst an der Metaphysik zugrunde.

XIX

Der Wille zum Willen setzt als die Bedingungen seiner Möglichkeit die Bestandsicherung (Wahrheit) und die Übertreibbarkeit der Triebe (Kunst). Der Wille zum Willen richtet als das Sein demnach selbst das Seiende ein. Im Willen zum Willen kommt erst die Technik (Bestandsicherung) und die unbedingte Besinnungslosigkeit («Erlebnis») zur Herrschaft.

Die Technik als die höchste Form der rationalen Bewußtheit, technisch gedeutet, und die Besinnungslosigkeit als das ihr selbst verschlossene eingerichtete Unvermögen, in einen Bezug zum Fragwürdigen zu gelangen, gehören zusammen: sie sind das Selbe.

Warum das so ist und wie es geworden ist, sei hier als erfahren und begriffen vorausgesetzt.

Es gilt nur noch, die eine Überlegung zu vollziehen, daß die Anthropologie sich nicht in der Erforschung des Menschen und in dem Willen erschöpft, alles aus dem Menschen her als dessen Ausdruck zu erklären. Auch dort, wo nicht geforscht wird, wo vielmehr Entscheidungen gesucht werden, geschieht das so, daß zuvor ein Menschentum gegen ein anderes ausgespielt, das Menschentum als die ursprüngliche Kraft anerkannt wird, gleich als ob dieses das Erste und Letzte sei in allem Seienden und dieses und seine jeweilige Auslegung nur die Folge.

So kommt es zur Vorherrschaft der einzig maßgebenden Frage: welcher Gestalt gehört der Mensch an? Hierbei ist «Gestalt» unbestimmt metaphysisch, d. h. platonisch als das gedacht, was *ist* und erst alle Überlieferung und Entwicklung bestimmt, selbst jedoch davon unabhängig bleibt. Diese vorgreifende Anerkennung «des Menschen» führt dazu, allererst und nur in *seinem* Umkreis nach dem Sein zu suchen und den Menschen selbst als den menschlichen Bestand, als das jeweilige μὴ ὄν zur ἰδέα anzusehen.

XX

Indem der Wille zur Macht seine äußerste, unbedingte Sicherheit erlangt, ist er als das alles Sichernde das einzig Richtende und also Richtige. Die Richtigkeit des Willens zum Willen ist die unbedingte und vollständige Sicherung seiner selbst. Was ihm zu willen ist, ist richtig und in Ordnung, weil der Wille zum Willen selbst die einzige Ordnung bleibt. In dieser Selbstsicherheit des Willens zum Willen ist das anfängliche Wesen der Wahrheit verloren. Die Richtigkeit des Willens zum Willen ist das Un-Wahre schlechthin. Die Richtigkeit des Un-Wahren hat im Umkreis des Willens zum Willen eine eigene Unwiderstehlichkeit. Aber die Richtigkeit des Un-Wahren, das selbst *als dieses* verborgen bleibt, ist zugleich das Unheimlichste, was sich in der Verkehrung des Wesens der Wahrheit ereignen kann. Das Richtige meistert das Wahre und beseitigt die Wahrheit. Der Wille zur unbedingten Sicherung bringt erst die allseitige Unsicherheit zum Vorschein.

XXI

Der Wille ist in sich schon Vollzug des Strebens als Verwirklichung des Erstrebten, wobei dieses wesentlich im Begriff, d. h. als ein im Allgemeinen Vorgestelltes eigens gewußt und bewußt gesetzt ist. Zum Willen gehört Bewußtsein. Der Wille zum Willen ist die höchste und unbedingte Bewußtheit der rechnenden Selbstsicherung des Rechnens (vgl. Wille zur Macht, Nr. 458).
Daher gehört zu ihm das allseitige, ständige, unbedingte Ausforschen der Mittel, Gründe, Hemmnisse, das verrechnende Wechseln und Ausspielen der Ziele, die Täuschung und das Manöver, das Inquisitorische, demzufolge der Wille zum Willen gegen sich selbst noch mißtrauisch und hinterhältig ist und

auf nichts anderes bedacht bleibt als auf die Sicherung seiner als der Macht selbst.
Die Ziel-losigkeit und zwar die wesentliche des unbedingten Willens zum Willen ist die Vollendung des Willenswesens, das sich in Kants Begriff der praktischen Vernunft als des reinen Willens angekündigt hat. Dieser will sich selbst und ist als der Wille das Sein. Deshalb ist, vom Gehalt her gesehen, der reine Wille und sein Gesetz formal. Er ist sich selbst der einzige Inhalt als die Form.

XXII

Dadurch, daß zeitweilig der Wille in einzelnen «Willensmenschen» personifiziert ist, sieht es so aus, als sei der Wille zum Willen die Ausstrahlung dieser Personen. Die Meinung entsteht, der menschliche Wille sei der Ursprung des Willens zum Willen, während doch der Mensch vom Willen zum Willen gewollt ist, ohne das Wesen dieses Wollens zu erfahren.
Sofern der Mensch der so Gewollte ist und der in den Willen zum Willen Gesetzte, wird in seinem Wesen auch notwendig «der Wille» angesprochen und als die Instanz der Wahrheit freigegeben. Die Frage ist überall, ob der Einzelne und Verbände aus diesem Willen sind oder ob sie noch mit diesem Willen und gar gegen ihn verhandeln und markten, ohne zu wissen, daß sie schon von ihm überspielt sind. Die Einzigkeit des Seins zeigt sich auch im Willen zum Willen, der nur eine Richtung zuläßt, in der gewollt werden kann. Daher stammt die Einförmigkeit der Welt des Willens zum Willen, die von der Einfachheit des Anfänglichen so weit entfernt ist wie das Unwesen vom Wesen, obzwar es zu diesem gehört.

XXIII

Weil der Wille zum Willen jedes Ziel an sich leugnet und Ziele nur zuläßt als Mittel, um sich willentlich selbst zu überspielen und dafür, für dieses Spiel, den Spielraum einzurichten, weil aber gleichwohl der Wille zum Willen nicht, wenn er sich im Seienden einrichten soll, als die Anarchie der Katastrophen, die er ist, erscheinen darf, muß er sich noch legitimieren. Hier erfindet der Wille zum Willen die Rede vom «Auftrag». Dieser ist nicht gedacht im Hinblick auf Anfängliches und dessen Wahrung, sondern als das vom Standpunkt des «Schicksals» zugewiesene und den Willen zum Willen dadurch rechtfertigende Ziel.

XXIV

Der Kampf zwischen denen, die an der Macht sind, und denen, die an die Macht wollen: auf jeder Seite ist der Kampf um die Macht. Überall ist die Macht selbst das Bestimmende. Durch diesen Kampf um die Macht wird das Wesen der Macht von beiden Seiten in das Wesen ihrer unbedingten Herrschaft gesetzt. Zugleich aber verdeckt sich hier noch das Eine, daß dieser Kampf im Dienste der Macht steht und von ihr gewollt ist. Sie hat sich zuvor dieser Kämpfe bemächtigt. Der Wille zum Willen allein ermächtigt diese Kämpfe. Die Macht bemächtigt sich aber so der Menschentümer auf eine Art, daß sie den Menschen der Möglichkeit enteignet, auf solchen Wegen aus der Vergessenheit des Seins je herauszukommen. Dieser Kampf ist notwendig planetarisch und als solcher in seinem Wesen unentscheidbar, weil er nichts zu entscheiden hat, da er von aller Unterscheidung, vom Unterschied (des Seins zum Seienden) und damit von der Wahr-heit ausgeschlossen bleibt und durch die eigene Kraft ins Ungeschickliche hinausgedrängt wird: in die Seinsverlassenheit.

XXV

Der Schmerz, der erst erfahren und ausgerungen werden muß, ist die Einsicht und das Wissen, daß die Notlosigkeit die höchste und verborgenste Not ist, die aus der fernsten Ferne erst nötigt.

Die Not-losigkeit besteht darin zu meinen, daß man das Wirkliche und die Wirklichkeit im Griff habe und wisse, was das Wahre sei, ohne daß man zu wissen brauche, worin die Wahrheit *west*.

Das seinsgeschichtliche Wesen des Nihilismus ist die Seinsverlassenheit, sofern in ihr sich ereignet, daß das Sein sich in die Machenschaft losläßt. Die Loslassung nimmt den Menschen in eine unbedingte Dienstschaft. Sie ist keineswegs ein Verfall und ein «Negativum» in irgend einem Sinne.

Deshalb ist auch nicht jedes beliebige Menschentum geeignet, den unbedingten Nihilismus geschichtlich zu verwirklichen. Deshalb ist sogar ein Kampf nötig über die Entscheidung, welches Menschentum zur unbedingten Vollendung des Nihilismus fähig ist.

XXVI

Die Zeichen der letzten Seinsverlassenheit sind die Ausrufungen der «Ideen» und «Werte», das wahllose Hin und Her der Proklamation der «Tat» und der Unentbehrlichkeit des «Geistes». All dieses ist schon eingespannt in den Mechanismus der Rüstung des Ordnungsvorganges. Dieser selbst ist bestimmt durch die Leere der Seinsverlassenheit, innerhalb deren der Verbrauch des Seienden für das Machen der Technik, zu der auch die Kultur gehört, der einzige Ausweg ist, auf dem der auf sich selbst erpichte Mensch noch die Subjektivität in das Übermenschentum retten kann. Untermenschentum und Übermenschentum sind das Selbe; sie gehören zusammen, wie im metaphysischen animal rationale das «Unten» der Tierheit und das «Über» der ratio unlöslich gekoppelt sind zur Entsprechung. Unter und Übermenschentum sind hier metaphysisch zu denken, nicht als moralische Wertungen.

Der Verbrauch des Seienden ist als solcher und in seinem Verlauf bestimmt durch die Rüstung im metaphysischen Sinne, wo-

durch der Mensch sich zum «Herrn» des «Elementaren» macht. Der Verbrauch schließt ein den geregelten Gebrauch des Seienden, das Gelegenheit und Stoff für Leistungen und deren Steigerung wird. Dieser Gebrauch wird genutzt zum Nutzen der Rüstung. Sofern diese aber in die Unbedingtheit der Steigerung und der Selbstsicherung ausgeht und in Wahrheit die Ziellosigkeit zum Ziel hat, ist die Nutzung eine Vernutzung.
Die «Weltkriege» und ihre «Totalität» sind bereits Folgen der Seinsverlassenheit. Sie drängen auf die Bestandsicherung einer ständigen Form der Vernutzung. In diesen Prozeß ist auch der Mensch einbezogen, der seinen Charakter, der wichtigste Rohstoff zu sein, nicht mehr länger verbirgt. Der Mensch ist der «wichtigste Rohstoff», weil er das Subjekt aller Vernutzung bleibt, so zwar, daß er seinen Willen unbedingt in diesem Vorgang aufgehen läßt und dadurch zugleich das «Objekt» der Seinsverlassenheit wird. Die Welt-Kriege sind die Vorform der Beseitigung des Unterschiedes von Krieg und Frieden, welche Beseitigung nötig ist, da die «Welt» zur Unwelt geworden ist zufolge der Verlassenheit des Seienden von einer Wahrheit des Seins. Denn «Welt» im seynsgeschichtlichen Sinne (vgl. bereits «Sein und Zeit») bedeutet die ungegenständliche Wesung der Wahrheit des Seyns für den Menschen, sofern dieser dem Seyn wesenhaft übereignet ist. Im Zeitalter der ausschließlichen Macht der Macht, d. h. des unbedingten Andranges des Seienden zum Verbrauch in die Vernutzung, ist die Welt zur Unwelt geworden, sofern das Sein zwar west, aber ohne eigenes Walten. Das Seiende ist wirklich als das Wirkliche. Überall ist Wirkung und nirgends ein Welten der Welt und gleichwohl noch, obzwar vergessen, das Sein. Jenseits von Krieg und Frieden ist die bloße Irrnis der Vernutzung des Seienden in die Selbstsicherung des Ordnens aus der Leere der Seinsverlassenheit. «Krieg» und «Frieden» sind, zu ihrem Unwesen abgeändert, in die Irrnis aufgenommen und, weil unkenntlich geworden hinsichtlich eines Unterschiedes, in

den bloßen Ablauf des sich steigernden Machens von Machbarkeiten verschwunden. Die Frage, wann Frieden sein wird, läßt sich nicht deshalb nicht beantworten, weil die Dauer des Krieges unabsehbar ist, sondern weil schon die Frage nach etwas frägt, das es nicht mehr gibt, da auch schon der Krieg nichts mehr ist, was auf einen Frieden auslaufen könnte. Der Krieg ist zu einer Abart der Vernutzung des Seienden geworden, die im Frieden fortgesetzt wird. Das Rechnen mit einem langen Krieg ist nur die bereits veraltete Form, in der das Neue des Zeitalters der Vernutzung anerkannt ist. Dieser lange Krieg geht in seiner Länge langsam über nicht in einen Frieden früherer Art, sondern in einen Zustand, in dem das Kriegsmäßige gar nicht mehr als ein solches erfahren wird und das Friedensmäßige sinn- und gehaltlos geworden ist. Die Irrnis kennt keine Wahrheit des Seins; dafür aber entwickelt sie die vollständig durchgerüstete Ordnung und Sicherheit jeglicher Planung in jedem Bezirk. In dem Zirkel (Kreis) der Bezirke werden notwendig die besonderen Bereiche menschlicher Rüstung zu «Sektoren»; der «Sektor» der Dichtung, der «Sektor» der Kultur sind auch nur planmäßig gesicherte Gebiete der jeweiligen «Führung» neben anderen. Die moralischen Entrüstungen derer, die noch nicht wissen, was ist, zielen oft auf die Willkür und den Herrschaftsanspruch der «Führer» – die fatalste Form der ständigen Würdigung. Der Führer ist der Ärger, der nicht loskommt vom Verfolgen des Ärgernisses, das jene nur dem Schein nach geben, da sie nicht die Handelnden sind. Man meint, die Führer hätten von sich aus, in der blinden Raserei einer selbstischen Eigensucht, alles sich angemaßt und nach ihrem Eigensinn sich eingerichtet. In Wahrheit sind sie die notwendigen Folgen dessen, daß das Seiende in die Weise der Irrnis übergegangen ist, in der sich die Leere ausbreitet, die eine einzige Ordnung und Sicherung des Seienden verlangt. Darin ist die Notwendigkeit der «Führung», d. h. der planenden Berechnung der Sicherung des

Ganzen des Seienden gefordert. Dazu müssen solche Menschen eingerichtet und gerüstet sein, die der Führung dienen. Die «Führer» sind die maßgebenden Rüstungsarbeiter, die alle Sektoren der Sicherung der Vernutzung des Seienden übersehen, weil sie das Ganze der Umzirkung durchschauen und so die Irrnis in ihrer Berechenbarkeit beherrschen. Die Art des Durchschauens ist die Berechnungsfähigkeit, die sich im vorhinein ganz losgelassen hat in die Erfordernisse des ständig sich steigernden Sicherns der Ordnungen im Dienste der nächsten Möglichkeiten des Ordnens. Die Zuordnung aller möglichen Strebungen auf das Ganze der Planung und Sicherung heißt «Instinkt». Das Wort bezeichnet hier den über den beschränkten Verstand, der nur aus dem Nächsten rechnet, hinausgehenden «Intellekt», dessen «Intellektualismus» nichts entgeht, was als «Faktor» in die Rechnung der Verrechnungen der einzelnen «Sektoren» eingehen muß. Der Instinkt ist die dem Übermenschentum entsprechende Übersteigerung des Intellekts in die unbedingte Verrechnung von allem. Da diese schlechthin den Willen beherrscht, scheint neben dem Willen nichts mehr zu sein als die Sicherheit des bloßen Triebes zur Rechnung, für den die Berechnung von allem erste Regel des Rechnens ist. «Der Instinkt» galt bisher als eine Auszeichnung des Tieres, das in seinem Lebensbezirk das ihm Nützliche und Schädliche ausmacht und verfolgt und darüber hinaus nichts anstrebt. Die Sicherheit des tierischen Instinkts entspricht der blinden Einspannung in seinen Nutzungsbezirk. Der bedingungslosen Ermächtigung des Übermenschentums entspricht die völlige Befreiung des Untermenschentums. Der Trieb der Tierheit und die ratio der Menschheit werden identisch.

Daß für das Übermenschentum der Instinkt als Charakter gefordert wird, sagt, daß ihm das Untermenschentum – metaphysisch verstanden – zugehört, aber so, daß gerade das Tierische in jeder seiner Formen durch und durch der Rechnung und Planung unterworfen wird (Gesundheitsführung, Züchtung). Da der Mensch der wichtigste Rohstoff ist, darf damit gerechnet werden, daß auf Grund der heutigen chemischen Forschung eines Tages Fabriken zur künstlichen Zeugung von Menschenmaterial errichtet werden. Die Forschungen des in diesem Jahre mit dem Goethepreis der Stadt Frankfurt ausgezeichneten Chemikers Kuhn eröffnen bereits die Möglichkeit, die Erzeugung von männlichen und weiblichen Lebewesen planmäßig je nach Bedarf zu steuern. Der Schrifttumsführung im Sektor «Kultur» entspricht in nackter Konsequenz die künstliche Schwängerungsführung. (Man flüchte sich hier nicht aus veralteter Prüderie in Unterschiede, die nicht mehr bestehen. Der Bedarf an Menschenmaterial unterliegt derselben Regelung des rüstungsmäßigen Ordnens wie der Bedarf an Unterhaltungsbüchern und Gedichten, für deren Herstellung der Dichter um nichts wichtiger ist als der Buchbinderlehrling, der die Gedichte für eine Werkbücherei einbinden hilft, indem er z. B. den Rohstoff der Pappe für die Einbände aus den Lagerräumen herbeischafft).

Die Vernutzung aller Stoffe, eingerechnet den Rohstoff «Mensch», zur technischen Herstellung der unbedingten Möglichkeit eines Herstellens von allem, wird im Verborgenen bestimmt durch die völlige Leere, in der das Seiende, die Stoffe des Wirklichen, hängt. Diese Leere muß ausgefüllt werden. Da aber die Leere des Seins, zumal wenn sie als solche nicht erfahren werden kann, niemals durch die Fülle des Seienden aufzufüllen ist, bleibt nur, um ihr zu entgehen, die unausgesetzte Einrichtung des Seienden auf die ständige Möglichkeit des Ordnens als der Form der Sicherung des ziellosen Tuns. Die Technik ist von da gesehen, weil auf die Leere des Seins wider ihr Wissen bezogen, die Organisation des Mangels. Überall, wo an Seiendem zu wenig ist – und es ist wachsend überall immer für den sich steigernden Willen zum Willen alles zu wenig –, muß die Technik einspringen und

Ersatz schaffen und die Rohstoffe verbrauchen. Aber in Wahrheit ist der «Ersatz» und die Massenherstellung der Ersatzdinge nicht ein vorübergehender Notbehelf, sondern die einzig mögliche Form, in der sich der Wille zum Willen, die «restlose» Sicherung der Ordnung des Ordnens, in Gang hält und so er «selbst» als das «Subjekt» von allem sein kann. Das Anwachsen der Zahl der Menschenmassen wird eigens nach Planungen betrieben, damit die Gelegenheit niemals ausgehe, für die großen Massen größere «Lebensräume» zu beanspruchen, die in ihrer Größe dann wiederum die entsprechend höhere Menschenmasse zu ihrer Einrichtung fordern. Diese Kreisbewegung der Vernutzung um des Verbrauchs willen ist der einzige Vorgang, der die Geschichte einer Welt auszeichnet, die zur Unwelt geworden ist. «Führernaturen» sind diejenigen, die sich auf Grund ihrer Instinktsicherheit von diesem Vorgang anstellen lassen als seine Steuerungsorgane. Sie sind die ersten Angestellten innerhalb des Geschäftsganges der bedingungslosen Vernutzung des Seienden im Dienste der Sicherung der Leere der Seinsverlassenheit. Dieser Geschäftsgang der Vernutzung des Seienden aus der wissenlosen Abwehr des unerfahrenen Seyns schließt im vorhinein die Unterschiede des Nationalen und der Völker als noch wesentliche Bestimmungsmomente aus. Gleichwie der Unterschied zwischen Krieg und Frieden hinfällig geworden ist, so fällt auch die Unterscheidung zwischen «national» und «international» dahin. Wer heute «europäisch» denkt, läßt sich nicht mehr dem Vorwurf aussetzen, ein «Internationalist» zu sein. Er ist aber auch kein Nationalist mehr, da er ja auch das Wohl der übrigen «Nationen» nicht weniger bedenkt als das eigene.

Die Gleichförmigkeit des Geschichtsganges des jetzigen Zeitalters beruht gleichfalls nicht auf einer nachträglichen Angleichung älterer politischer Systeme an die neuesten. Die Gleichförmigkeit ist nicht die Folge, sondern der Grund für die kriegerischen Auseinandersetzungen der einzelnen Anwartschaften auf die maßgebende Führung innerhalb der Vernutzung des Seienden zur Sicherung der Ordnung. Die aus der Leere der Seinsverlassenheit entspringende Gleichförmigkeit des Seienden, in der es nur auf die berechenbare Sicherheit seiner Ordnung ankommt, die es dem Willen zum Willen unterwirft, bedingt auch überall vor allen nationalen Unterschieden die Gleichförmigkeit der Führerschaft, für die alle Staatsformen nur noch ein Führungsinstrument unter anderen sind. Weil die Wirklichkeit in der Gleichförmigkeit der planbaren Rechnung besteht, muß auch der Mensch in die Einförmigkeit eingehen, um dem Wirklichen gewachsen zu bleiben. Ein Mensch ohne Uni-form macht heute bereits den Eindruck des Unwirklichen, das nicht mehr dazugehört. Das Seiende, das allein im Willen zum Willen zugelassen ist, breitet sich in eine Unterschiedslosigkeit aus, die nur noch gemeistert wird durch ein Vorgehen und Einrichten, das unter dem «Leistungsprinzip» steht. Dieses scheint eine Rangordnung zur Folge zu haben; in Wahrheit hat es die Ranglosigkeit zum Bestimmungsgrund, da das Ziel der Leistung überall nur die gleichmäßige Leere der Vernutzung jeder Arbeit in die Sicherung des Ordnens ist. Die aus diesem Prinzip grell hervorbrechende Unterschiedslosigkeit deckt sich keineswegs mit der bloßen Nivellierung, die nur Abbau bisheriger Rangordnungen bleibt. Die Unterschiedslosigkeit der totalen Vernutzung entspringt einem «positiven» Nichtzulassen einer Rangstufung gemäß der Vormacht der Leere aller Zielsetzungen. Diese Unterschiedlosigkeit bezeugt den bereits gesicherten Bestand der Unwelt der Seinsverlassenheit. Die Erde erscheint als die Unwelt der Irrnis. Sie ist seynsgeschichtlich der Irrstern.

XXVII

Die Hirten wohnen unsichtbar und außerhalb des Ödlandes der verwüsteten Erde, die nur noch der Sicherung der Herrschaft des Menschen nützen soll, dessen Wirken sich darauf beschränkt abzuschätzen, ob etwas wichtig oder unwichtig sei für das Leben, welches Leben als der Wille zum Willen im voraus fordert, daß alles Wissen in dieser Art des sichernden Rechnens und Wertens sich bewege.

Das unscheinbare Gesetz der Erde wahrt diese in der Genügsamkeit des Aufgehens und Vergehens aller Dinge im zugemessenen Kreis des Möglichen, dem jedes folgt und den doch keines kennt. Die Birke überschreitet nie ihr Mögliches. Das Bienenvolk wohnt in seinem Möglichen. Erst der Wille, der sich allwendig in der Technik einrichtet, zerrt die Erde in die Abmüdung und Vernutzung und Veränderung des Künstlichen. Sie zwingt die Erde über den gewachsenen Kreis ihres Möglichen hinaus in solches, was nicht mehr das Mögliche und daher das Unmögliche ist. Daß den technischen Vorhaben und Maßnahmen vieles gelingt an Erfindungen und sich jagenden Neuerungen, ergibt keineswegs den Beweis, daß Errungenschaften der Technik sogar das Unmögliche möglich machen.

Der Aktualismus und der Moralismus der Historie sind die letzten Schritte der vollendeten Identifizierung der Natur und des Geistes mit dem Wesen der Technik. Natur und Geist sind Gegenstände des Selbstbewußtseins; dessen unbedingte Herrschaft zwingt beide zum voraus in eine Gleichförmigkeit, aus der es metaphysisch kein Entrinnen gibt.

Eines ist es, die Erde nur zu nutzen, ein anderes, den Segen der Erde zu empfangen und im Gesetz dieser Empfängnis heimisch zu werden, um das Geheimnis des Seins zu hüten und über die Unverletzlichkeit des Möglichen zu wachen.

XXVIII

Keine bloße Aktion wird den Weltzustand ändern, weil das Sein als Wirksamkeit und Wirken alles Seiende gegenüber dem Ereignis verschließt. Sogar das ungeheure Leid, das über die Erde geht, vermag unmittelbar keinen Wandel zu erwecken, weil es nur als ein Leiden, dieses passiv und somit als Gegenzustand zur Aktion und daher mit dieser zusammen in dem selben Wesensbereich des Willens zum Willen erfahren wird.

Aber die Erde bleibt im unscheinbaren Gesetz des Möglichen geborgen, das sie ist. Der Wille hat dem Möglichen das Unmögliche als Ziel aufgezwungen. Die Machenschaft, die diesen Zwang einrichtet und in der Herrschaft hält, entspringt dem Wesen der Technik, das Wort hier identisch gesetzt mit dem Begriff der sich vollendenden Metaphysik. Die unbedingte Gleichförmigkeit aller Menschentümer der Erde unter der Herrschaft des Willens zum Willen macht die Sinnlosigkeit des absolut gesetzten menschlichen Handelns deutlich.

Die Verwüstung der Erde beginnt als gewollter, aber in seinem Wesen nicht gewußter und auch nicht wißbarer Prozeß zu der Zeit, da das Wesen der Wahrheit sich als Gewißheit umgrenzt, in der zuerst das menschliche Vorstellen und Herstellen seiner selbst sicher wird. Hegel begreift diesen Augenblick der Geschichte der Metaphysik als denjenigen, in dem das absolute Selbstbewußtsein zum Prinzip des Denkens wird.

Fast scheint es, als sei dem Menschen unter der Herrschaft des Willens das Wesen des Schmerzes verschlossen, insgleichen das Wesen der Freude. Ob das Übermaß an Leid hier noch einen Wandel bringen kann?

Kein Wandel kommt ohne vorausweisendes Geleit. Wie aber naht ein Geleit, wenn nicht das Ereignis sich lichtet, das rufend, brauchend das Menschenwesen er-äugnet, d. h. er-blickt und im Erblicken Sterbliche auf den Weg des denkenden, dichtenden Bauens bringt?

WER IST NIETZSCHES ZARATHUSTRA?

Die Frage läßt sich, so will es scheinen, leicht beantworten. Denn wir finden die Antwort bei Nietzsche selbst in klar gesetzten und sogar gesperrt gedruckten Sätzen. Sie stehen in jenem Werk Nietzsches, das eigens die Gestalt des Zarathustra darstellt. Das Buch besteht aus vier Teilen, ist in den Jahren 1883 bis 1885 entstanden und trägt den Titel: «Also sprach Zarathustra»
Nietzsche gab diesem Buch einen Untertitel auf den Weg. Er lautet: «Ein Buch für Alle und Keinen». «Für Alle», d. h. freilich nicht: für jedermann als jeden Beliebigen. «Für Alle», dies meint: für jeden Menschen als Menschen, für jeden jeweils und sofern er sich in seinem Wesen denkwürdig wird. «... und Keinen», dies sagt: für niemanden aus den überallher angeschwemmten Neugierigen, die sich nur an vereinzelten Stücken und besonderen Sprüchen dieses Buches berauschen und blindlings in seiner halb singenden, halb schreienden, bald bedächtigen, bald stürmischen, oft hohen, bisweilen platten Sprache umhertaumeln, statt sich auf den Weg des Denkens zu machen, das hier nach seinem Wort sucht.
«Also sprach Zarathustra. Ein Buch für Alle und Keinen.» Wie unheimlich hat sich dieser Untertitel des Werkes in den siebzig Jahren seit seinem Erscheinen bewahrheitet – aber in genau umgekehrtem Sinne. Es wurde ein Buch für jedermann, und kein Denkender zeigt sich bis zur Stunde, der dem Grundgedanken dieses Buches gewachsen wäre und seine Herkunft in ihrer Tragweite ermessen könnte. Wer ist Zarathustra? Wenn wir den Haupttitel des Werkes aufmerksam lesen, gewahren wir einen Wink: «Also sprach Zarathustra». Zarathustra

spricht. Er ist ein Sprecher. Von welcher Art? Ein Volksredner oder gar ein Prediger? Nein. Der Sprecher Zarathustra ist ein «Fürsprecher». In diesem Namen begegnet uns ein sehr altes Wort der deutschen Sprache und zwar in mehrfältiger Bedeutung. «Für» bedeutet eigentlich «vor». «Fürtuch» ist der heute noch im Alemannischen gebräuchliche Name für die Schürze. Der «Fürsprech» spricht vor und führt das Wort. Aber «für» bedeutet zugleich: zugunsten und zur Rechtfertigung. Der Fürsprecher ist schließlich derjenige, der das, wovon und wofür er spricht, auslegt und erklärt.
Zarathustra ist ein Fürsprecher in diesem dreifachen Sinne. Doch was spricht er vor? Zu wessen Gunsten spricht er? Was versucht er auszulegen? Ist Zarathustra nur irgendein Fürsprecher für irgend etwas, oder ist er *der* Fürsprecher für das Eine, was den Menschen vor allem und stets anspricht?
Gegen Ende des dritten Teiles von «Also sprach Zarathustra» steht ein Abschnitt mit der Überschrift «Der Genesende». Das ist Zarathustra. Doch was heißt «der Genesende»? «Genesen» ist das selbe Wort wie das griechische νέομαι, νόστος. Dies bedeutet: heimkehren; Nostalgie ist der Heimschmerz, das Heimweh. «Der Genesende» ist derjenige, der sich zur Heimkehr sammelt, nämlich zur Einkehr in seine Bestimmung. Der Genesende ist unterwegs zu ihm selber, so daß er von sich sagen kann, wer er ist. In dem genannten Stück sagt der Genesende: «Ich, Zarathustra, der Fürsprecher des Lebens, der Fürsprecher des Leidens, der Fürsprecher des Kreises – ....»
Zarathustra spricht zugunsten des Lebens, des Leidens, des Kreises, und dies spricht er vor. Diese Drei: «Leben – Leiden – Kreis» gehören zusammen, sind das Selbe. Wenn wir dieses Dreifache als Eines und das Selbe recht zu denken vermöchten, wären wir imstande zu ahnen, wessen Fürsprecher Zarathustra ist und wer er wohl selbst als dieser Fürsprecher sein möchte. Zwar könnten wir jetzt durch eine grobschlächtige Erklärung

eingreifen und mit unbestreitbarer Richtigkeit sagen: «Leben» bedeutet in Nietzsches Sprache: der Wille zur Macht als der Grundzug alles Seienden, nicht nur des Menschen. Was «Leiden» bedeutet, sagt Nietzsche in folgenden Worten: «Alles, was leidet, will leben...» (WW.VI, 469), d.h. alles, was in der Weise des Willens zur Macht ist. Dies besagt: «Die gestaltenden Kräfte stoßen sich» (XVI, 151). «Kreis» ist das Zeichen des Ringes, dessen Ringen in sich selbst zurückläuft und so immer das wiederkehrende Gleiche erringt.

Demnach stellt sich Zarathustra als der Fürsprecher dessen vor, daß alles Seiende Wille zur Macht ist, der als schaffender, sich stoßender Wille leidet und so sich selber in der ewigen Wiederkehr des Gleichen will.

Mit dieser Aussage haben wir das Wesen Zarathustras auf eine Definition gebracht, wie man schulmäßig sagt. Wir können uns diese Definition aufschreiben, dem Gedächtnis einprägen und sie bei Gelegenheit nach Bedarf vorbringen. Wir können das Vorgebrachte sogar noch eigens durch jene Sätze belegen, die in Nietzsches Werk, durch Sperrdruck hervorgehoben, sagen, wer Zarathustra sei.

In dem schon erwähnten Stück «Der Genesende» (314) lesen wir:

«*Du* (nämlich Zarathustra) *bist der Lehrer der ewigen Wiederkunft...!*».

Und in der Vorrede zum ganzen Werk (n. 3) steht:

«*Ich* (nämlich Zarathustra) *lehre euch den Übermenschen.*»

Nach diesen Sätzen ist Zarathustra, der Fürsprecher, ein «Lehrer». Er lehrt augenscheinlich zweierlei: die ewige Wiederkunft des Gleichen und den Übermenschen. Allein man sieht zunächst nicht, ob und wie das, was er lehrt, zusammengehört. Doch selbst wenn sich der Zusammenhang aufklärte, bliebe fraglich, ob wir den Fürsprecher hören, ob wir von diesem Lehrer lernen. Ohne dieses Hören und Lernen wissen wir nie recht, wer Zarathustra ist. So genügt es denn nicht, nur Sätze zusammenzustellen, aus denen sich ergibt, was der Fürsprecher und Lehrer von sich sagt. Wir müssen darauf achten, *wie* er es sagt und bei welcher Gelegenheit und in welcher Absicht. Das entscheidende Wort «Du bist der Lehrer der ewigen Wiederkunft!» sagt nicht Zarathustra aus sich zu sich selber. Dies sagen ihm seine Tiere. Sie werden sogleich am Beginn der Vorrede des Werkes und deutlicher in ihrem Schluß (n. 10) genannt. Hier heißt es: «.... als die Sonne im Mittag stand: da blickte er (Zarathustra) fragend in die Höhe – denn er hörte über sich den scharfen Ruf eines Vogels. Und siehe! Ein Adler zog in weiten Kreisen durch die Luft, und an ihm hieng eine Schlange, nicht einer Beute gleich, sondern einer Freundin: denn sie hielt sich um seinen Hals geringelt.» Wir ahnen schon in diesem geheimnisvollen Umhalsen, wie unausgesprochen im Kreisen des Adlers und im Ringeln der Schlange Kreis und Ring sich umringen. So erglänzt der Ring, der anulus aeternitatis heißt: Siegelring und Jahr der Ewigkeit. Im Anblick der beiden Tiere zeigt sich, wohin sie selbst, kreisend und sich ringelnd, gehören. Denn sie machen nie erst Kreis und Ring, sondern fügen sich darein, um so ihr Wesen zu haben. Im Anblick der beiden Tiere erscheint Jenes, was den fragend in die Höhe blickenden Zarathustra angeht. Darum fährt der Text fort:

«‚Es sind meine Tiere!' sagte Zarathustra und freute sich von Herzen.

Das stolzeste Tier unter der Sonne und das klügste Tier unter der Sonne – sie sind ausgezogen auf Kundschaft.

Erkunden wollen sie, ob Zarathustra noch lebe. Wahrlich, lebe ich noch?»

Zarathustras Frage behält nur dann ihr Gewicht, wenn wir das unbestimmte Wort «Leben» im Sinne von «Wille zur Macht» verstehen. Zarathustra frägt: entspricht mein Wille dem Willen, der als Wille zur Macht das Ganze des Seienden durchherrscht?

Seine Tiere erkunden Zarathustras Wesen. Er frägt sich selber, ob er noch, d. h. ob er schon derjenige ist, der er eigentlich ist. In einer Notiz zu «Also sprach Zarathustra» aus dem Nachlaß (XIV, 279) steht:
«‚Habe ich Zeit, auf meine Tiere zu *warten?* Wenn es *meine* Tiere sind, so werden sie mich zu finden wissen'. Zarathustras's Schweigen.»
So sagen ihm dann seine Tiere an der angeführten Stelle, im Stück «Der Genesende», das Folgende, das wir über dem gesperrt gedruckten Satz nicht übersehen dürfen. Sie sagen:
«Denn deine Tiere wissen es wohl, o Zarathustra, wer du bist und werden mußt: siehe, *du bist der Lehrer der ewigen Wiederkunft* –, das ist nun *dein* Schicksal!»
So kommt es ans Licht: Zarathustra muß allererst derjenige *werden,* der er ist. Vor solchem Werden schreckt Zarathustra zurück. Der Schrecken zieht durch das ganze Werk, das ihn darstellt. Dieser Schrecken bestimmt den Stil, den zögernden und immer wieder verzögerten Gang des ganzen Werkes. Dieser Schrecken erstickt alle Selbstsicherheit und Anmaßung Zarathustras schon am Beginn seines Weges. Wer diesen Schrecken nicht aus allen oft anmaßend klingenden und oft nur rauschhaft sich gebärdenden Reden zuvor vernommen hat und stets vernimmt, wird nie wissen können, wer Zarathustra ist.
Wenn Zarathustra der Lehrer der ewigen Wiederkunft erst werden soll, dann kann er mit dieser Lehre auch nicht sogleich beginnen. Deshalb steht am Beginn seines Weges das andere Wort: «*Ich lehre euch den Übermenschen.*»
Bei dem Wort «Übermensch» müssen wir allerdings zum voraus alle falschen und verwirrenden Töne fernhalten, die für das gewöhnliche Meinen anklingen. Mit dem Namen «Übermensch» benennt Nietzsche gerade nicht einen bloß überdimensionalen bisherigen Menschen. Er meint auch nicht eine Menschenart, die das Humane wegwirft und die nackte Willkür zum

Gesetz und eine titanische Raserei zur Regel macht. Der Übermensch ist vielmehr, das Wort ganz wörtlich genommen, derjenige Mensch, der über den bisherigen Menschen hinausgeht, einzig um den bisherigen Menschen allererst in sein noch ausstehendes Wesen zu bringen und ihn darin fest zu stellen. Eine Nachlaßnotiz zum «Zarathustra» sagt (XIV, 271):
«Zarathustra will keine Vergangenheit der Menschheit *verlieren,* Alles in den Guß werfen.»
Doch woher stammt der Notruf nach dem Übermenschen? Weshalb genügt der bisherige Mensch nicht mehr? Weil Nietzsche den geschichtlichen Augenblick erkennt, da der Mensch sich anschickt, die Herrschaft über die Erde im Ganzen anzutreten. Nietzsche ist der erste Denker, der im Hinblick auf die zum ersten Male heraufkommende Weltgeschichte die entscheidende Frage stellt und sie in ihrer metaphysischen Tragweite durchdenkt. Die Frage lautet: ist der Mensch als Mensch in seinem bisherigen Wesen für die Übernahme der Erdherrschaft vorbereitet? Wenn nicht, was muß mit dem bisherigen Menschen geschehen, daß er sich die Erde «untertan» machen und so das Wort eines alten Testamentes erfüllen kann? Muß dann der bisherige Mensch nicht *über* sich selbst hinaus gebracht werden, um diesem Auftrag entsprechen zu können? Steht es so, dann kann der recht gedachte «Über-mensch» kein Produkt einer zügellosen und ausgearteten und ins Leere wegstürmenden Phantasie sein. Seine Art läßt sich jedoch ebensowenig historisch durch eine Analyse des modernen Zeitalters auffinden. Wir dürfen darum die Wesensgestalt des Übermenschen niemals in jenen Figuren suchen, die als Hauptfunktionäre eines vordergründigen und mißdeuteten Willens zur Macht in die Spitzen seiner verschiedenen Organisationsformen geschoben werden. Eines freilich sollten wir bald merken: dieses Denken, das auf die Gestalt eines Lehrers zudenkt, der den Über-menschen lehrt, geht uns, geht Europa, geht die ganze Erde an,

nicht nur heute noch, sondern erst morgen. Das ist so, ganz unabhängig davon, ob wir dieses Denken bejahen oder bekämpfen, ob man es übergeht oder in falschen Tönen nachmacht. Jedes wesentliche Denken geht unantastbar durch alle Anhängerschaft und Gegnerschaft hindurch.
So gilt es denn, daß wir erst lernen, von dem Lehrer zu lernen, und sei es auch nur dies, über ihn hinauszufragen. Nur so erfahren wir eines Tages, wer Nietzsches Zarathustra ist, oder wir erfahren es nie.
Zu bedenken bleibt allerdings, ob das Hinausfragen über Nietzsches Denken eine Fortsetzung desselben sein kann oder ein Schritt zurück werden muß.
Zu bedenken bleibt vordem, ob dieses «Zurück» nur eine historisch feststellbare Vergangenheit meint, die man erneuern möchte (z. B. die Welt Goethes), oder ob das «Zurück» in ein Gewesen weist, dessen Anfang immer noch auf ein Andenken wartet, um ein Beginn zu werden, den die Frühe aufgehen läßt.
Doch jetzt beschränken wir uns darauf, Weniges und Vorläufiges über Zarathustra kennen zu lernen. Sachgemäß geschieht dies am besten so, daß wir versuchen, die ersten Schritte des Lehrers, der er ist, mitzugehen. Er lehrt, indem er zeigt. Er blickt in das Wesen des Über-menschen voraus und bringt es in eine sichtbare Gestalt. Zarathustra ist nur der Lehrer, nicht schon der Über-mensch selbst. Und wiederum ist Nietzsche nicht Zarathustra, sondern der Fragende, der Zarathustras Wesen zu erdenken versucht.
Der Übermensch geht über die Art des bisherigen und heutigen Menschen hinaus und ist so ein Übergang, eine Brücke. Damit wir lernend dem Lehrer, der den Übermenschen lehrt, folgen können, müssen wir, um bei dem Bild zu bleiben, auf die Brücke gelangen. Den Übergang denken wir einigermaßen vollständig, wenn wir dreierlei beachten:
1. Das, von wo der Hinübergehende weggeht.

2. Den Übergang selbst.
3. Das, wohin der Übergehende hinübergeht.

Dies zuletzt Genannte müssen wir, muß vor allem der Hinübergehende, muß vordem der Lehrer, der ihn zeigen soll, im Blick haben. Fehlt der Vorblick in das Wohin, dann bleibt das Hinübergehen ohne Steuer und das, von wo weg der Hinübergehende sich lösen muß, im Unbestimmten. Doch andererseits zeigt sich das, wohin der Hinübergehende gerufen ist, erst im vollen Licht, wenn er dorthin übergegangen ist. Für den Hinübergehenden und vollends für den, der den Übergang als Lehrer zeigen soll, für Zarathustra selbst, bleibt das Wohin stets in einer Ferne. Das Ferne bleibt. Insofern es bleibt, bleibt es in einer Nähe, in jener nämlich, die das Ferne als das Ferne bewahrt, indem es an das Ferne und zu ihm hin denkt. Die andenkende Nähe zum Fernen ist das, was unsere Sprache die Sehnsucht nennt. Irrigerweise bringen wir die Sucht mit «suchen» und «getriebensein» zusammen. Aber das alte Wort «Sucht» (Gelbsucht, Schwindsucht) bedeutet: Krankheit, Leiden, Schmerz.

Die Sehnsucht ist der Schmerz der Nähe des Fernen.

Wohin der Hinübergehende geht, dem gehört seine Sehnsucht. Der Hinübergehende und schon der, der ihn zeigt, der Lehrer, ist, wie wir schon hörten, unterwegs zur Heimkehr in sein eigenstes Wesen. Er ist der Genesende. Im dritten Teil von «Also sprach Zarathustra» folgt unmittelbar auf das Stück, das überschrieben ist «Der Genesende», jenes Stück, das den Titel trägt: «Von der großen Sehnsucht». Mit diesem Stück, dem drittletzten des III. Teils, erreicht das ganze Werk «Also sprach Zarathustra» seine Gipfelhöhe. In einer Nachlaßaufzeichnung (XIV, 285) vermerkt Nietzsche:

«Ein *göttliches* Leiden ist der Inhalt des III. Zarathustra.»

In dem Stück «Von der großen Sehnsucht» spricht Zarathustra mit seiner Seele. Nach der Lehre Platons, die für die abendländische Metaphysik maßgebend wurde, beruht im Selbstge-

spräch der Seele mit sich selbst das Wesen des Denkens. Es ist der λόγος, ὃν αὐτὴ πρὸς αὑτὴν ἡ ψυχὴ διεξέρχεται περὶ ὧν ἂν σκοπῇ: das sagende Sichsammeln, das die Seele selbst auf dem Weg zu sich selbst durchgeht, im Umkreis dessen, was je sie erblickt (Theaetet 189e; vgl. Sophistes 263e).
Zarathustra denkt im Gespräch mit seiner Seele seinen «abgründlichsten Gedanken» (Der Genesende, n. 1; vgl. III. Vom Gesicht und Rätsel, n. 2). Das Stück «Von der großen Sehnsucht» beginnt Zarathustra mit den Worten:
«Oh meine Seele, ich lehrte dich ‚Heute' sagen wie ‚Einst' und ‚Ehemals' und über alles Hier und Da und Dort deinen Reigen hinweg tanzen.»
Die drei Worte «Heute», «Ehemals», «Einst» sind groß geschrieben und stehen in Anführungszeichen. Sie nennen die Grundzüge der Zeit. Die Art, wie Zarathustra sie ausspricht, deutet auf jenes, was Zarathustra selber sich im Grunde seines Wesens fortan sagen muß. Und was ist dies? Daß «Einst» und «Ehemals», Zukunft und Vergangenheit, wie das «Heute» sind. Das Heute aber ist wie das Vergangene und das Kommende. Alle drei Phasen der Zeit rücken zum Gleichen als das Gleiche in eine einzige Gegenwart zusammen, in ein ständiges Jetzt. Die Metaphysik nennt das stete Jetzt: die Ewigkeit. Auch Nietzsche denkt die drei Phasen der Zeit aus der Ewigkeit als stetem Jetzt. Aber die Stete beruht für ihn nicht in einem Stehen, sondern in einem Wiederkehren des Gleichen. Zarathustra ist, wenn er seine Seele jenes Sagen lehrt, der Lehrer der ewigen Wiederkunft des Gleichen. Sie ist die unerschöpfliche Fülle des freudig-schmerzlichen Lebens. Darauf geht «die große Sehnsucht» des Lehrers der ewigen Wiederkunft des Gleichen. Darum heißt «die große Sehnsucht» im selben Stück auch «die Sehnsucht der Über-Fülle».
«Die große Sehnsucht» lebt am meisten aus dem, woraus sie den einzigen Trost, d. h. die Zuversicht schöpft. An die Stelle

des älteren Wortes «Trost» (dazu: trauen, zutrauen) ist in unserer Sprache das Wort «Hoffnung» getreten. «Die große Sehnsucht» stimmt und bestimmt den von ihr beseelten Zarathustra in seine «größte Hoffnung».
Was aber berechtigt und führt ihn zu dieser?
Welches ist die Brücke, die ihn hinübergehen läßt zum Übermenschen und ihn im Hinübergehen weggehen läßt vom bisherigen Menschen, so daß er sich von ihm lösen kann?
Es liegt im eigentümlichen Bau des Werkes «Also sprach Zarathustra», das den Übergang des Hinübergehenden zeigen soll, daß die Antwort auf die soeben gestellte Frage im vorbereitenden II. Teil des Werkes gegeben wird. Hier läßt Nietzsche in dem Stück «Von den Taranteln» Zarathustra sagen:
«Denn *daß der Mensch erlöst werde von der Rache:* das ist mir die Brücke zur höchsten Hoffnung und ein Regenbogen nach langen Unwettern.»
Wie seltsam und wie befremdlich für die gängige Meinung, die man sich über die Philosophie Nietzsches zurecht gemacht hat. Gilt Nietzsche nicht als der Antreiber zum Willen zur Macht, zu Gewaltpolitik und Krieg, zur Raserei der «blonden Bestie»?
Die Worte «daß der Mensch erlöst werde von der Rache» sind im Text sogar gesperrt gedruckt. Nietzsches Denken denkt auf die Erlösung vom Geist der Rache. Sein Denken möchte einem Geist dienen, der als Freiheit von der Rachsucht jeder bloßen Verbrüderung voraufgeht, aber auch allem Nur-bestrafenwollen, einem Geist, der vor aller Friedensbemühung und vor jedem Betreiben des Krieges liegt, außerhalb eines Geistes, der die Pax, den Frieden, durch Pakte begründen und sichern will. Der Raum dieser Freiheit von der Rache liegt in gleicher Weise außerhalb von Pazifismus und Gewaltpolitik und berechnender Neutralität. Er liegt ebenso außerhalb eines schwächlichen Gleitenlassens der Dinge und des Sichdrückens um das

Opfer, wie außerhalb der blinden Zugriffe und des Handelns um jeden Preis.

Dem Geist der Freiheit von der Rache gehört Nietzsches angebliche Freigeisterei.

«*Daß der Mensch erlöst werde von der Rache*» – Wenn wir auch nur im ungefähren diesen Geist der Freiheit als den Grundzug im Denken Nietzsches beachten, muß das bisher und immer noch umlaufende Bild von Nietzsche in sich zerfallen.

«Denn *daß der Mensch erlöst werde von der Rache:* das ist mir die Brücke zur höchsten Hoffnung» sagt Nietzsche. Er sagt damit zugleich, in der Sprache des vorbereitenden Verbergens, wohin seine «große Sehnsucht» geht.

Doch was versteht Nietzsche hier unter Rache? Worin besteht nach ihm die Erlösung von der Rache?

Wir begnügen uns damit, einiges Licht in diese zwei Fragen zu bringen. Dieses Licht läßt uns dann vielleicht deutlicher die Brücke sehen, die für ein solches Denken vom bisherigen Menschen zum Übermenschen hinüberführen soll. Mit dem Übergang kommt Jenes zum Vorschein, wohin der Übergehende geht. So kann uns dann eher einleuchten, inwiefern Zarathustra als der Fürsprecher des Lebens, des Leidens, des Kreises der Lehrer ist, der zugleich die ewige Wiederkunft des Gleichen *und* den Übermenschen lehrt.

Warum hängt dann aber so Entscheidendes an der Erlösung von der Rache? Wo haust ihr Geist? Nietzsche antwortet uns im drittletzten Stück des zweiten Teiles von «Also sprach Zarathustra». Es ist überschrieben: «Von der Erlösung». Hier heißt es:

«*Der Geist der Rache:* meine Freunde, das war bisher der Menschen bestes Nachdenken; und wo Leid war, da sollte immer Strafe sein.»

Durch diesen Satz wird die Rache im vorhinein auf das ganze bisherige Nachdenken der Menschen bezogen. Das hier genannte Nachdenken meint nicht irgend ein Überlegen, sondern jenes Denken, worin das Verhältnis des Menschen zu dem beruht und schwingt, was ist, zum Seienden. Insofern der Mensch sich zum Seienden verhält, stellt er das Seiende hinsichtlich dessen vor, daß es ist, was es und wie es ist, wie es sein möchte und sein soll, kurz gesagt: das Seiende hinsichtlich seines Seins. Dieses Vor-stellen ist das Denken.

Nach dem Satz Nietzsches wird dieses Vorstellen bisher durch den Geist der Rache bestimmt. Die Menschen halten ihr so bestimmtes Verhältnis zu dem, was ist, für das Beste.

Wie immer auch der Mensch das Seiende als solches vorstellen mag, er stellt es im Hinblick auf dessen Sein vor. Durch diesen Hinblick geht er über das Seiende immer schon hinaus und hinüber zum Sein. Hinüber heißt griechisch μετά. Darum ist jedes Verhältnis des Menschen zum Seienden als solchen in sich metaphysisch. Wenn Nietzsche die Rache als den Geist versteht, der den Bezug des Menschen zum Seienden durchstimmt und bestimmt, dann denkt er die Rache im vorhinein metaphysisch.

Die Rache ist hier kein bloßes Thema der Moral, und die Erlösung von der Rache keine Aufgabe der moralischen Erziehung. Ebensowenig bleibt die Rache und die Rachsucht ein Gegenstand der Psychologie. Wesen und Tragweite der Rache sieht Nietzsche metaphysisch. Doch was heißt überhaupt Rache?

Wenn wir uns mit dem nötigen Weitblick zunächst an die Wortbedeutung halten, können wir daraus einen Wink mitnehmen. Rache, rächen, wreken, urgere heißt: stoßen, treiben, vor sich hertreiben, verfolgen, nachstellen. In welchem Sinne ist die Rache ein Nachstellen? Sie sucht doch nicht bloß etwas zu erjagen, es einzufangen, in Besitz zu nehmen. Sie sucht das, dem sie nachstellt, auch nicht bloß zu erlegen. Das rächende Nachstellen widersetzt sich im voraus dem, woran es sich rächt. Es widersetzt sich ihm in der Weise, daß es herabsetzt, um dem

Herabgesetzten gegenüber sich selbst in die Überlegenheit zu stellen und so die eigene, für einzig maßgebend gehaltene Geltung wiederherzustellen. Denn die Rachsucht wird vom Gefühl des Besiegt- und Geschädigtseins umgetrieben. In den Jahren, da Nietzsche sein Werk «Also sprach Zarathustra» schuf, schrieb er die Bemerkung:
«Ich empfehle allen Märtyrern zu überlegen, ob nicht die Rachsucht sie zum Äußersten trieb.» (XII³, S. 298).
Was ist Rache? Wir können jetzt vorläufig sagen: Rache ist das widersetzliche, herabsetzende Nachstellen. Und dieses Nachstellen soll alles bisherige Nachdenken, das bisherige Vorstellen des Seienden hinsichtlich seines Seins tragen und durchziehen? Wenn dem Geist der Rache die genannte metaphysische Tragweite zukommt, muß sie sich aus der Verfassung der Metaphysik ersehen lassen. Damit uns diese Sicht einigermaßen gelingt, achten wir darauf, in welcher Wesensprägung das Sein des Seienden innerhalb der neuzeitlichen Metaphysik erscheint. Diese Wesensprägung des Seins kommt in einer klassischen Form durch wenige Sätze zur Sprache, die Schelling in seinen «Philosophischen Untersuchungen über das Wesen der menschlichen Freiheit und die damit zusammenhängenden Gegenstände» 1809 niedergelegt hat. Die drei Sätze lauten:
«– Es gibt in der letzten und höchsten Instanz gar kein andres Seyn als Wollen. Wollen ist Urseyn und auf dieses (das Wollen) allein passen alle Prädikate desselben (des Urseyns): Grundlosigkeit, Ewigkeit, Unabhängigkeit von der Zeit, Selbstbejahung. Die ganze Philosophie strebt nur dahin, diesen höchsten Ausdruck zu finden» (F.W.J. Schellings philosophische Schriften, 1.Bd., Landshut 1809, S. 419).
Schelling findet die Prädikate, die das Denken der Metaphysik von altersher dem Sein zuspricht, nach ihrer letzten und höchsten und somit vollendeten Gestalt im Wollen. Der Wille dieses Wollens ist hier jedoch nicht als Vermögen der menschlichen

Seele gemeint. Das Wort «Wollen» nennt hier das Sein des Seienden im Ganzen. Dieses ist Wille. Das klingt uns befremdlich und ist es auch, solange uns die tragenden Gedanken der abendländischen Metaphysik fremd bleiben. Dies bleiben sie, solange wir diese Gedanken nicht denken, sondern nur immer über sie berichten. Man kann z. B. die Aussagen von Leibniz über das Sein des Seienden historisch genau feststellen, ohne das Geringste von dem zu denken, was er dachte, als er das Sein des Seienden von der Monade aus als die Einheit von perceptio und appetitus, als Einheit von Vorstellen und Anstreben, d. h. als Wille bestimmte. Was Leibniz denkt, kommt durch Kant und Fichte als der Vernunftwille zur Sprache, dem Hegel und Schelling, jeder auf seine Weise, nachdenken. Das Selbe meint Schopenhauer, wenn er seinem Hauptwerk den Titel gibt: «Die Welt (nicht der Mensch) als Wille und Vorstellung.» Das Selbe denkt Nietzsche, wenn er das Ursein des Seienden als Wille zur Macht erkennt.

Daß hier überall das Sein des Seienden durchgängig als Wille erscheint, beruht nicht auf Ansichten, die sich einige Philosophen über das Seiende zurechtlegen. Was dieses Erscheinen des Seins als Wille heißt, wird keine Gelehrsamkeit je ausfindig machen; es läßt sich nur im Denken erfragen, als zu-Denkendes in seiner Fragwürdigkeit würdigen und so als Gedachtes im Gedächtnis bewahren.

Das Sein des Seienden erscheint für die neuzeitliche Metaphysik und durch sie eigens ausgesprochen als Wille. Der Mensch aber ist Mensch, insofern er sich denkend zum Seienden verhält und so im Sein gehalten wird. Das Denken muß mit in seinem eigenen Wesen dem entsprechen, wozu es sich verhält, zum Sein des Seienden als Wille.

Nun ist nach Nietzsches Wort das bisherige Denken durch den Geist der Rache bestimmt. Wie denkt also Nietzsche das Wesen der Rache, gesetzt, daß er es metaphysisch denkt?

Im zweiten Teil von «Also sprach Zarathustra», in dem schon genannten Stück «Von der Erlösung», läßt Nietzsche seinen Zarathustra sagen:
«Dies, ja dies allein ist *Rache* selber: des Willens Widerwille gegen die Zeit und ihr ‚Es war'.»
Daß eine Wesensbestimmung der Rache auf das Widerwärtige und Widersetzliche in ihr und somit auf einen Widerwillen abhebt, entspricht dem eigentümlichen Nachstellen, als welches wir die Rache kennzeichneten. Aber Nietzsche sagt nicht bloß: Rache ist Widerwille. Das gilt auch vom Haß. Nietzsche sagt: Rache ist des Willens Widerwille. «Wille» aber nennt das Sein des Seienden im Ganzen, nicht nur das menschliche Wollen. Durch die Kennzeichnung der Rache als «des Willens Widerwille» bleibt ihr widersetzliches Nachstellen zum voraus innerhalb des Bezugs zum Sein des Seienden. Daß es sich so verhält, wird klar, wenn wir darauf achten, wogegen der Widerwille der Rache angeht. Rache ist «des Willens Widerwille gegen die Zeit und ihr ‚Es war'.»
Beim ersten, auch beim zweiten und noch beim dritten Lesen dieser Wesensbestimmung der Rache wird man die betonte Beziehung der Rache auf «die Zeit» für überraschend, für unverständlich und zuletzt für willkürlich halten. Man muß dies sogar, wenn man nicht weiter bedenkt, was hier der Name «Zeit» meint.
Nietzsche sagt: Rache ist «des Willens Widerwille gegen die Zeit ...» Es heißt nicht: gegen etwas Zeitliches. Es heißt auch nicht: gegen einen besonderen Charakter der Zeit. Es heißt schlechthin: «Widerwille gegen die Zeit ...‚»
Allerdings folgen sogleich die Worte nach: «gegen die Zeit und ihr ‚Es war'». Dies sagt aber doch: Rache ist der Widerwille gegen das «Es war» an der Zeit. Man wird mit Recht darauf hinweisen, daß zur Zeit nicht nur das «es war», sondern gleichwesentlich das «es wird sein» und ebenso das «es ist jetzt» gehören; denn

Zeit ist nicht bloß durch Vergangenheit, sondern auch durch Zukunft und Gegenwart bestimmt. Wenn daher Nietzsche in betonter Weise auf das «Es war» an der Zeit abhebt, dann meint er doch offenkundig bei seiner Kennzeichnung des Wesens der Rache keineswegs «die» Zeit als solche, sondern die Zeit in einer besonderen Hinsicht. Doch wie steht es mit «der» Zeit? Es steht so mit ihr, daß sie geht. Und sie geht, indem sie vergeht. Das Kommende der Zeit kommt nie, um zu bleiben, sondern um zu gehen. Wohin? Ins Vergehen. Wenn ein Mensch gestorben ist, sagen wir, er habe das Zeitliche gesegnet. Das Zeitliche gilt als das Vergängliche.
Nietzsche bestimmt die Rache als «des Willens Widerwille gegen die Zeit und ihr ‚Es war'». Diese nachgetragene Bestimmung hebt nicht einen vereinzelten Charakter der Zeit unter Vernachlässigung der beiden anderen einseitig heraus, sondern sie kennzeichnet den Grundzug der Zeit in ihrem ganzen und eigentlichen Zeitwesen. Mit dem «und» in der Wendung «die Zeit und ihr ‚Es war'» leitet Nietzsche nicht zu einer bloßen Anfügung eines besonderen Zeitcharakters über. Das «und» bedeutet hier so viel wie: und das heißt. Rache ist des Willens Widerwille gegen die Zeit und das heißt: gegen das Vergehen und sein Vergängliches. Dieses ist für den Willen solches, wogegen er nichts mehr ausrichten kann, woran sein Wollen sich ständig stößt. Die Zeit und ihr «Es war» ist der Stein des Anstoßes, den der Wille nicht wälzen kann. Die Zeit als Vergehen ist das Widrige, an dem der Wille leidet. Als so leidender Wille wird er selbst zum Leiden am Vergehen, welches Leiden dann sein eigenes Vergehen will und damit will, daß überhaupt alles wert sei, zu vergehen. Der Widerwille gegen die Zeit setzt das Vergängliche herab. Das Irdische, die Erde und alles, was zu ihr gehört, ist das, was eigentlich nicht sein sollte und im Grunde auch kein wahres Sein hat. Schon Platon nannte es das μὴ ὄν, das Nicht-Seiende.

Nach den Sätzen Schellings, die nur die Leitvorstellung aller Metaphysik aussprechen, sind «Unabhängigkeit von der Zeit, Ewigkeit» Urprädikate des Seins.

Der tiefste Widerwille gegen die Zeit besteht aber nicht in der bloßen Herabsetzung des Irdischen. Die tiefste Rache besteht für Nietzsche in jenem Nachdenken, das überzeitliche Ideale als die absoluten ansetzt, an denen gemessen das Zeitliche sich selber zum eigentlich Nicht-Seienden herabsetzen muß.

Wie aber soll der Mensch die Erdherrschaft antreten können, wie kann er die Erde als Erde in seine Obhut nehmen, wenn er und solange er das Irdische herabsetzt, insofern der Geist der Rache sein Nachdenken bestimmt? Gilt es, die Erde als Erde zu retten, dann muß zuvor der Geist der Rache verschwinden. Darum ist für Zarathustra die Erlösung von der Rache die Brücke zur höchsten Hoffnung.

Doch worin besteht diese Erlösung vom Widerwillen gegen das Vergehen? Besteht sie in einer Befreiung vom Willen überhaupt? Im Sinne Schopenhauers und des Buddhismus? Insofern nach der Lehre der neuzeitlichen Metaphysik das Sein des Seienden Wille ist, käme die Erlösung vom Willen einer Erlösung vom Sein und somit einem Fall in das leere Nichts gleich. Die Erlösung von der Rache ist für Nietzsche zwar die Erlösung vom Widrigen, vom Widersetzlichen und Herabsetzenden im Willen, aber keineswegs die Herauslösung aus allem Wollen. Die Erlösung löst den Widerwillen von seinem Nein und macht ihn frei für ein Ja. Was bejaht dieses Ja? Genau das, was der Widerwille des Rachegeistes verneint: die Zeit, das Vergehen.

Dieses Ja zur Zeit ist der Wille, daß das Vergehen bleibe und nicht in das Nichtige herabgesetzt werde. Aber wie kann das Vergehen bleiben? Nur so, daß es als Vergehen nicht stets nur geht, sondern immer kommt. Nur so, daß das Vergehen und sein Vergangenes in seinem Kommen als das Gleiche wiederkehrt. Diese Wiederkehr selbst ist jedoch nur dann eine bleibende, wenn sie eine ewige ist. Das Prädikat «Ewigkeit» gehört nach der Lehre der Metaphysik zum Sein des Seienden.

Die Erlösung von der Rache ist der Übergang vom Widerwillen gegen die Zeit zum Willen, der das Seiende in der ewigen Wiederkehr des Gleichen vorstellt, indem der Wille zum Fürsprecher des Kreises wird.

Anders gewendet: erst wenn das Sein des Seienden als ewige Wiederkehr des Gleichen sich dem Menschen vorstellt, kann der Mensch über die Brücke hinübergehen und, erlöst vom Geist der Rache, der Hinübergehende, der Übermensch sein.

Zarathustra ist der Lehrer, der den Übermenschen lehrt. Aber er lehrt diese Lehre einzig deshalb, weil er der Lehrer der ewigen Wiederkehr des Gleichen ist. Dieser Gedanke von der ewigen Wiederkehr des Gleichen ist der dem Range nach erste, der «abgründlichste» Gedanke. Deshalb wird er vom Lehrer zuletzt und auch dann immer nur zögernd ausgesprochen.

Wer ist Nietzsches Zarathustra? Er ist der Lehrer, dessen Lehre das bisherige Nachdenken vom Geist der Rache in das Ja zur ewigen Wiederkehr des Gleichen befreien möchte.

Zarathustra lehrt als Lehrer der ewigen Wiederkehr den Übermenschen. Der Kehrreim dieser Lehre lautet nach einer Nachlaßnotiz (XIV, S. 276): «Refrain: ‚*Nur die Liebe soll richten*' – (die schaffende Liebe, die sich selber über ihren Werken *vergißt*).»

Zarathustra lehrt als Lehrer der ewigen Wiederkehr und des Übermenschen nicht zweierlei. Was er lehrt, gehört in sich zusammen, weil eines das andere in die Entsprechung fordert. Diese Entsprechung, das, worin sie west und wie sie sich entzieht, ist es, was die Gestalt Zarathustras in sich verbirgt und doch zugleich zeigt und so allererst denkwürdig werden läßt.

Allein der Lehrer weiß, daß, was er lehrt, ein Gesicht bleibt und ein Rätsel. In diesem nachdenklichen Wissen harrt er aus.

Wir Heutigen sind durch die eigentümliche Vorherrschaft der neuzeitlichen Wissenschaften in den seltsamen Irrtum ver-

strickt, der meint, das Wissen lasse sich aus der Wissenschaft gewinnen und das Denken unterstehe der Gerichtsbarkeit der Wissenschaft. Aber das Einzige, was jeweils ein Denker zu sagen vermag, läßt sich logisch oder empirisch weder beweisen noch widerlegen. Es ist auch nicht die Sache eines Glaubens. Es läßt sich nur fragend-denkend zu Gesicht bringen. Das Gesichtete erscheint dabei stets als das Frag*würdige*.
Damit wir das Gesicht des Rätsels erblicken und im Blick behalten, das sich in der Gestalt Zarathustras zeigt, achten wir erneut auf den Anblick seiner Tiere, der ihm zu Beginn seiner Wanderschaft erscheint:
«... da blickte er fragend in die Höhe – denn er hörte über sich den scharfen Ruf eines Vogels. Und siehe! Ein Adler zog in weiten Kreisen durch die Luft, und an ihm hieng eine Schlange, nicht einer Beute gleich, sondern einer Freundin: denn sie hielt sich um seinen Hals geringelt.
‚Es sind meine Tiere!' sagte Zarathustra und freute sich von Herzen.»
So lautet denn die früher mit Absicht nur teilweise angeführte Stelle aus dem Stück «Der Genesende» n. 1:
«Ich, Zarathustra, der Fürsprecher des Lebens, der Fürsprecher des Leidens, der Fürsprecher des Kreises – dich rufe ich, meinen abgründlichsten Gedanken!»
Mit dem selben Wort benennt Zarathustra den Gedanken der ewigen Wiederkehr des Gleichen in dem Stück des II. Teiles «Vom Gesicht und Rätsel» n. 2. Dort versucht Zarathustra zum ersten Male in der Auseinandersetzung mit dem Zwerg das Rätselvolle dessen zu denken, was er sieht als das, dem seine Sehnsucht gilt. Die ewige Wiederkehr des Gleichen bleibt für Zarathustra Gesicht zwar, aber Rätsel. Sie läßt sich logisch oder empirisch weder beweisen noch widerlegen. Im Grunde gilt dies von jedem wesentlichen Gedanken jedes Denkers: Gesichtetes, aber Rätsel – frag-würdig.

Wer ist Nietzsches Zarathustra? Wir können jetzt formelhaft antworten: Zarathustra ist der Lehrer der ewigen Wiederkunft des Gleichen und der Lehrer des Übermenschen. Aber jetzt sehen wir, sehen vielleicht auch wir über die bloße Formel hinaus deutlicher: Zarathustra ist nicht ein Lehrer, der zweierlei und verschiedenes lehrt. Zarathustra lehrt den Übermenschen, weil er der Lehrer der ewigen Wiederkunft des Gleichen ist. Aber auch umgekehrt: Zarathustra lehrt die ewige Wiederkunft des Gleichen, weil er der Lehrer des Übermenschen ist. Beide Lehren gehören in einem Kreis zusammen. Durch ihr Kreisen entspricht die Lehre dem, was ist, dem Kreis, der als ewige Wiederkehr des Gleichen das Sein des Seienden, d. h. das Bleibende im Werden ausmacht.

In dieses Kreisen gelangt die Lehre und ihr Denken, wenn sie über die Brücke geht, die heißt: Erlösung vom Geist der Rache. Dadurch soll das bisherige Denken überwunden werden.

Aus der Zeit unmittelbar nach der Vollendung des Werkes «Also sprach Zarathustra», aus dem Jahr 1885, stammt eine Aufzeichnung, die als n. 617 in das Buch aufgenommen ist, das man aus dem Nachlaß Nietzsches zusammengestoppelt und unter dem Titel «Der Wille zur Macht» veröffentlicht hat. Die Aufzeichnung trägt die unterstrichene Überschrift: «*Recapitulation*». Nietzsche versammelt hier die Hauptsache seines Denkens aus einer ungewöhnlichen Hellsicht in wenige Sätze zusammen. In einer eingeklammerten Nebenbemerkung des Textes wird eigens Zarathustra genannt. Die «Recapitulation» beginnt mit dem Satz: «Dem Werden den Charakter des Seins *aufzuprägen* – das ist der *höchste Wille zur Macht.*»

Der höchste Wille zur Macht, d. h. das Lebendigste alles Lebens ist es, das Vergehen als ständiges Werden in der ewigen Wiederkehr des Gleichen vorzustellen und es so ständig und beständig zu machen. Dieses Vorstellen ist ein Denken, das, wie Nietzsche in betonter Weise vermerkt, dem Seienden den Charakter seines

Seins «aufprägt». Dieses Denken nimmt das Werden, zu dem ein ständiges Sichstoßen, das Leiden, gehört, in seine Obhut, unter seine Protektion.

Ist durch dieses Denken das bisherige Nachdenken, ist der Geist der Rache überwunden? Oder verbirgt sich in diesem Aufprägen, das alles Werden in die Obhut der ewigen Wiederkehr des Gleichen nimmt, nicht doch und auch noch ein Widerwille *gegen* das bloße Vergehen und somit ein höchst vergeistigter Geist der Rache?

Sobald wir diese Frage stellen, macht sich der Anschein breit, als versuchten wir, Nietzsche dasjenige als sein Eigenstes vorzurechnen, was er gerade überwinden will, als hegten wir die Meinung, durch eine solche Rechnung sei das Denken dieses Denkers widerlegt.

Die Geschäftigkeit des Widerlegenwollens gelangt aber nie auf den Weg eines Denkers. Sie gehört in jene Kleingeisterei, deren Auslassungen die Öffentlichkeit zu ihrer Unterhaltung bedarf. Überdies hat Nietzsche selbst die Antwort auf unsere Frage längst vorweggenommen. Die Schrift, die dem Buch «Also sprach Zarathustra» unmittelbar voraufgeht, erschien 1882 unter dem Titel «Die fröhliche Wissenschaft». In ihrem vorletzten Stück n. 341 wird Nietzsches «abgründlichster Gedanke» unter der Überschrift «Das größte Schwergewicht» zum ersten Male dargelegt. Das ihm folgende Schlußstück n. 342 ist als Beginn der Vorrede wörtlich in das Werk «Also sprach Zarathustra» aufgenommen.

Im Nachlaß (WW. Bd. XIV, S. 404 ff.) finden sich Entwürfe zur Vorrede für die Schrift «Die fröhliche Wissenschaft». Wir lesen da folgendes:

«Ein durch Kriege und Siege gekräftigter Geist, dem die Eroberung, das Abenteuer, die Gefahr, der Schmerz sogar, zum Bedürfnis geworden ist; eine Gewöhnung an scharfe hohe Luft, an winterliche Wanderungen, an Eis und Gebirge in jedem

Sinne; eine Art sublimer Bosheit und letzten Muthwillens der Rache, – denn es ist *Rache* darin, Rache am Leben selbst, wenn ein Schwer-Leidender *das Leben unter seine Protection nimmt.*»
Was bleibt uns anderes, als zu sagen: Zarathustras Lehre bringt nicht die Erlösung von der Rache? Wir sagen es. Allein wir sagen es keineswegs als vermeintliche Widerlegung der Philosophie Nietzsches. Wir sagen es nicht einmal als Einwand gegen Nietzsches Denken. Aber wir sagen es, um unseren Blick darauf zu wenden, daß und inwiefern auch Nietzsches Denken sich im Geist des bisherigen Nachdenkens bewegt. Ob dieser Geist des bisherigen Denkens überhaupt in seinem maßgebenden Wesen getroffen ist, wenn er als Geist der Rache gedeutet wird, lassen wir offen. In jedem Falle ist das bisherige Denken Metaphysik, und Nietzsches Denken vollzieht vermutlich ihre Vollendung.
Dadurch kommt in Nietzsches Denken etwas zum Vorschein, was dieses Denken selber nicht mehr zu denken vermag. Solches Zurückbleiben hinter dem Gedachten kennzeichnet das Schöpferische eines Denkens. Wo gar ein Denken die Metaphysik zur Vollendung bringt, zeigt es in einem ausnehmenden Sinne auf Ungedachtes, deutlich und verworren zugleich. Aber wo sind die Augen, dies zu sehen?
Das metaphysische Denken beruht auf dem Unterschied zwischen dem, was wahrhaft ist und dem, was, daran gemessen, das nicht wahrhaft Seiende ausmacht. Für das *Wesen* der Metaphysik liegt das Entscheidende jedoch keineswegs darin, daß der genannte Unterschied sich als der Gegensatz des Übersinnlichen zum Sinnlichen darstellt, sondern darin, daß jener Unterschied im Sinne einer Zerklüftung das Erste und Tragende bleibt. Sie besteht auch dann fort, wenn die platonische Rangordnung zwischen dem Übersinnlichen und Sinnlichen umgekehrt und das Sinnliche wesentlicher und weiter in einem Sinne erfahren wird, den Nietzsche mit dem Namen *Dionysos* benennt. Denn die Überfülle, wonach «die große Sehnsucht» Zarathu-

stras geht, ist die unerschöpfliche Beständigkeit des Werdens, als welche der Wille zur Macht in der ewigen Wiederkehr des Gleichen sich selber will.
Nietzsche hat das wesenhaft Metaphysische seines Denkens auf die äußerste Form des Widerwillens gebracht und zwar mit den letzten Zeilen seiner letzten Schrift «Ecce homo» «Wie man wird, was man ist». Nietzsche verfaßte diese Schrift im Oktober 1888. Sie wurde erst zwanzig Jahre später in einer beschränkten Auflage zum ersten Male veröffentlicht und 1911 in den Bd. XV der Großoktavausgabe aufgenommen. Die letzten Zeilen von «Ecce homo» lauten:
«– Hat man mich verstanden? – *Dionysos gegen den Gekreuzigten . . .*»
Wer ist Nietzsches Zarathustra? Er ist der Fürsprecher des Dionysos. Das will sagen: Zarathustra ist der Lehrer, der in seiner Lehre vom Übermenschen und für diese die ewige Wiederkunft des Gleichen lehrt.
Gibt der Satz die Antwort auf unsere Frage? Nein. Er gibt sie auch dann nicht, wenn wir den Hinweisen folgen, die ihn erläuterten, um den Weg Zarathustras, wenn auch nur bei seinem ersten Schritt über die Brücke, nachzugehen. Der Satz, der wie eine Antwort aussieht, möchte uns indessen aufmerken lassen und uns aufmerksamer in die Titelfrage zurückbringen.
Wer ist Nietzsches Zarathustra? Dies frägt jetzt: Wer ist dieser Lehrer? Wer ist diese Gestalt, die im Stadium der Vollendung der Metaphysik innerhalb dieser erscheint? Nirgends sonst in der Geschichte der abendländischen Metaphysik wird die Wesensgestalt ihres jeweiligen Denkers in dieser Weise eigens gedichtet oder, sagen wir gemäßer und wörtlich: er dacht; nirgends sonst außer am Beginn des abendländischen Denkens bei Parmenides, und hier nur in verhüllten Umrissen.
Wesentlich an der Gestalt Zarathustras bleibt, daß der Lehrer etwas Zwiefaches lehrt, was in sich zusammengehört: ewige Wie-

derkunft und Übermensch. Zarathustra ist selbst in gewisser Weise dieses Zusammengehören. Nach dieser Hinsicht bleibt auch er ein Rätsel, das wir noch kaum zu Gesicht bekommen haben.

«Ewige Wiederkunft des Gleichen» ist der Name für das Sein des Seienden. «Übermensch» ist der Name für das Menschenwesen, das diesem Sein entspricht.

Von woher gehören Sein und Menschenwesen zusammen? Wie gehören sie zusammen, wenn das Sein weder ein Gemächte des Menschen, noch der Mensch nur ein Sonderfall innerhalb des Seienden ist?

Läßt sich die Zusammengehörigkeit von Sein und Menschenwesen überhaupt erörtern, solange das Denken am bisherigen Begriff des Menschen hängenbleibt? Darnach ist er das animal rationale, das vernünftige Tier. Ist es Zufall oder nur eine poetische Ausschmückung, daß die beiden Tiere, Adler und Schlange, bei Zarathustra sind, daß *sie* ihm sagen, wer er werden muß, um der zu sein, der er ist? In der Gestalt der beiden Tiere soll für den Denkenden das Beisammen von Stolz und Klugheit zum Vorschein kommen. Doch man muß wissen, wie Nietzsche über beides denkt. In Aufzeichnungen aus der Zeit der Niederschrift von «Also sprach Zarathustra» heißt es:

«Es scheint mir, daß *Bescheidenheit* und *Stolz* eng zu einander gehören ... Das Gemeinsame ist: der kalte, sichere Blick der Schätzung in beiden Fällen» (WW. XIV, S. 99).

An einer anderen Stelle heißt es:

«Man redet so dumm vom *Stolze* – und das Christentum hat ihn gar als *sündlich* empfinden machen! Die Sache ist: wer *Großes von sich verlangt und erlangt,* der muß sich von Denen sehr fern fühlen, welche dies nicht thun, – diese *Distanz* wird von diesen Anderen gedeutet als ‚Meinung über sich'; aber Jener kennt sie (die Distanz) nur als fortwährende Arbeit, Krieg, Sieg, bei Tag und Nacht: von dem Allen wissen die Anderen Nichts!» (a. a. O. S. 101).

Der Adler: das stolzeste Tier; die Schlange: das klügste Tier. Und beide eingefügt in den Kreis, darin sie schwingen, in den Ring, der ihr Wesen umringt; und Kreis und Ring noch einmal ineinandergefügt.
Das Rätsel, wer Zarathustra als der Lehrer der ewigen Wiederkunft *und* des Übermenschen sei, wird uns zum Gesicht im Anblick der beiden Tiere. In diesem Anblick können wir unmittelbar und leichter festhalten, was die Darlegung als das Fragwürdige zu zeigen versuchte: den Bezug des Seins zum Lebewesen Mensch.
«Und siehe! Ein Adler zog in weiten Kreisen durch die Luft, und an ihm hieng eine Schlange, nicht einer Beute gleich, sondern einer Freundin: denn sie hielt sich um seinen Hals geringelt.
‚Es sind meine Tiere!' sagte Zarathustra und freute sich von Herzen.»

ANMERKUNG ÜBER
DIE EWIGE WIEDERKEHR DES GLEICHEN

Nietzsche selber wußte, daß sein «abgründlichster Gedanke» ein Rätsel bleibt. Um so weniger dürfen wir meinen, das Rätsel lösen zu können. Das Dunkle dieses letzten Gedankens der abendländischen Metaphysik darf uns nicht dazu verleiten, ihm durch Ausflüchte auszuweichen.
Der Ausflüchte gibt es im Grunde nur zwei.
Entweder sagt man, dieser Gedanke Nietzsches sei eine Art «Mystik» und gehöre nicht vor das Denken.
Oder man sagt: dieser Gedanke ist schon uralt. Er läuft auf die längst bekannte zyklische Vorstellung vom Weltgeschehen hinaus. Sie läßt sich innerhalb der abendländischen Philosophie zuerst bei Heraklit nachweisen.

Die zweite Auskunft sagt, wie jede ihrer Art, überhaupt nichts. Denn was soll uns dies helfen, wenn man über einen Gedanken feststellt, daß er sich z. B. «schon» bei Leibniz oder sogar «schon» bei Platon finde? Was soll diese Angabe, wenn sie das von Leibniz und von Platon Gedachte in der selben Dunkelheit liegen läßt wie den Gedanken, den man durch solche historische Verweisungen für geklärt hält?

Was jedoch die erste Ausflucht angeht, nach der Nietzsches Gedanke von der ewigen Wiederkehr des Gleichen eine phantastische Mystik sei, so dürfte wohl das jetzige Zeitalter uns eines anderen belehren; gesetzt freilich, daß es dem Denken bestimmt ist, das *Wesen* der modernen Technik ans Licht zu bringen.

Was ist das Wesen der modernen Kraftmaschine anderes als *eine* Ausformung der ewigen Wiederkehr des Gleichen? Aber das Wesen dieser Maschine ist weder etwas Maschinelles noch gar etwas Mechanisches. Ebensowenig läßt sich Nietzsches Gedanke von der ewigen Wiederkehr des Gleichen in einem mechanischen Sinne auslegen.

Daß Nietzsche seinen abgründlichsten Gedanken vom Dionysischen her deutete und erfährt, spricht nur dafür, daß er ihn noch metaphysisch und nur so denken mußte. Es spricht aber nicht dagegen, daß dieser abgründlichste Gedanke etwas Ungedachtes verbirgt, was sich dem metaphysischen Denken zugleich verschließt. (Vgl. die Vorlesung «Was heißt Denken?» W.S. 51/52, 1954 als Buch erschienen im Verlag M. Niemeyer, Tübingen.)

WAS HEISST DENKEN?

Wir gelangen in das, was Denken heißt, wenn wir selber denken. Damit ein solcher Versuch glückt, müssen wir bereit sein, das Denken zu lernen.
Sobald wir uns auf das Lernen einlassen, haben wir auch schon zugestanden, daß wir das Denken noch nicht vermögen.
Aber der Mensch gilt doch als jenes Wesen, das denken kann. Er gilt dafür mit Recht. Denn der Mensch ist das vernünftige Lebewesen. Die Vernunft aber, die *ratio*, entfaltet sich im Denken. Als das vernünftige Lebewesen muß der Mensch denken können, wenn er nur will. Doch vielleicht will der Mensch denken und kann es doch nicht. Am Ende will er bei diesem Denkenwollen zu viel und kann deshalb zu wenig.
Der Mensch kann denken, insofern er die Möglichkeit dazu hat. Allein dieses Mögliche verbürgt uns noch nicht, daß wir es vermögen. Denn etwas vermögen heißt: etwas nach seinem Wesen bei uns einlassen, inständig diesen Einlaß hüten. Doch wir vermögen immer nur solches, was wir mögen, solches, dem wir zugetan sind, indem wir es zulassen. Wahrhaft mögen wir nur jenes, was je zuvor von sich aus uns mag und zwar uns in unserem Wesen, indem es sich diesem zuneigt. Durch diese Zuneigung ist unser Wesen in den Anspruch genommen. Die Zuneigung ist Zuspruch. Der Zuspruch spricht uns auf unser Wesen an, ruft uns ins Wesen hervor und hält uns so in diesem. Halten heißt eigentlich Hüten. Was uns im Wesen hält, hält uns jedoch nur solange, als wir, von uns her, das uns Haltende selber behalten. Wir behalten es, wenn wir es nicht aus dem Gedächtnis lassen. Das Gedächtnis ist die Versammlung des Denkens. Worauf? Auf das, was uns im Wesen hält, insofern es zu-

gleich bei uns bedacht ist. Inwiefern muß das uns Haltende bedacht sein? Insofern es von Hause aus das zu-Bedenkende ist. Wird es bedacht, dann wird es mit Andenken beschenkt. Wir bringen ihm das An-denken entgegen, weil wir es als den Zuspruch unseres Wesens mögen.
Nur wenn wir das mögen, was in sich das zu-Bedenkende ist, vermögen wir das Denken.
Damit wir in dieses Denken gelangen, müssen wir an unserem Teil das Denken lernen. Was ist Lernen? Der Mensch lernt, insofern er sein Tun und Lassen zu dem in die Entsprechung bringt, was ihm jeweils an Wesenhaftem zugesprochen wird. Das Denken lernen wir, indem wir auf das achten, was es zu bedenken gibt.
Unsere Sprache nennt das, was zum Wesen des Freundes gehört und ihm entstammt, das Freundliche. Demgemäß nennen wir jetzt das, was in sich das zu-Bedenkende ist, das Bedenkliche. Alles Bedenkliche gibt zu denken. Aber es gibt diese Gabe immer nur insoweit, als das Bedenkliche schon von sich her das zu-Bedenkende ist. Wir nennen darum jetzt und in der Folge dasjenige, was stets, weil einsther, was allem voraus und so einsthin zu denken gibt: das Bedenklichste.
Was ist das Bedenklichste? Woran zeigt es sich in unserer bedenklichen Zeit?
Das Bedenklichste zeigt sich daran, daß wir noch nicht denken. Immer noch nicht, obgleich der Weltzustand fortgesetzt bedenklicher wird. Dieser Vorgang scheint freilich eher zu fordern, daß der Mensch handelt, statt in Konferenzen und auf Kongressen zu reden und dabei sich im bloßen Vorstellen dessen zu bewegen, was sein sollte und wie es gemacht werden müßte. Demnach fehlt es am Handeln und keineswegs am Denken.
Und dennoch – vielleicht hat der bisherige Mensch seit Jahrhunderten bereits zu viel gehandelt und zu wenig gedacht. Aber wie kann heute jemand behaupten, daß wir noch nicht

denken, wo doch überall das Interesse für die Philosophie rege ist und immer geschäftiger wird, so daß jedermann wissen will, was es denn mit der Philosophie auf sich habe.
Die Philosophen sind *die* Denker. So heißen sie, weil *das* Denken sich vornehmlich in der Philosophie abspielt. Niemand wird leugnen, daß heute ein Interesse für die Philosophie besteht. Doch gibt es heute noch etwas, wofür der Mensch sich nicht interessiert, in der Weise nämlich, wie der heutige Mensch das «Interessieren» versteht?
Inter esse heißt: unter und zwischen den Sachen sein, mitten in einer Sache stehen und bei ihr ausharren. Allein für das heutige Interesse gilt nur das Interessante. Das ist solches, was erlaubt, im nächsten Augenblick schon gleichgültig zu sein und durch anderes abgelöst zu werden, was einen dann ebensowenig angeht wie das vorige. Man meint heute oft, etwas sei dadurch besonders gewürdigt, daß man es interessant findet. In Wahrheit hat man durch dieses Urteil das Interessante zum Gleichgültigen hinabgewürdigt und in das alsbald Langweilige weggeschoben.
Daß man ein Interesse für die Philosophie zeigt, bezeugt keineswegs schon eine Bereitschaft zum Denken. Selbst die Tatsache, daß wir uns Jahre hindurch mit den Abhandlungen und Schriften der großen Denker eindringlich abgeben, leistet noch nicht die Gewähr, daß wir denken oder auch nur bereit sind, das Denken zu lernen. Die Beschäftigung mit der Philosophie kann uns sogar am hartnäckigsten den Anschein vorgaukeln, daß wir denken, weil wir doch «philosophieren».
Gleichwohl erscheint es als anmaßend, zu behaupten, daß wir noch nicht denken. Allein die Behauptung lautet anders. Sie sagt: das Bedenklichste zeigt sich in unserer bedenklichen Zeit daran, daß wir noch nicht denken. In der Behauptung wird darauf hingewiesen, daß das Bedenklichste sich zeigt. Die Behauptung versteigt sich keineswegs zu dem abschätzigen Urteil,

überall herrsche nur die Gedankenlosigkeit. Die Behauptung, daß wir noch nicht denken, will auch keine Unterlassung brandmarken. Das Bedenkliche ist das, was zu denken gibt. Von sich her spricht es uns daraufhin an, daß wir uns ihm zuwenden, und zwar denkend. Das Bedenkliche wird keineswegs durch uns erst aufgestellt. Es beruht niemals nur darauf, daß wir es vorstellen. Das Bedenkliche gibt, es gibt uns zu denken. Es gibt, was es bei sich hat. Es hat, was es selber ist. Was am meisten von sich aus zu denken gibt, das Bedenklichste, soll sich daran zeigen, daß wir noch nicht denken. Was sagt dies jetzt? Es sagt: Wir sind noch nicht eigens in den Bereich dessen gelangt, was von sich her vor allem anderen und für alles andere bedacht sein möchte. Weshalb sind wir dahin noch nicht gelangt? Vielleicht weil wir Menschen uns noch nicht hinreichend dem zuwenden, was das zu-Bedenkende bleibt? Dann wäre dies, daß wir noch nicht denken, doch nur ein Versäumnis von seiten des Menschen. Diesem Mangel müßte dann durch geeignete Maßnahmen am Menschen auf eine menschliche Weise abgeholfen werden können.

Daß wir noch nicht denken, liegt jedoch keineswegs nur daran, daß der Mensch sich noch nicht genügend dem zuwendet, was von sich her bedacht sein möchte. Daß wir noch nicht denken, kommt vielmehr daher, daß dieses zu-Denkende selbst sich vom Menschen abwendet, sogar langher sich schon abgewendet hält.

Sogleich werden wir wissen wollen, wann und auf welche Weise die hier gemeinte Abwendung geschah. Wir werden vordem und noch begieriger fragen, wie wir denn überhaupt von einem solchen Vorkommnis wissen können. Die Fragen dieser Art überstürzen sich, wenn wir vom Bedenklichsten sogar behaupten:
Das, was uns eigentlich zu denken gibt, hat sich nicht irgendwann zu einer historisch datierbaren Zeit vom Menschen abgewendet, sondern das zu-Denkende hält sich von einsther in

solcher Abwendung. Allein Abwendung ereignet sich nur dort, wo bereits eine Zuwendung geschehen ist. Wenn das Bedenklichste sich in einer Abwendung hält, dann geschieht das bereits und nur innerhalb seiner Zuwendung, d. h. so, daß es schon zu denken gegeben hat. Das zu-Denkende hat bei aller Abwendung sich dem Wesen des Menschen schon zugesprochen. Darum hat der Mensch unserer Geschichte auch stets schon in einer wesentlichen Weise gedacht. Er hat sogar Tiefstes gedacht. Diesem Denken bleibt das zu-Denkende anvertraut, freilich in einer seltsamen Weise. Das bisherige Denken nämlich bedenkt gar nicht, daß und inwiefern das zu-Denkende sich dabei gleichwohl entzieht.

Doch wovon reden wir? Ist das Gesagte nicht eine einzige Kette leerer Behauptungen? Wo bleiben die Beweise? Hat das Vorgebrachte noch das Geringste mit Wissenschaft zu tun? Es wird gut sein, wenn wir möglichst lange in solcher Abwehrhaltung zu dem Gesagten ausharren. Denn so allein halten wir uns in dem nötigen Abstand für einen Anlauf, aus dem her vielleicht dem einen oder anderen der Sprung in das Denken des Bedenklichsten gelingt.

Es ist nämlich wahr: Das bisher Gesagte und die ganze folgende Erörterung hat nichts mit Wissenschaft zu tun und zwar gerade dann, wenn die Erörterung ein Denken sein dürfte. Der Grund dieses Sachverhaltes liegt darin, daß die Wissenschaft nicht denkt. Sie denkt nicht, weil sie nach der Art ihres Vorgehens und ihrer Hilfsmittel niemals denken kann – denken nämlich nach der Weise der Denker. Daß die Wissenschaft nicht *denken* kann, ist kein Mangel, sondern ein Vorzug. Er allein sichert ihr die Möglichkeit, sich nach der Art der Forschung auf ein jeweiliges Gegenstandsgebiet einzulassen und sich darin anzusiedeln. Die Wissenschaft denkt nicht. Das ist für das gewöhnliche Vorstellen ein anstößiger Satz. Lassen wir dem Satz seinen anstößigen Charakter, auch dann, wenn ihm der Nachsatz folgt, die

Wissenschaft sei, wie jedes Tun und Lassen des Menschen, auf das Denken angewiesen. Allein die Beziehung der Wissenschaft zum Denken ist nur dann eine echte und fruchtbare, wenn die Kluft, die zwischen den Wissenschaften und dem Denken besteht, sichtbar geworden ist und zwar als eine unüberbrückbare. Es gibt von den Wissenschaften her zum Denken keine Brücke, sondern nur den Sprung. Wohin er uns bringt, dort ist nicht nur die andere Seite, sondern eine völlig andere Ortschaft. Was mit ihr offen wird, läßt sich niemals beweisen, wenn beweisen heißt: Sätze über einen Sachverhalt aus geeigneten Voraussezungen durch Schlußketten herleiten. Wer das, was nur offenkundig wird, insofern es von sich her erscheint, indem es sich zugleich verbirgt, wer solches noch beweisen und bewiesen haben will, urteilt keineswegs nach einem höheren und strengeren Maßstab des Wissens. Er *rechnet* lediglich mit einem Maßstab und zwar mit einem ungemäßen. Denn was sich nur so kundgibt, daß es im Sichverbergen erscheint, dem entsprechen wir auch nur dadurch, daß wir darauf hinweisen und hierbei uns selber anweisen, das, was sich zeigt, in die ihm eigene Unverborgenheit erscheinen zu lassen. Dieses einfache Weisen ist ein Grundzug des Denkens, der Weg zu dem, was dem Menschen einsther und einsthin zu denken *gibt*. Beweisen, d. h. aus geeigneten Voraussetzungen ableiten, läßt sich alles. Aber Weisen, durch ein Hinweisen zur Ankunft freigeben, läßt sich nur Weniges und dieses Wenige überdies noch selten.

Das Bedenklichste zeigt sich in unserer bedenklichen Zeit daran, daß wir noch nicht denken. Wir denken noch nicht, weil das zu-Denkende sich vom Menschen *ab*wendet und keinesfalls nur deshalb, weil der Mensch sich dem zu-Denkenden nicht hin-reichend *zu*wendet. Das zu-Denkende wendet sich vom Menschen ab. Es entzieht sich ihm, indem es sich ihm vorenthält. Das Vorenthaltene aber ist uns stets schon vorgehalten. Was sich nach der Art des Vorenthaltens entzieht, verschwindet nicht. Doch wie können wir von dem, was sich auf solche Weise entzieht, überhaupt das geringste wissen? Wie kommen wir darauf, es auch nur zu nennen? Was sich entzieht, versagt die Ankunft. Allein – das Sichentziehen ist nicht nichts. Entzug ist hier Vorenthalt und ist als solcher – Ereignis. Was sich entzieht, kann den Menschen wesentlicher angehen und inniger in den Anspruch nehmen als jegliches Anwesende, das ihn trifft und betrifft. Man hält die Betroffenheit durch das Wirkliche gern für das, was die Wirklichkeit des Wirklichen ausmacht. Aber die Betroffenheit durch das Wirkliche kann den Menschen gerade gegen das absperren, was ihn angeht, – angeht in der gewiß rätselhaften Weise, daß das Angehen ihm entgeht, indem es sich entzieht. Der Entzug, das Sichentziehen des zu-Denkenden, könnte darum jetzt als Ereignis gegenwärtiger sein denn alles Aktuelle.

Was sich uns in der genannten Weise entzieht, zieht zwar von uns weg. Aber es zieht uns dabei gerade mit und zieht uns auf seine Weise an. Was sich entzieht, scheint völlig abwesend zu sein. Aber dieser Schein trügt. Was sich entzieht, west an, nämlich in der Weise, daß es uns anzieht, ob wir es sogleich oder überhaupt merken oder gar nicht. Was uns anzieht, hat schon Ankunft gewährt. Wenn wir in das Ziehen des Entzugs gelangen, sind wir auf dem Zug zu dem, was uns anzieht, indem es sich entzieht.

Sind wir aber als die so Angezogenen auf dem Zuge zu ... dem uns Ziehenden, dann ist unser Wesen auch schon geprägt, nämlich durch dieses «auf dem Zuge zu ...». Als die so Geprägten weisen wir selber auf das Sichentziehende. Wir sind überhaupt nur wir und sind nur die, die wir sind, indem wir in das Sichentziehende weisen. Dieses Weisen ist unser Wesen. Wir sind, indem wir in das Sichentziehende zeigen. Als der dahin Zeigende *ist* der Mensch der Zeigende. Und zwar ist der Mensch nicht zunächst Mensch und dann noch außerdem und vielleicht gelegentlich ein Zeigender, sondern: gezogen in das Sichentziehende, auf dem Zug in dieses und somit zeigend in den Entzug ist der Mensch allererst Mensch. Sein Wesen beruht darin, ein solcher Zeigender zu sein.

Was in sich, seiner eigensten Verfassung nach, etwas Zeigendes ist, nennen wir ein Zeichen. Auf dem Zug in das Sichentziehende gezogen, *ist* der Mensch ein Zeichen.

Weil jedoch dieses Zeichen in solches zeigt, das sich entzieht, kann das Zeigen das, was sich da entzieht, nicht unmittelbar deuten. Das Zeichen bleibt so ohne Deutung.

Hölderlin sagt in einem Entwurf zu einer Hymne:

> «*Ein Zeichen sind wir, deutungslos*
> *Schmerzlos sind wir und haben fast*
> *Die Sprache in der Fremde verloren.*»

Die Entwürfe zur Hymne sind neben Titeln wie «Die Schlange», «Die Nymphe», «Das Zeichen» auch überschrieben «Mnemosyne». Wir können das griechische Wort in unser deutsches übersetzen, das lautet: Gedächtnis. Unsere Sprache sagt: das Gedächtnis. Sie sagt aber auch: die Erkenntnis, die Befugnis; und wieder: das Begräbnis, das Geschehnis. Kant z. B. sagt in seinem Sprachgebrauch und oft nahe beieinander bald «die Erkenntnis», bald «das Erkenntnis». Wir dürften daher ohne Gewaltsamkeit Μνημοσύνη, dem griechischen Femininum entsprechend, übersetzen: «die Gedächtnis».

Hölderlin nennt nämlich das griechische Wort Μνημοσύνη als den Namen einer Titanide. Sie ist die Tochter von Himmel und Erde. Mnemosyne wird als Braut des Zeus in neun Nächten die Mutter der Musen. Spiel und Tanz, Gesang und Gedicht gehören dem Schoß der Mnemosyne, der Gedächtnis. Offenbar nennt dieses Wort hier anderes als nur die von der Psychologie gemeinte Fähigkeit, Vergangenes in der Vorstellung zu behalten. Gedächtnis denkt an das Gedachte. Aber der Name der Mutter der Musen meint «Gedächtnis» nicht als ein beliebiges Denken an irgendwelches Denkbare. Gedächtnis ist hier die Versammlung des Denkens, das gesammelt bleibt auf das, woran im voraus schon gedacht ist, weil es allem zuvor stets bedacht sein möchte. Gedächtnis ist die Versammlung des Andenkens an das vor allem anderen zu-Bedenkende. Diese Versammlung birgt bei sich und verbirgt in sich jenes, woran im vorhinein zu denken bleibt, bei allem, was west und sich als Wesendes und Gewesenes zuspricht. Gedächtnis, das gesammelte Andenken an das zu-Denkende, ist der Quellgrund des Dichtens. Demnach beruht das Wesen der Dichtung im Denken. Dies sagt uns der Mythos, d. h. die Sage. Sein Sagen heißt das älteste, nicht nur, insofern es der Zeitrechnung nach das früheste ist, sondern weil es seinem Wesen nach, voreinst und dereinst das Denkwürdigste bleibt. Solange wir freilich das Denken nach *den* Auskünften vorstellen, die uns die Logik darüber gibt, solange wir nicht damit ernst machen, daß alle Logik sich bereits auf eine besondere Art des Denkens festgelegt hat –, solange werden wir es nicht beachten können, daß und inwiefern das Dichten im Andenken beruht.

Alles Gedichtete ist der Andacht des Andenkens entsprungen. Unter dem Titel *Mnemosyne* sagt Hölderlin:

«*Ein Zeichen sind wir, deutungslos . . .*»

Wer wir? Wir, die heutigen Menschen, die Menschen eines Heute, das schon lange und noch lange währt, in einer Länge, für die keine Zeitrechnung der Historie je ein Maß aufbringt. In derselben Hymne «Mnemosyne» heißt es: «*Lang ist | die Zeit*» – nämlich die, in der wir ein deutungsloses Zeichen sind. Gibt dies nicht genug zu denken, daß wir ein Zeichen sind und zwar ein deutungsloses? Vielleicht gehört das, was Hölderlin in diesen und in den folgenden Worten sagt, zu dem, woran sich uns das Bedenklichste zeigt, zu dem, daß wir noch nicht denken. Doch beruht dies, daß wir noch nicht denken, darin, daß wir ein deutungsloses Zeichen und schmerzlos sind, oder sind wir ein deutungsloses Zeichen und schmerzlos, insofern wir noch nicht denken? Träfe dieses zuletzt Genannte zu, dann wäre es das Denken, wodurch den Sterblichen allererst der Schmerz geschenkt und dem Zeichen, als welches die Sterblichen sind, eine Deutung gebracht würde. Solches Denken versetzte uns dann auch erst in eine Zwiesprache mit dem Dichten des Dichters, dessen Sagen wie kein anderes sein Echo im Denken sucht. Wenn wir es wagen, das dichtende Wort Hölderlins in den Bereich des Denkens einzuholen, dann müssen wir uns freilich hüten, das, was Hölderlin dichterisch sagt, unbedacht mit dem gleichzusetzen, was wir zu denken uns anschicken. Das dichtend Gesagte und das denkend Gesagte sind niemals das gleiche. Aber das eine und das andere kann in verschiedenen Weisen dasselbe sagen. Dies glückt allerdings nur dann, wenn die Kluft zwischen Dichten und Denken rein und entschieden klafft. Es geschieht, so oft das Dichten ein hohes und das Denken ein tiefes ist. Auch dies wußte Hölderlin. Wir entnehmen sein Wissen den beiden Strophen, die überschrieben sind:

Sokrates und Alcibiades

«*Warum huldigest du, heiliger Sokrates,*
　Diesem Jünglinge stets? Kennest du Größeres nicht?
　　Warum siehet mit Liebe,
　　　Wie auf Götter, dein Aug' auf ihn?»

Die Antwort gibt die zweite Strophe.

«*Wer das Tiefste gedacht, liebt das Lebendigste,*
　Hohe Jugend versteht, wer in die Welt geblikt,
　　Und es neigen die Weisen
　　　Oft am Ende zu Schönem sich.»

Uns geht der Vers an:

«Wer das Tiefste gedacht, liebt das Lebendigste».

Wir überhören jedoch bei diesem Vers allzuleicht die eigentlich sagenden und deshalb tragenden Worte. Die sagenden Worte sind die Verba. Wir hören das Verbale des Verses, wenn wir ihn, dem gewöhnlichen Ohr ungewohnt, anders betonen:

«Wer das Tiefste ge dacht, liebt das Lebendigste».

Die nächste Nähe der beiden Verba «gedacht» und «liebt» bildet die Mitte des Verses. Demnach gründet die Liebe darin, daß wir Tiefstes gedacht haben. Solches Gedachthaben entstammt vermutlich jenem Gedächtnis, in dessen Denken sogar das Dichten und mit ihm alle Kunst beruht. Was heißt dann aber «denken»? Was z. B. schwimmen heißt, lernen wir nie durch eine Abhandlung über das Schwimmen. Was schwimmen heißt, sagt uns der Sprung in den Strom. Wir lernen so das Element erst kennen, worin sich das Schwimmen bewegen muß. Welches ist jedoch das Element, worin sich das Denken bewegt?
Gesetzt, die Behauptung, daß wir noch nicht denken, sei wahr, dann sagt sie zugleich, daß unser Denken sich noch nicht eigens in seinem eigentlichen Element bewege und zwar deshalb, weil das zu-Denkende sich uns entzieht. Was sich auf solche Weise uns vorenthält und darum ungedacht bleibt, können wir von uns aus nicht in die Ankunft zwingen, selbst den günstigen Fall angenommen, daß wir schon deutlich in das vordächten, was sich uns vorenthält.
So bleibt uns nur eines, nämlich zu warten, bis das zu-Denkende sich uns zuspricht. Doch *warten* besagt hier keineswegs, daß wir das Denken vorerst noch verschieben. Warten heißt hier: Ausschau halten und zwar innerhalb des schon Gedachten nach dem Ungedachten, das sich im schon Gedachten noch verbirgt. Durch solches Warten sind wir bereits denkend auf einen Gang in das zu-Denkende unterwegs. Der Gang könnte ein Irr-

gang sein. Er bliebe jedoch einzig darauf gestimmt, dem zu entsprechen, was es zu bedenken gibt.

Woran sollen wir jedoch das, was dem Menschen vor allem anderen einsther zu denken gibt, überhaupt bemerken? Wie kann sich das Bedenklichste uns zeigen? Es hieß: das Bedenklichste zeigt sich in unserer bedenklichen Zeit daran, daß wir noch nicht denken, noch nicht in der Weise, daß wir dem Bedenklichsten eigens entsprechen. Wir sind bislang in das eigene Wesen des Denkens nicht eingegangen, um darin zu wohnen. Wir denken in diesem Sinne noch nicht eigentlich. Aber dies gerade sagt: wir denken bereits, wir sind jedoch trotz aller Logik noch nicht eigens mit dem Element vertraut, worin das Denken eigentlich denkt. Darum wissen wir noch nicht einmal hinreichend, in welchem Element schon das bisherige Denken sich bewegt, insofern es ein Denken ist. Der Grundzug des bisherigen Denkens ist das Vernehmen. Das Vermögen dazu heißt die Vernunft.

Was vernimmt die Vernunft? In welchem Element hält sich das Vernehmen auf, daß hierdurch ein Denken geschieht? Vernehmen ist die Übersetzung des griechischen Wortes νοεῖν, das bedeutet: etwas Anwesendes bemerken, merkend es vornehmen und als Anwesendes es annehmen. Dieses vornehmende Vernehmen ist ein Vor-stellen in dem einfachen, weiten und zugleich wesentlichen Sinne, daß wir Anwesendes vor uns stehen- und liegenlassen, wie es liegt und steht.

Derjenige unter den frühgriechischen Denkern, der das Wesen des bisherigen abendländischen Denkens maßgebend bestimmt, achtet jedoch, wenn er vom Denken handelt, keineswegs lediglich und niemals zuerst auf das, was wir das bloße Denken nennen möchten. Vielmehr beruht die Wesensbestimmung des Denkens gerade darin, daß sein Wesen von dem her bestimmt bleibt, was das Denken als Vernehmen vernimmt – nämlich das Seiende in seinem Sein.

Parmenides sagt (Fragm. VIII, 34/36):

ταὐτὸν δ'ἐστὶ νοεῖν τε καὶ οὕνεκεν ἔστι νόημα.
οὐ γὰρ ἄνευ τοῦ ἐόντος, ἐν ὧι πεφατισμένον ἐστιν,
εὑρήσεις τὸ νοεῖν.

«*Das Selbe aber ist Vernehmen sowohl als auch (das),
wessentwegen Vernehmen ist.
Nicht nämlich ohne das Sein des Seienden, in welchem es
(nämlich das Vernehmen) als Gesagtes ist,
wirst du das Vernehmen finden.*»

Aus diesen Worten des Parmenides tritt klar ans Licht: das Denken empfängt als Vernehmen sein Wesen aus dem Sein des Seienden. Doch was heißt hier und für die Griechen und in der Folge für das gesamte abendländische Denken bis zur Stunde: Sein des Seienden? Die Antwort auf diese bisher nie gestellte, weil allzu einfache Frage lautet: Sein des Seienden heißt: Anwesen des Anwesenden, Präsenz des Präsenten. Die Antwort ist ein Sprung ins Dunkle.

Was das Denken als Vernehmen vernimmt, ist das Präsente in seiner Präsenz. An ihr nimmt das Denken das Maß für sein Wesen als Vernehmen. Demgemäß ist das Denken jene Präsentation des Präsenten, die uns das Anwesende in seiner Anwesenheit zu-stellt und es damit vor uns stellt, damit wir vor dem Anwesenden stehen und innerhalb seiner dieses Stehen ausstehen können. Das Denken stellt als diese Präsentation das Anwesende in die Beziehung auf uns zu, stellt es zurück zu uns her. Die Präsentation ist darum Re-präsentation. Das Wort *repraesentatio* ist der später geläufige Name für das Vorstellen.

Der Grundzug des bisherigen Denkens ist das Vorstellen. Nach der alten Lehre vom Denken vollzieht sich dieses Vorstellen im λόγος, welches Wort hier Aussage, Urteil bedeutet. Die Lehre vom Denken, vom λόγος, heißt darum Logik. Kant nimmt auf eine einfache Weise die überlieferte Kennzeichnung des Denkens als Vorstellen auf, wenn er den Grundakt des Denkens, das

Urteil, als die Vorstellung einer Vorstellung des Gegenstandes bestimmt (Kr. d. r. V. A. 68, B. 93). Urteilen wir z. B. «dieser Weg ist steinig», dann wird im Urteil die Vorstellung des Gegenstandes, d. h. des Weges, ihrerseits vorgestellt, nämlich als steinig.

Der Grundzug des Denkens ist das Vorstellen. Im Vorstellen entfaltet sich das Vernehmen. Das Vorstellen selbst ist Re-Präsentation. Doch weshalb beruht das Denken im Vernehmen? Weshalb entfaltet sich das Vernehmen im Vorstellen? Weshalb ist das Vorstellen Re-Präsentation?

Die Philosophie verfährt so, als gäbe es hier überall nichts zu fragen.

Daß jedoch das bisherige Denken im Vorstellen und das Vorstellen in der Re-Präsentation beruht, dies hat seine lange Herkunft. Sie verbirgt sich in einem unscheinbaren Ereignis: das Sein des Seienden erscheint am Anfang der Geschichte des Abendlandes, erscheint für ihren ganzen Verlauf als Präsenz, als Anwesen. Dieses Erscheinen des Seins als das Anwesen des Anwesenden ist selbst *der* Anfang der abendländischen Geschichte, gesetzt, daß wir die Geschichte nicht nur nach den Geschehnissen vorstellen, sondern zuvor nach dem denken, was durch die Geschichte im vorhinein und alles Geschehende durchwaltend geschickt ist.

Sein heißt Anwesen. Dieser leicht hingesagte Grundzug des Seins, das Anwesen, wird nun aber in dem Augenblick geheimnisvoll, da wir erwachen und beachten, wohin dasjenige, was wir Anwesenheit nennen, unser Denken verweist.

Anwesendes ist Währendes, das in die Unverborgenheit herein und innerhalb ihrer west. Anwesen ereignet sich nur, wo bereits Unverborgenheit waltet. Anwesendes ist aber, insofern es in die Unverborgenheit hereinwährt, gegenwärtig.

Darum gehört zum Anwesen nicht nur Unverborgenheit, sondern Gegenwart. Diese im Anwesen waltende Gegenwart ist ein Charakter der Zeit. Deren Wesen läßt sich aber durch den überlieferten Zeitbegriff niemals fassen.

Im Sein, das als Anwesen erschienen ist, bleibt jedoch die darin waltende Unverborgenheit auf die gleiche Weise ungedacht wie das darin waltende Wesen von Gegenwart und Zeit. Vermutlich gehören Unverborgenheit und Gegenwart als Zeitwesen zusammen. Insoweit wir das Seiende in seinem Sein vernehmen, insofern wir, neuzeitlich gesprochen, die Gegenstände in ihrer Gegenständlichkeit vorstellen, denken wir bereits. Auf solche Weise denken wir schon lange. Aber wir denken gleichwohl noch nicht eigentlich, solange unbedacht bleibt, worin das Sein des Seienden beruht, wenn es als Anwesenheit erscheint.

Die Wesensherkunft des Seins des Seienden ist ungedacht. Das eigentlich zu-Denkende bleibt vorenthalten. Es ist noch *nicht* für uns denk-würdig geworden. Deshalb ist unser Denken noch nicht eigens in sein Element gelangt. Wir denken noch nicht eigentlich. Darum *fragen* wir: was heißt Denken?

BAUEN WOHNEN DENKEN

Im folgenden versuchen wir, über Wohnen und Bauen zu denken. Dieses Denken über das Bauen maßt sich nicht an, Baugedanken zu finden oder gar dem Bauen Regeln zu geben. Dieser Denkversuch stellt das Bauen überhaupt nicht von der Baukunst und der Technik her dar, sondern er verfolgt das Bauen in denjenigen Bereich zurück, wohin jegliches gehört, was *ist*.
Wir fragen: 1. Was ist das Wohnen?
     2. Inwiefern gehört das Bauen in das Wohnen?

I

Zum Wohnen, so scheint es, gelangen wir erst durch das Bauen. Dieses, das Bauen hat jenes, das Wohnen zum Ziel. Indessen sind nicht alle Bauten auch Wohnungen. Brücke und Flughalle, Stadion und Kraftwerk sind Bauten, aber keine Wohnungen; Bahnhof und Autobahn, Staudamm und Markthalle sind Bauten, aber keine Wohnungen. Dennoch stehen die genannten Bauten im Bereich unseres Wohnens. Er reicht über diese Bauten hinweg und beschränkt sich doch wieder nicht auf die Wohnung. Der Lastzugführer ist auf der Autobahn zu Hause, aber er hat dort nicht seine Unterkunft; die Arbeiterin ist in der Spinnerei zu Hause, hat jedoch dort nicht ihre Wohnung; der leitende Ingenieur ist im Kraftwerk zu Hause, aber er wohnt nicht dort. Die genannten Bauten behausen den Menschen. Er bewohnt sie und wohnt gleichwohl nicht in ihnen, wenn Wohnen nur heißt, daß wir eine Unterkunft innehaben. Bei der heutigen Wohnungsnot bleibt freilich dies schon beruhigend und erfreulich; Wohnbauten gewähren wohl Unterkunft, die Wohnungen können heute sogar gut gegliedert, leicht zu bewirtschaften, wünschenswert billig, offen gegen Luft, Licht und Sonne sein, aber: bergen die Wohnungen schon die Gewähr in sich, daß ein *Wohnen* geschieht? Jene Bauten jedoch, die keine Wohnungen sind, bleiben ihrerseits vom Wohnen her bestimmt, insofern sie dem Wohnen der Menschen dienen. So wäre denn das Wohnen in jedem Falle der Zweck, der allem Bauen vorsteht. Wohnen und Bauen stehen zueinander in der Beziehung von Zweck und Mittel. Allein, solange wir nur dies meinen, nehmen wir Wohnen und Bauen für zwei getrennte Tätigkeiten und stellen dabei etwas Richtiges vor. Doch zugleich verstellen wir uns durch das Zweck-Mittel-Schema die wesentlichen Bezüge. Bauen nämlich ist nicht nur Mittel und Weg zum Wohnen, das Bauen ist in sich selber bereits Wohnen. Wer sagt uns dies? Wer gibt uns überhaupt ein Maß, mit dem wir das Wesen von Wohnen und Bauen durchmessen? Der Zuspruch über das Wesen einer Sache kommt zu uns aus der Sprache, vorausgesetzt, daß wir deren eigenes Wesen achten. Inzwischen freilich rast ein zügelloses und zugleich gewandtes Reden, Schreiben und Senden von Gesprochenem um den Erdball. Der Mensch gebärdet sich, als sei *er* Bildner und Meister der Sprache, während *sie* doch die Herrin des Menschen bleibt. Vielleicht ist es vor allem anderen die vom Menschen betriebene Verkehrung *dieses* Herrschaftsverhältnisses, was sein Wesen in das Unheimische treibt. Daß wir auf die Sorgfalt des Sprechens halten, ist gut, aber es hilft nicht, solange uns auch dabei noch die Sprache nur als ein Mittel des Ausdrucks dient. Unter allen Zusprüchen, die wir Menschen von uns her *mit* zum Sprechen bringen können, ist die Sprache der höchste und der überall erste.

Was heißt nun Bauen? Das althochdeutsche Wort für bauen, «buan», bedeutet wohnen. Dies besagt: bleiben, sich aufhalten. Die eigentliche Bedeutung des Zeitwortes bauen, nämlich wohnen, ist uns verlorengegangen. Eine verdeckte Spur hat sich noch im Wort «Nachbar» erhalten. Der Nachbar ist der «Nachgebur», der «Nachgebauer», derjenige, der in der Nähe wohnt. Die

Zeitwörter buri, büren, beuren, beuron, bedeuten alle das Wohnen, die Wohnstätte. Nun sagt uns freilich das alte Wort buan nicht nur, bauen sei eigentlich wohnen, sondern es gibt uns zugleich einen Wink, wie wir das von ihm genannte Wohnen denken müssen. Wir stellen uns gewöhnlich, wenn vom Wohnen die Rede ist, ein Verhalten vor, das der Mensch neben vielen anderen Verhaltungsweisen auch vollzieht. Wir arbeiten hier und wohnen dort. Wir wohnen nicht bloß, das wäre beinahe Untätigkeit, wir stehen in einem Beruf, wir machen Geschäfte, wir reisen und wohnen unterwegs, bald hier, bald dort. Bauen heißt ursprünglich wohnen. Wo das Wort bauen noch ursprünglich spricht, sagt es zugleich, *wie weit* das Wesen des Wohnens reicht. Bauen, buan, bhu, beo ist nämlich unser Wort «bin» in den Wendungen: ich bin, du bist, die Imperativform bis, sei. Was heißt dann: ich bin? Das alte Wort bauen, zu dem das «bin» gehört, antwortet: «ich bin», «du bist» besagt: ich wohne, du wohnst. Die Art, wie du bist und ich bin, die Weise, nach der wir Menschen auf der Erde *sind*, ist das Buan, das Wohnen. Mensch sein heißt: als Sterblicher auf der Erde sein, heißt: wohnen. Das alte Wort bauen, das sagt, der Mensch *sei*, insofern er *wohne*, dieses Wort bauen bedeutet nun aber *zugleich*: hegen und pflegen, nämlich den Acker bauen, Reben bauen. Solches Bauen hütet nur, nämlich das Wachstum, das von sich aus seine Früchte zeitigt. Bauen im Sinne von hegen und pflegen ist kein Herstellen. Schiffsbau und Tempelbau dagegen stellen in gewisser Weise ihr Werk selbst her. Das Bauen ist hier im Unterschied zum Pflegen ein Errichten. Beide Weisen des Bauens – bauen als pflegen, lateinisch colere, cultura, und bauen als errichten von Bauten, aedificare – sind in das eigentliche Bauen, das Wohnen, einbehalten. Das Bauen als Wohnen, d. h. auf der Erde sein, bleibt nun aber für die alltägliche Erfahrung des Menschen das im vorhinein, wie die Sprache so schön sagt, «Gewohnte». Darum tritt es hinter den mannigfaltigen Weisen,

in denen sich das Wohnen vollzieht, hinter den Tätigkeiten des Pflegens und Errichtens, zurück. Diese Tätigkeiten nehmen in der Folge den Namen bauen und damit die Sache des Bauens für sich allein in Anspruch. Der eigentliche Sinn des Bauens, nämlich das Wohnen, gerät in die Vergessenheit.
Dieses Ereignis sieht zunächst so aus, als sei es lediglich ein Vorgang innerhalb des Bedeutungswandels bloßer Wörter. In Wahrheit verbirgt sich darin jedoch etwas Entscheidendes, nämlich: das Wohnen wird nicht als das Sein des Menschen erfahren; das Wohnen wird vollends nie als der Grundzug des Menschseins gedacht.
Daß die Sprache die eigentliche Bedeutung des Wortes bauen, das Wohnen, gleichsam zurücknimmt, bezeugt jedoch das Ursprüngliche dieser Bedeutungen; denn bei den wesentlichen Worten der Sprache fällt ihr eigentlich Gesagtes zugunsten des vordergründig Gemeinten leicht in die Vergessenheit. Das Geheimnis dieses Vorganges hat der Mensch noch kaum bedacht. Die Sprache entzieht dem Menschen ihr einfaches und hohes Sprechen. Aber dadurch verstummt ihr anfänglicher Zuspruch nicht, er schweigt nur. Der Mensch freilich unterläßt es, auf dieses Schweigen zu achten.
Hören wir jedoch auf das, was die Sprache im Wort bauen sagt, dann vernehmen wir dreierlei:

1. Bauen ist eigentlich Wohnen.
2. Das Wohnen ist die Weise, wie die Sterblichen auf der Erde sind.
3. Das Bauen als Wohnen entfaltet sich zum Bauen, das pflegt, nämlich das Wachstum, – und zum Bauen, das Bauten errichtet.

Bedenken wir dieses Dreifache, dann vernehmen wir einen Wink und merken uns folgendes: Was das Bauen von Bauten in seinem Wesen sei, können wir nicht einmal zureichend *fra-*

gen, geschweige denn sachgemäß entscheiden, solange wir nicht daran denken, daß jedes Bauen in sich ein Wohnen ist. Wir wohnen nicht, weil wir gebaut haben, sondern wir bauen und haben gebaut, insofern wir wohnen, d. h. *als die Wohnenden* sind. Doch worin besteht das Wesen des Wohnens? Hören wir noch einmal auf den Zuspruch der Sprache: Das altsächsische «wuon», das gotische «wunian» bedeuten ebenso wie das alte Wort bauen das Bleiben, das Sich-Aufhalten. Aber das gotische «wunian» sagt deutlicher, wie dieses Bleiben erfahren wird. Wunian heißt: zufrieden sein, zum Frieden gebracht, in ihm bleiben. Das Wort Friede meint das Freie, das Frye, und fry bedeutet: bewahrt vor Schaden und Bedrohung, bewahrt – vor . . . d. h. geschont. Freien bedeutet eigentlich schonen. Das Schonen selbst besteht nicht nur darin, daß wir dem Geschonten nichts antun. Das eigentliche Schonen ist etwas *Positives* und geschieht dann, wenn wir etwas zum voraus in seinem Wesen belassen, wenn wir etwas eigens in sein Wesen zurückbergen, es entsprechend dem Wort freien: einfrieden. Wohnen, zum Frieden gebracht sein, heißt: eingefriedet bleiben in das Frye, d. h. in das Freie, das jegliches in sein Wesen schont. *Der Grundzug des Wohnens ist dieses Schonen.* Er durchzieht das Wohnen in seiner ganzen Weite. Sie zeigt sich uns, sobald wir daran denken, daß im Wohnen das Menschsein beruht und zwar im Sinne des Aufenthalts der Sterblichen auf der Erde.

Doch «auf der Erde» heißt schon «unter dem Himmel». Beides meint *mit* «Bleiben vor den Göttlichen» und schließt ein «gehörend in das Miteinander der Menschen». Aus einer *ursprünglichen* Einheit gehören die Vier: Erde und Himmel, die Göttlichen und die Sterblichen in eins.

Die Erde ist die dienend Tragende, die blühend Fruchtende, hingebreitet in Gestein und Gewässer, aufgehend zu Gewächs und Getier. Sagen wir Erde, dann denken wir schon die anderen Drei mit, doch wir bedenken nicht die Einfalt der Vier.

Der Himmel ist der wölbende Sonnengang, der gestaltwechselnde Mondlauf, der wandernde Glanz der Gestirne, die Zeiten des Jahres und ihre Wende, Licht und Dämmer des Tages, Dunkel und Helle der Nacht, das Wirtliche und Unwirtliche der Wetter, Wolkenzug und blauende Tiefe des Äthers. Sagen wir Himmel, dann denken wir schon die anderen Drei mit, doch wir bedenken nicht die Einfalt der Vier.

Die Göttlichen sind die winkenden Boten der Gottheit. Aus dem heiligen Walten dieser erscheint der Gott in seine Gegenwart oder er entzieht sich in seine Verhüllung. Nennen wir die Göttlichen, dann denken wir schon die anderen Drei mit, doch wir bedenken nicht die Einfalt der Vier.

Die Sterblichen sind die Menschen. Sie heißen die Sterblichen, weil sie sterben können. Sterben heißt, den Tod *als* Tod vermögen. Nur der Mensch stirbt und zwar fortwährend, solange er auf der Erde, unter dem Himmel, vor den Göttlichen bleibt. Nennen wir die Sterblichen, dann denken wir schon die anderen Drei mit, doch wir bedenken nicht die Einfalt der Vier.

Diese ihre Einfalt nennen wir *das Geviert*. Die Sterblichen *sind* im Geviert, indem sie *wohnen*. Der Grundzug des Wohnens aber ist das Schonen. Die Sterblichen wohnen in der Weise, daß sie das Geviert in sein Wesen schonen. Demgemäß ist das wohnende Schonen vierfältig.

Die Sterblichen wohnen, insofern sie die Erde retten – das Wort in dem alten Sinne genommen, den Lessing noch kannte. Die Rettung entreißt nicht nur einer Gefahr, retten bedeutet eigentlich: etwas in sein eigenes Wesen freilassen. Die Erde retten ist mehr, als sie ausnützen oder gar abmühen. Das Retten der Erde meistert die Erde nicht und macht sich die Erde nicht untertan, von wo nur ein Schritt ist zur schrankenlosen Ausbeutung.

Die Sterblichen wohnen, insofern sie den Himmel als Himmel empfangen. Sie lassen der Sonne und dem Mond ihre Fahrt, den Gestirnen ihre Bahn, den Zeiten des Jahres ihren Segen und

ihre Unbill, sie machen die Nacht nicht zum Tag und den Tag nicht zur gehetzten Unrast.
Die Sterblichen wohnen, insofern sie die Göttlichen als die Göttlichen erwarten. Hoffend halten sie ihnen das Unverhoffte entgegen. Sie warten der Winke ihrer Ankunft und verkennen nicht die Zeichen ihres Fehls. Sie machen sich nicht ihre Götter und betreiben nicht den Dienst an Götzen. Im Unheil noch warten sie des entzogenen Heils.
Die Sterblichen wohnen, insofern sie ihr eigenes Wesen, daß sie nämlich den Tod als Tod vermögen, in den Brauch dieses Vermögens geleiten, damit ein guter Tod sei. Die Sterblichen in das Wesen des Todes geleiten, bedeutet keineswegs, den Tod als das leere Nichts zum Ziel setzen; es meint auch nicht, das Wohnen durch ein blindes Starren auf das Ende verdüstern.
Im Retten der Erde, im Empfangen des Himmels, im Erwarten der Göttlichen, im Geleiten der Sterblichen ereignet sich das Wohnen als das vierfältige Schonen des Gevierts. Schonen heißt: das Geviert in seinem Wesen hüten. Was in die Hut genommen wird, muß geborgen werden. Wo aber verwahrt das Wohnen, wenn es das Geviert schont, dessen Wesen? Wie vollbringen die Sterblichen das Wohnen als dieses Schonen? Die Sterblichen vermöchten dies niemals, wäre das Wohnen nur ein Aufenthalt auf der Erde, unter dem Himmel, vor den Göttlichen, mit den Sterblichen. Das Wohnen ist vielmehr immer schon ein Aufenthalt bei den Dingen. Das Wohnen als Schonen verwahrt das Geviert in dem, wobei die Sterblichen sich aufhalten: in den Dingen.
Der Aufenthalt bei den Dingen ist jedoch der genannten Vierfalt des Schonens nicht als etwas Fünftes nur angehängt, im Gegenteil: der Aufenthalt bei den Dingen ist die einzige Weise, wie sich der vierfältige Aufenthalt im Geviert jeweils einheitlich vollbringt. Das Wohnen schont das Geviert, indem es dessen Wesen in die Dinge bringt. Allein die Dinge selbst bergen das

Geviert *nur dann,* wenn sie selber *als* Dinge in ihrem Wesen gelassen werden. Wie geschieht das? Dadurch, daß die Sterblichen die wachstümlichen Dinge hegen und pflegen, daß sie Dinge, die nicht wachsen, eigens errichten. Das Pflegen und das Errichten ist das Bauen im engeren Sinne. *Das Wohnen* ist, insofern es das Geviert in die Dinge verwahrt, als dieses Verwahren *ein Bauen.* Damit sind wir auf den Weg der zweiten Frage gebracht:

II

Inwiefern gehört das Bauen in das Wohnen?

Die Antwort auf diese Frage erläutert uns, was das Bauen, aus dem Wesen des Wohnens gedacht, eigentlich ist. Wir beschränken uns auf das Bauen im Sinne des Errichtens von Dingen und fragen: was ist ein gebautes Ding? Als Beispiel diene unserem Nachdenken eine Brücke.

Die Brücke schwingt sich «leicht und kräftig» über den Strom. Sie verbindet nicht nur schon vorhandene Ufer. Im Übergang der Brücke treten die Ufer erst als Ufer hervor. Die Brücke läßt sie eigens gegeneinander über liegen. Die andere Seite ist durch die Brücke gegen die eine abgesetzt. Die Ufer ziehen auch nicht als gleichgültige Grenzstreifen des festen Landes den Strom entlang. Die Brücke bringt mit den Ufern jeweils die eine und die andere Weite der rückwärtigen Uferlandschaft an den Strom. Sie bringt Strom und Ufer und Land in die wechselseitige Nachbarschaft. Die Brücke *versammelt* die Erde als Landschaft um den Strom. So geleitet sie ihn durch die Auen. Die Brückenpfeiler tragen, aufruhend im Strombett, den Schwung der Bogen, die den Wassern des Stromes ihre Bahn lassen. Mögen die Wasser ruhig und munter fortwandern, mögen die Fluten des Himmels beim Gewittersturm oder der Schneeschmelze in reißenden Wogen um die Pfeilerbogen schießen, die Brücke ist bereit für die Wetter des Himmels und deren wendisches Wesen.

Auch dort, wo die Brücke den Strom überdeckt, hält sie sein Strömen dadurch dem Himmel zu, daß sie es für Augenblicke in das Bogentor aufnimmt und daraus wieder freigibt.
Die Brücke läßt dem Strom seine Bahn und gewährt zugleich den Sterblichen ihren Weg, daß sie von Land zu Land gehen und fahren. Brücken geleiten auf mannigfache Weise. Die Stadtbrücke führt vom Schloßbezirk zum Domplatz, die Flußbrücke vor der Landstadt bringt Wagen und Gespann zu den umliegenden Dörfern. Der unscheinbare Bachübergang der alten Steinbrücke gibt dem Erntewagen seinen Weg von der Flur in das Dorf, trägt die Holzfuhre vom Feldweg zur Landstraße. Die Autobahnbrücke ist eingespannt in das Liniennetz des rechnenden und möglichst schnellen Fernverkehrs. Immer und je anders geleitet die Brücke hin und her die zögernden und die hastigen Wege der Menschen, daß sie zu anderen Ufern und zuletzt als die Sterblichen auf die andere Seite kommen. Die Brücke überschwingt bald in hohen, bald in flachen Bogen Fluß und Schlucht; ob die Sterblichen das Überschwingende der Brückenbahn in der Acht behalten oder vergessen, daß sie, immer schon unterwegs zur letzten Brücke, im Grunde danach trachten, ihr Gewöhnliches und Unheiles zu übersteigen, um sich vor das Heile des Göttlichen zu bringen. Die Brücke *sammelt* als der überschwingende Übergang vor die Göttlichen. Mag deren Anwesen eigens bedacht und sichtbarlich *bedankt* sein wie in der Figur des Brückenheiligen, mag es verstellt oder gar weggeschoben bleiben.
Die Brücke *versammelt* auf *ihre* Weise Erde und Himmel, die Göttlichen und die Sterblichen bei sich.
Versammlung heißt nach einem alten Wort unserer Sprache «thing». Die Brücke ist – und zwar *als* die gekennzeichnete Versammlung des Gevierts – ein Ding. Man meint freilich, die Brücke sei zunächst und eigentlich *bloß* eine Brücke. Nachträglich und gelegentlich könne sie dann auch noch mancherlei aus-

drücken. Als ein solcher Ausdruck werde sie dann zum Symbol, zum Beispiel für all das, was vorhin genannt wurde. Allein die Brücke ist, wenn sie eine echte Brücke ist, niemals zuerst bloße Brücke und hinterher ein Symbol. Die Brücke ist ebensowenig im voraus nur ein Symbol in dem Sinn, daß sie etwas ausdrückt, was, streng genommen, nicht zu ihr gehört. Wenn wir die Brücke streng nehmen, zeigt sie sich nie als Ausdruck. Die Brücke ist ein Ding und *nur dies*. Nur? Als dieses Ding versammelt sie das Geviert.

Unser Denken ist freilich von altersher gewohnt, das Wesen des Dinges *zu dürftig* anzusetzen. Dies hatte im Verlauf des abendländischen Denkens zur Folge, daß man das Ding als ein unbekanntes X vorstellt, das mit wahrnehmbaren Eigenschaften behaftet ist. Von da aus gesehen, erscheint uns freilich alles, *was schon zum versammelnden Wesen dieses Dinges gehört,* als nachträglich hineingedeutete Zutat. Indessen wäre die Brücke niemals eine bloße Brücke, wäre sie nicht ein Ding.

Die Brücke ist freilich ein Ding *eigener* Art; denn sie versammelt das Geviert in *der* Weise, daß sie ihm eine *Stätte* verstattet. Aber nur solches, was *selber* ein *Ort* ist, kann eine Stätte einräumen. Der Ort ist nicht schon vor der Brücke vorhanden. Zwar gibt es, bevor die Brücke steht, den Strom entlang viele Stellen, die durch etwas besetzt werden können. Eine unter ihnen ergibt sich als ein Ort und zwar *durch die Brücke*. So kommt denn die Brücke nicht erst an einen Ort hin zu stehen, sondern von der Brücke selbst her entsteht erst ein Ort. Sie ist ein Ding, versammelt das Geviert, versammelt jedoch in der Weise, daß sie dem Geviert eine Stätte verstattet. Aus dieser Stätte bestimmen sich Plätze und Wege, durch die ein Raum eingeräumt wird.

Dinge, die in solcher Art Orte sind, verstatten jeweils erst Räume. Was dieses Wort «Raum» nennt, sagt seine alte Bedeutung. Raum, Rum heißt freigemachter Platz für Siedlung und Lager.

Ein Raum ist etwas Eingeräumtes, Freigegebenes, nämlich in eine Grenze, griechisch πέρας. Die Grenze ist nicht das, wobei etwas aufhört, sondern, wie die Griechen es erkannten, die Grenze ist jenes, von woher etwas *sein Wesen beginnt*. Darum ist der Begriff: ὁρισμός, d. h. Grenze. Raum ist wesenhaft das Eingeräumte, in seine Grenze Eingelassene. Das Eingeräumte wird jeweils gestattet und so gefügt, d. h. versammelt durch einen Ort, d. h. durch ein Ding von der Art der Brücke. *Demnach empfangen die Räume ihr Wesen aus Orten und nicht aus «dem» Raum.*
Dinge, die als Orte eine Stätte verstatten, nennen wir jetzt vorgreifend Bauten. Sie heißen so, weil sie durch das errichtende Bauen hervorgebracht sind. Welcher Art jedoch dieses Hervorbringen, nämlich das Bauen, sein muß, erfahren wir erst, wenn wir zuvor das Wesen jener Dinge bedacht haben, die von sich her zu ihrer Herstellung das Bauen als Hervorbringen verlangen. Diese Dinge sind Orte, die dem Geviert eine Stätte verstatten, welche Stätte jeweils einen Raum einräumt. Im Wesen dieser Dinge als Orte liegt der Bezug von Ort und Raum, liegt aber auch die Beziehung des Ortes zum Menschen, der sich bei ihm aufhält. Darum versuchen wir jetzt, das Wesen dieser Dinge, die wir Bauten nennen, dadurch zu verdeutlichen, daß wir folgendes kurz bedenken.
Einmal: in welcher Beziehung stehen Ort und Raum? und zum anderen: welches ist das Verhältnis von Mensch und Raum?
Die Brücke ist ein Ort. Als solches Ding verstattet sie einen Raum, in den Erde und Himmel, die Göttlichen und die Sterblichen eingelassen sind. Der von der Brücke verstattete Raum enthält mancherlei Plätze in verschiedener Nähe und Ferne zur Brücke. Diese Plätze lassen sich nun aber als bloße Stellen ansetzen, zwischen denen ein durchmeßbarer Abstand besteht; ein Abstand, griechisch ein στάδιον, ist immer eingeräumt, und zwar durch bloße Stellen. Das so von den Stellen Einge-

räumte ist ein Raum eigener Art. Er ist als Abstand, als Stadion, das, was uns dasselbe Wort Stadion lateinisch sagt, ein «spatium», ein Zwischenraum. So können Nähe und Ferne zwischen Menschen und Dingen zu bloßen Entfernungen, zu Abständen des Zwischenraums werden. In einem Raum, der lediglich als spatium vorgestellt ist, erscheint jetzt die Brücke als ein bloßes Etwas an einer Stelle, welche Stelle jederzeit von irgendetwas anderem besetzt oder durch eine bloße Markierung ersetzt werden kann. Nicht genug, aus dem Raum als Zwischenraum lassen sich die bloßen Ausspannungen nach Höhe, Breite und Tiefe herausheben. Dieses so Abgezogene, lateinisch abstractum, stellen wir als die reine Mannigfaltigkeit der drei Dimensionen vor. Was jedoch diese Mannigfaltigkeit einräumt, wird auch nicht mehr durch Abstände bestimmt, ist kein spatium mehr, sondern nur noch extensio – Ausdehnung. Der Raum als extensio läßt sich aber noch einmal abziehen, nämlich auf analytisch-algebraische Relationen. Was diese einräumen, ist die Möglichkeit der rein mathematischen Konstruktion von Mannigfaltigkeiten mit beliebig vielen Dimensionen. Man kann dieses mathematisch Eingeräumte «den» Raum nennen. Aber «der» Raum in diesem Sinne enthält keine Räume und Plätze. Wir finden in ihm niemals Orte, d. h. Dinge von der Art der Brücke. Wohl dagegen liegt umgekehrt in den Räumen, die durch Orte eingeräumt sind, jederzeit der Raum als Zwischenraum und in diesem wieder der Raum als reine Ausdehnung. Spatium und extensio geben jederzeit die Möglichkeit, die Dinge und das, was sie einräumen, nach Abständen, nach Strecken, nach Richtungen zu durchmessen und diese Maße zu berechnen. In keinem Falle sind jedoch die Maß-Zahlen und ihre Dimensionen nur deshalb, weil sie auf alles Ausgedehnte *allgemein* anwendbar sind, auch schon der *Grund* für das Wesen der Räume und Orte, die mit Hilfe des Mathematischen durchmeßbar sind. Inwiefern unterdessen auch die moderne Physik durch die Sache selbst ge-

zwungen wurde, das räumliche Medium des kosmischen Raumes als Feldeinheit vorzustellen, die durch den Körper als dynamisches Zentrum bestimmt wird, kann hier nicht erörtert werden. Die Räume, die wir alltäglich durchgehen, sind von Orten eingeräumt; deren Wesen gründet in Dingen von der Art der Bauten. Achten wir auf diese Beziehungen zwischen Ort und Räumen, zwischen Räumen und Raum, dann gewinnen wir einen Anhalt, um das Verhältnis von Mensch und Raum zu bedenken.
Ist die Rede von Mensch und Raum, dann hört sich dies an, als stünde der Mensch auf der einen und der Raum auf der anderen Seite. Doch der Raum ist kein Gegenüber für den Menschen. Er ist weder ein äußerer Gegenstand noch ein inneres Erlebnis. Es gibt nicht die Menschen und außerdem *Raum;* denn sage ich «ein Mensch» und denke ich mit diesem Wort denjenigen, der menschlicher Weise ist, das heißt wohnt, dann nenne ich mit dem Namen «ein Mensch» bereits den Aufenthalt im Geviert bei den Dingen. Auch dann, wenn wir uns zu Dingen verhalten, die nicht in der greifbaren Nähe sind, halten wir uns bei den Dingen selbst auf. Wir stellen die fernen Dinge nicht bloß – wie man lehrt – innerlich vor, so daß als Ersatz für die fernen Dinge in unserem Innern und im Kopf nur Vorstellungen von ihnen ablaufen. Wenn wir jetzt – wir alle – von hier aus an die alte Brücke in Heidelberg denken, dann ist das Hindenken zu jenem Ort kein bloßes Erlebnis in den hier anwesenden Personen, vielmehr gehört es zum Wesen unseres Denkens *an* die genannte Brücke, daß dieses Denken *in sich* die Ferne zu diesem Ort *durchsteht*. Wir sind von hier aus bei der Brücke dort und nicht etwa bei einem Vorstellungsinhalt in unserem Bewußtsein. Wir können sogar von hier aus jener Brücke und dem, was sie einräumt, weit näher sein als jemand, der sie alltäglich als gleichgültigen Flußübergang benützt. Räume und mit ihnen «der» Raum sind in den Aufenthalt der Sterblichen stets schon eingeräumt. Räume öffnen sich dadurch, daß sie in das Wohnen

des Menschen eingelassen sind. Die Sterblichen *sind*, das sagt: *wohnend* durchstehen sie Räume auf Grund ihres Aufenthaltes bei Dingen und Orten. Und nur weil die Sterblichen ihrem Wesen gemäß Räume durchstehen, können sie Räume durchgehen. Doch beim Gehen geben wir jenes Stehen nicht auf. Vielmehr gehen wir stets so durch Räume, daß wir sie dabei schon ausstehen, indem wir uns ständig bei nahen und fernen Orten und Dingen aufhalten. Wenn ich zum Ausgang des Saales gehe, bin ich schon dort und könnte gar nicht hingehen, wenn ich nicht so wäre, daß ich dort bin. Ich bin niemals nur hier als dieser abgekapselte Leib, sondern ich bin dort, d. h. den Raum schon durchstehend, und nur so kann ich ihn durchgehen.

Selbst dann, wenn die Sterblichen «in sich gehen», verlassen sie die Zugehörigkeit zum Geviert nicht. Wenn wir uns – wie man sagt – auf uns selbst besinnen, kommen wir im Rückgang auf uns von den Dingen her, *ohne* den Aufenthalt bei den Dingen je *preiszugeben*. Sogar der Bezugsverlust zu den Dingen, der in depressiven Zuständen eintritt, wäre gar nicht möglich, wenn nicht auch dieser Zustand das bliebe, was er als ein menschlicher ist, nämlich ein Aufenthalt *bei* den Dingen. Nur wenn dieser Aufenthalt das Menschsein schon bestimmt, können uns die Dinge, bei denen wir sind, auch *nicht* ansprechen, uns auch *nichts* mehr angehen.

Der Bezug des Menschen zu Orten und durch Orte zu Räumen beruht im Wohnen. Das Verhältnis von Mensch und Raum ist nichts anderes als das wesentlich gedachte Wohnen.

Wenn wir auf die versuchte Weise der Beziehung zwischen Ort und Raum, aber auch dem Verhältnis von Mensch und Raum nachdenken, fällt ein Licht auf das Wesen der Dinge, die Orte sind und die wir Bauten nennen.

Die Brücke ist ein Ding solcher Art. Der Ort läßt die Einfalt von Erde und Himmel, von Göttlichen und von Sterblichen in eine Stätte ein, indem er die Stätte in Räume einrichtet. Der Ort räumt das Geviert in einem zwiefachen Sinne ein. Der Ort *läßt* das Geviert *zu* und der Ort *richtet* das Geviert *ein*. Beide, nämlich Einräumen als Zulassen und Einräumen als Einrichten, gehören zusammen. Als das zwiefache Einräumen ist der Ort eine Hut des Gevierts oder wie dasselbe Wort sagt: ein Huis, ein Haus. Dinge von der Art solcher Orte behausen den Aufenthalt der Menschen. Dinge dieser Art sind Behausungen, aber nicht notwendig Wohnungen im engeren Sinne.

Das Hervorbringen solcher Dinge ist das Bauen. Sein Wesen beruht darin, daß es der Art dieser Dinge entspricht. Sie sind Orte, die Räume verstatten. Deshalb ist das Bauen, weil es Orte errichtet, ein Stiften und Fügen von Räumen. Weil das Bauen Orte hervorbringt, kommt mit der Fügung ihrer Räume notwendig auch der Raum als spatium und als extensio in das dinghafte Gefüge der Bauten. Allein das Bauen gestaltet niemals «den» Raum. Weder unmittelbar noch mittelbar. Gleichwohl ist das Bauen, weil es Dinge als Orte hervorbringt, dem Wesen der Räume und der Wesensherkunft «des» Raumes näher als alle Geometrie und Mathematik. Das Bauen errichtet Orte, die dem Geviert eine Stätte einräumen. Aus der Einfalt, in der Erde und Himmel, die Göttlichen und die Sterblichen zueinander gehören, *empfängt* das Bauen die *Weisung* für sein Errichten von Orten. Aus dem Geviert *übernimmt* das Bauen die Maße für alles Durchmessen und jedes Ausmessen der Räume, die jeweils durch die gestifteten Orte eingeräumt sind. Die Bauten verwahren das Geviert. Sie sind Dinge, die auf ihre Weise das Geviert schonen. Das Geviert zu schonen, die Erde zu retten, den Himmel zu empfangen, die Göttlichen zu erwarten, die Sterblichen zu geleiten, dieses vierfältige Schonen ist das einfache Wesen des Wohnens. So prägen denn die echten Bauten das Wohnen in sein Wesen und behausen dieses Wesen.

Das gekennzeichnete Bauen ist ein ausgezeichnetes Wohnenlassen. *Ist* es dieses in der Tat, dann *hat* das Bauen schon dem Zuspruch des Gevierts entsprochen. Auf dieses Entsprechen bleibt alles Planen gegründet, das seinerseits den Entwürfen für die Risse die gemäßen Bezirke öffnet.

Sobald wir versuchen, das Wesen des errichtenden Bauens aus dem Wohnenlassen zu denken, erfahren wir deutlicher, worin jenes Hervorbringen beruht, als welches das Bauen sich vollzieht. Gewöhnlich nehmen wir das Hervorbringen als eine Tätigkeit, deren Leistungen ein Ergebnis, den fertigen Bau, zur Folge haben. Man kann das Hervorbringen so vorstellen: Man faßt etwas Richtiges und trifft doch nie sein Wesen, das ein Herbringen ist, das vorbringt. Das Bauen bringt nämlich das Geviert *her* in ein Ding, die Brücke, und bringt das Ding als einen Ort *vor* in das schon Anwesende, das jetzt erst *durch* diesen Ort eingeräumt ist.

Hervorbringen heißt griechisch τίκτω. Zur Wurzel tec dieses Zeitwortes gehört das Wort τέχνη, Technik. Dies bedeutet für die Griechen weder Kunst noch Handwerk, sondern: etwas als dieses oder jenes so oder anders in das Anwesende erscheinen lassen. Die Griechen denken die τέχνη, das Hervorbringen, vom Erscheinenlassen her. Die so zu denkende τέχνη verbirgt sich von altersher im Tektonischen der Architektur. Sie verbirgt sich neuerdings noch und entschiedener im Technischen der Kraftmaschinentechnik. Aber das Wesen des bauenden Hervorbringens läßt sich weder aus der Baukunst noch aus dem Ingenieurbau, noch aus einer bloßen Verkoppelung beider zureichend denken. Das bauende Hervorbringen wäre *auch dann nicht* angemessen bestimmt, wollten wir es im Sinne der ursprünglich griechischen τέχνη *nur* als Erscheinenlassen denken, das ein Hervorgebrachtes als ein Anwesendes in dem schon Anwesenden anbringt.

Das Wesen des Bauens ist das Wohnenlassen. Der Wesensvollzug des Bauens ist das Errichten von Orten durch das Fügen ihrer

Räume. *Nur wenn wir das Wohnen vermögen, können wir bauen.*
Denken wir für eine Weile an einen Schwarzwaldhof, den vor zwei Jahrhunderten noch bäuerliches Wohnen baute. Hier hat die Inständigkeit des Vermögens, Erde und Himmel, die Göttlichen und die Sterblichen *einfältig* in die Dinge einzulassen, das Haus gerichtet. Es hat den Hof an die windgeschützte Berglehne gegen Mittag zwischen die Matten in die Nähe der Quelle gestellt. Es hat ihm das weit ausladende Schindeldach gegeben, das in geeigneter Schräge die Schneelasten trägt und tief herabreichend die Stuben gegen die Stürme der langen Winternächte schützt. Es hat den Herrgottswinkel hinter dem gemeinsamen Tisch nicht vergessen, es hat die geheiligten Plätze für Kindbett und Totenbaum, so heißt dort der Sarg, in die Stuben eingeräumt und so den verschiedenen Lebensaltern unter einem Dach das Gepräge ihres Ganges durch die Zeit vorgezeichnet. Ein Handwerk, das selber dem Wohnen entsprungen, seine Geräte und Gerüste noch als Dinge braucht, hat den Hof gebaut.
Nur wenn wir das Wohnen vermögen, können wir bauen. Der Hinweis auf den Schwarzwaldhof meint keineswegs, wir sollten und könnten zum Bauen dieser Höfe zurückkehren, sondern er veranschaulicht an einem *gewesenen* Wohnen, wie *es* zu bauen vermochte.
Das Wohnen aber ist *der Grundzug* des Seins, demgemäß die Sterblichen sind. Vielleicht kommt durch diesen Versuch, dem Wohnen und Bauen nachzudenken, um einiges deutlicher ans Licht, daß das Bauen in das Wohnen gehört und wie es von ihm sein Wesen empfängt. Genug wäre gewonnen, wenn Wohnen und Bauen in das *Fragwürdige* gelangten und so etwas *Denkwürdiges* blieben.
Daß jedoch das Denken selbst in demselben Sinn wie das Bauen, nur auf eine andere Weise, in das Wohnen gehört, mag der hier versuchte Denkweg bezeugen.

Bauen und Denken sind jeweils nach ihrer Art für das Wohnen unumgänglich. Beide sind aber auch unzulänglich für das Wohnen, solange sie abgesondert das Ihre betreiben, statt aufeinander zu hören. Dies vermögen sie, wenn beide, Bauen und Denken, dem Wohnen gehören, in ihren Grenzen bleiben und wissen, daß eines wie das andere aus der Werkstatt einer langen Erfahrung und unablässigen Übung kommt.

Wir versuchen, dem Wesen des Wohnens nachzudenken. Der nächste Schritt auf diesem Wege wäre die Frage: wie steht es mit dem Wohnen in unserer bedenklichen Zeit? Man spricht allenthalben und mit Grund von der Wohnungsnot. Man redet nicht nur, man legt Hand an. Man versucht, die Not durch Beschaffung von Wohnungen, durch die Förderung des Wohnungsbaues, durch Planung des ganzen Bauwesens zu beheben. So hart und bitter, so hemmend und bedrohlich der Mangel an Wohnungen bleibt, die *eigentliche Not des Wohnens* besteht nicht erst im Fehlen von Wohnungen. Die eigentliche Wohnungsnot ist auch älter als die Weltkriege und die Zerstörungen, älter auch denn das Ansteigen der Bevölkerungszahl auf der Erde und die Lage des Industrie-Arbeiters. Die eigentliche Not des Wohnens beruht darin, daß die Sterblichen das Wesen des Wohnens immer erst wieder suchen, daß sie *das Wohnen erst lernen müssen*. Wie, wenn die Heimatlosigkeit des Menschen darin bestünde, daß der Mensch die *eigentliche* Wohnungsnot noch gar nicht *als die* Not bedenkt? Sobald der Mensch jedoch die Heimatlosigkeit *bedenkt*, ist sie bereits kein Elend mehr. Sie ist, recht bedacht und gut behalten, der einzige Zuspruch, der die Sterblichen in das Wohnen *ruft*.

Wie anders aber können die Sterblichen diesem Zuspruch entsprechen als dadurch, daß sie an *ihrem* Teil versuchen, von sich her das Wohnen in das Volle seines Wesens zu bringen? Sie vollbringen dies, wenn sie aus dem Wohnen bauen und für das Wohnen denken.

DAS DING

Alle Entfernungen in der Zeit und im Raum schrumpfen ein. Wohin der Mensch vormals wochen- und monatelang unterwegs war, dahin gelangt er jetzt durch die Flugmaschine über Nacht. Wovon der Mensch früher erst nach Jahren oder überhaupt nie eine Kenntnis bekam, das erfährt er heute durch den Rundfunk stündlich im Nu. Das Keimen und Gedeihen der Gewächse, das die Jahreszeiten hindurch verborgen blieb, führt der Film jetzt öffentlich in einer Minute vor. Entfernte Stätten ältester Kulturen zeigt der Film, als stünden sie eben jetzt im heutigen Straßenverkehr. Der Film bezeugt überdies sein Gezeigtes noch dadurch, daß er zugleich den aufnehmenden Apparat und den ihn bedienenden Menschen bei solcher Arbeit vorführt. Den Gipfel der Beseitigung jeder Möglichkeit der Ferne erreicht die Fernsehapparatur, die bald das ganze Gestänge und Geschiebe des Verkehrs durchjagen und beherrschen wird.
Der Mensch legt die längsten Strecken in der kürzesten Zeit zurück. Er bringt die größten Entfernungen hinter sich und bringt so alles auf die kleinste Entfernung vor sich.
Allein das hastige Beseitigen aller Entfernungen bringt keine Nähe; denn Nähe besteht nicht im geringen Maß der Entfernung. Was streckenmäßig in der geringsten Entfernung zu uns steht, durch das Bild im Film, durch den Ton im Funk, kann uns fern bleiben. Was streckenmäßig unübersehbar weit entfernt ist, kann uns nahe sein. Kleine Entfernung ist nicht schon Nähe. Große Entfernung ist noch nicht Ferne.
Was ist die Nähe, wenn sie, trotz der Verringerung der längsten Strecken auf die kürzesten Abstände, ausbleibt? Was ist die Nähe, wenn sie durch das rastlose Beseitigen der Entfernungen

sogar abgewehrt wird? Was ist die Nähe, wenn mit ihrem Ausbleiben auch die Ferne wegbleibt?

Was geht da vor sich, wenn durch das Beseitigen der großen Entfernungen alles gleich fern und gleich nahe steht? Was ist dieses Gleichförmige, worin alles weder fern noch nahe, gleichsam ohne Abstand ist?

Alles wird in das gleichförmig Abstandlose zusammengeschwemmt. Wie? Ist das Zusammenrücken in das Abstandlose nicht noch unheimlicher als ein Auseinanderplatzen von allem?

Der Mensch starrt auf das, was mit der Explosion der Atombombe kommen könnte. Der Mensch sieht nicht, was lang schon angekommen ist und zwar geschehen ist als das, was nur noch als seinen letzten Auswurf die Atombombe und deren Explosion aus sich hinauswirft, um von der einen Wasserstoffbombe zu schweigen, deren Initialzündung, in der weitesten Möglichkeit gedacht, genügen könnte, um alles Leben auf der Erde auszulöschen. Worauf wartet diese ratlose Angst noch, wenn das Entsetzliche schon geschehen ist?

Das Entsetzende ist jenes, das alles, was ist, aus seinem vormaligen Wesen heraussetzt. Was ist dieses Entsetzende? Es zeigt und verbirgt sich in der Weise, *wie* alles anwest, daß nämlich trotz allem Überwinden der Entfernungen die Nähe dessen, was ist, ausbleibt.

Wie steht es mit der Nähe? Wie können wir ihr Wesen erfahren? Nähe läßt sich, so scheint es, nicht unmittelbar vorfinden. Dies gelingt eher so, daß wir dem nachgehen, was in der Nähe ist. In der Nähe ist uns solches, was wir Dinge zu nennen pflegen. Doch was ist ein Ding? Der Mensch hat bisher das Ding als Ding so wenig bedacht wie die Nähe. Ein Ding ist der Krug. Was ist der Krug? Wir sagen: ein Gefäß; solches, was anderes in sich faßt. Das Fassende am Krug sind Boden und Wand. Dieses Fassende ist selbst wieder faßbar am Henkel. Als Gefäß ist der Krug etwas, das in sich steht. Das Insichstehen

kennzeichnet den Krug als etwas Selbständiges. Als der Selbststand eines Selbständigen unterscheidet sich der Krug von einem Gegenstand. Ein Selbständiges kann Gegenstand werden, wenn wir es vor uns stellen, sei es im unmittelbaren Wahrnehmen, sei es in der erinnernden Vergegenwärtigung. Das Dinghafte des Dinges beruht jedoch weder darin, daß es vorgestellter Gegenstand ist, noch läßt es sich überhaupt von der Gegenständlichkeit des Gegenstandes aus bestimmen.
Der Krug bleibt Gefäß, ob wir ihn vorstellen oder nicht. Als Gefäß steht der Krug in sich. Doch was heißt es, das Fassende stehe in sich? Bestimmt das Insichstehen des Gefäßes den Krug schon als ein Ding? Der Krug steht als Gefäß doch nur, insofern er zu einem Stehen gebracht wurde. Dies geschah indessen, und es geschieht durch ein Stellen, nämlich durch das Herstellen. Der Töpfer verfertigt den irdenen Krug aus der eigens dafür ausgewählten und zubereiteten Erde. Aus ihr besteht der Krug. Durch das, woraus er besteht, kann er auch auf der Erde stehen, sei es unmittelbar, sei es mittelbar durch Tisch und Bank. Was durch solches Herstellen besteht, ist das Insichstehende. Nehmen wir den Krug als hergestelltes Gefäß, dann fassen wir ihn doch, so scheint es, als ein Ding und keinesfalls als bloßen Gegenstand. Oder nehmen wir auch jetzt den Krug immer noch als einen Gegenstand? Allerdings. Zwar gilt er nicht mehr nur als Gegenstand des bloßen Vorstellens, dafür ist er aber Gegenstand, den ein Herstellen zu uns her, uns gegenüber und entgegen stellt. Das Insichstehen scheint den Krug als Ding zu kennzeichnen. In Wahrheit denken wir jedoch das Insichstehen vom Herstellen aus. Das Insichstehen ist das, worauf das Herstellen es absieht. Aber das Insichstehen wird auch so immer noch von der Gegenständlichkeit her gedacht, wenngleich das Gegenstehen des Hergestellten nicht mehr im bloßen Vorstellen gründet. Doch von der Gegenständlichkeit des Gegenstandes und des Selbststandes führt kein Weg zum Dinghaften des Dinges.

Was ist das Dingliche am Ding? Was ist das Ding an sich? Wir gelangen erst dann zum Ding an sich, wenn unser Denken zuvor erst einmal das Ding als Ding erlangt hat.

Der Krug ist ein Ding als Gefäß. Zwar bedarf dieses Fassende einer Herstellung. Aber die Hergestelltheit durch den Töpfer macht keineswegs dasjenige aus, was dem Krug eignet, insofern er als Krug ist. Der Krug ist nicht Gefäß, weil er hergestellt wurde, sondern der Krug mußte hergestellt werden, weil er dieses Gefäß ist.

Die Herstellung läßt freilich den Krug in sein Eigenes eingehen. Allein dieses Eigene des Krugwesens wird niemals durch die Herstellung verfertigt. Losgelöst aus der Verfertigung, hat der für sich stehende Krug sich darein versammelt zu fassen. Beim Vorgang des Herstellens muß der Krug allerdings zuvor sein Aussehen für den Hersteller zeigen. Aber dieses Sichzeigende, das Aussehen (das εἶδος, die ἰδέα), kennzeichnet den Krug lediglich nach der Hinsicht, in der das Gefäß als Herzustellendes dem Hersteller entgegensteht.

Was jedoch das so aussehende Gefäß als dieser Krug, was und wie der Krug als dieses Krug-Ding *ist*, läßt sich durch die Hinsicht auf das Aussehen, die ἰδέα, niemals erfahren, geschweige denn sachgemäß denken. Darum hat Platon, der die Anwesenheit des Anwesenden vom Aussehen her vorstellt, das Wesen des Dinges so wenig gedacht wie Aristoteles und alle nachkommenden Denker. Platon hat vielmehr, und zwar maßgebend für die Folgezeit, alles Anwesende als Gegenstand des Herstellens erfahren. Wir sagen statt Gegenstand genauer: Herstand. Im vollen Wesen des Her-Standes waltet ein zwiefaches Her-Stehen; einmal das Her-Stehen im Sinne des Herstammens aus . . ., sei dies ein Sichhervorbringen oder ein Hergestelltwerden; zum andern das Her-Stehen im Sinne des Hereinstehens des Hervorgebrachten in die Unverborgenheit des schon Anwesenden.

Alles Vorstellen des Anwesenden im Sinne des Herständigen und des Gegenständigen gelangt jedoch nie zum Ding als Ding. Das Dinghafte des Kruges beruht darin, daß er als Gefäß ist. Wir gewahren das Fassende des Gefäßes, wenn wir den Krug füllen. Boden und Wandung des Kruges übernehmen offenbar das Fassen. Doch gemach! Gießen wir, wenn wir den Krug mit Wein füllen, den Wein in die Wandung und in den Boden? Wir gießen den Wein höchstens zwischen die Wandung auf den Boden. Wandung und Boden sind wohl das Undurchlässige am Gefäß. Allein das Undurchlässige ist noch nicht das Fassende. Wenn wir den Krug vollgießen, fließt der Guß beim Füllen in den leeren Krug. Die Leere ist das Fassende des Gefäßes. Die Leere, dieses Nichts am Krug, ist das, was der Krug als das fassende Gefäß ist.

Allein der Krug besteht doch aus Wand und Boden. Durch das, woraus der Krug besteht, steht er. Was wäre ein Krug, der nicht stünde? Zum mindesten ein mißratener Krug; also immer noch Krug, nämlich ein solcher, der zwar faßte, jedoch als ständig umfallender das Gefaßte auslaufen ließe. Doch auslaufen kann nur ein Gefäß.

Wand und Boden, woraus der Krug besteht und wodurch er steht, sind nicht das eigentlich Fassende. Wenn dies aber in der Leere des Kruges beruht, dann verfertigt der Töpfer, der auf der Drehscheibe Wand und Boden bildet, nicht eigentlich den Krug. Er gestaltet nur den Ton. Nein – er gestaltet die Leere. Für sie, in sie und aus ihr bildet er den Ton ins Gebild. Der Töpfer faßt zuerst und stets das Unfaßliche der Leere und stellt sie als das Fassende in die Gestalt des Gefäßes her. Die Leere des Kruges bestimmt jeden Griff des Herstellens. Das Dinghafte des Gefäßes beruht keineswegs im Stoff, daraus es besteht, sondern in der Leere, die faßt.

Allein, ist der Krug wirklich leer?

Die physikalische Wissenschaft versichert uns, der Krug sei mit Luft angefüllt und mit alldem, was das Gemisch der Luft ausmacht. Wir ließen uns durch eine halbpoetische Betrachtungsweise täuschen, als wir uns auf die Leere des Kruges beriefen, um das Fassende an ihm zu bestimmen.

Sobald wir uns jedoch herbeilassen, den wirklichen Krug wissenschaftlich auf seine Wirklichkeit hin zu untersuchen, zeigt sich ein anderer Sachverhalt. Wenn wir den Wein in den Krug gießen, wird lediglich die Luft, die den Krug schon füllt, verdrängt und durch eine Flüssigkeit ersetzt. Den Krug füllen, heißt, wissenschaftlich gesehen, eine Füllung gegen eine andere auswechseln.

Diese Angaben der Physik sind richtig. Die Wissenschaft stellt durch sie etwas Wirkliches vor, wonach sie sich objektiv richtet. Aber – ist dieses Wirkliche der Krug? Nein. Die Wissenschaft trifft immer nur auf das, was *ihre* Art des Vorstellens im Vorhinein als den für sie möglichen Gegenstand zugelassen hat.

Man sagt, das Wissen der Wissenschaft sei zwingend. Gewiß. Doch worin besteht ihr Zwingendes? Für unseren Fall in dem Zwang, den mit Wein gefüllten Krug preiszugeben und an seine Stelle einen Hohlraum zu setzen, in dem sich Flüssigkeit ausbreitet. Die Wissenschaft macht das Krug-Ding zu etwas Nichtigem, insofern sie Dinge als das maßgebende Wirkliche nicht zuläßt.

Das in seinem Bezirk, dem der Gegenstände, zwingende Wissen der Wissenschaft hat die Dinge als Dinge schon vernichtet, längst bevor die Atombombe explodierte. Deren Explosion ist nur die gröbste aller groben Bestätigungen der langher schon geschehenen Vernichtung des Dinges: dessen, daß das Ding als Ding nichtig bleibt. Die Dingheit des Dinges bleibt verborgen, vergessen. Das Wesen des Dinges kommt nie zum Vorschein, d. h. zur Sprache. Dies meint die Rede von der Vernichtung des Dinges als Ding. Die Vernichtung ist deshalb so unheimlich, weil sie eine zwiefache Verblendung vor sich her trägt: einmal die Meinung, daß die Wissenschaft allem übrigen Erfahren voraus das Wirkliche in seiner Wirklichkeit treffe, zum andern den Anschein, als ob, unbeschadet der wissenschaftlichen Erforschung des Wirklichen, die Dinge gleichwohl Dinge sein könnten, was voraussetzte, daß sie überhaupt je schon wesende Dinge waren. Hätten aber die Dinge sich je schon *als* Dinge in ihrer Dingheit gezeigt, dann wäre die Dingheit des Dinges offenbar geworden. *Sie* hätte das Denken in den Anspruch genommen. In Wahrheit bleibt jedoch das Ding als Ding verwehrt, nichtig und in solchem Sinne vernichtet. Dies geschah und geschieht so wesentlich, daß die Dinge nicht nur nicht mehr als Dinge zugelassen sind, sondern daß die Dinge überhaupt noch nie als Dinge dem Denken zu erscheinen vermochten.

Worauf beruht das Nichterscheinen des Dinges als Ding? Hat lediglich der Mensch es versäumt, das Ding als Ding vorzustellen? Der Mensch kann nur das versäumen, was ihm bereits zugewiesen ist. Vorstellen kann der Mensch, gleichviel in welcher Weise, nur solches, was erst zuvor von sich her sich gelichtet und in seinem dabei mitgebrachten Licht sich ihm gezeigt hat.

Was ist nun aber das Ding als Ding, daß sein Wesen noch nie zu erscheinen vermochte?

Kam das Ding noch nie genug in die Nähe, so daß der Mensch noch nicht hinreichend auf das Ding als Ding achten lernte? Was ist Nähe? Dies frugen wir schon. Wir befragen, um es zu erfahren, den Krug in der Nähe.

Worin beruht das Krughafte des Kruges? Wir haben es plötzlich aus dem Blick verloren und zwar in dem Augenblick, da sich der Anschein vordrängte, die Wissenschaft könne uns über die Wirklichkeit des wirklichen Kruges einen Aufschluß geben. Wir stellten das Wirkende des Gefäßes, sein Fassendes, die Leere, als einen mit Luft gefüllten Hohlraum vor. Das ist die Leere wirklich, physikalisch gedacht: aber es ist nicht die Leere des Kruges. Wir ließen die Leere des Kruges nicht *seine* Leere sein. Wir achteten dessen nicht, was am Gefäß das Fassende ist.

Wir bedachten nicht, wie das Fassen selber west. Darum mußte uns auch das entgehen, was der Krug faßt. Der Wein wurde für das wissenschaftliche Vorstellen zur bloßen Flüssigkeit, diese zu einem allgemeinen, überall möglichen Aggregatzustand der Stoffe. Wir unterließen es, dem nachzudenken, was der Krug faßt und wie er faßt.

Wie faßt die Leere des Kruges? Sie faßt, indem sie, was eingegossen wird, nimmt. Sie faßt, indem sie das Aufgenommene behält. Die Leere faßt in zwiefacher Weise: nehmend und behaltend. Das Wort «fassen» ist darum zweideutig. Das Nehmen von Einguß und das Einbehalten des Gusses gehören jedoch zusammen. Ihre Einheit aber wird vom Ausgießen her bestimmt, worauf der Krug als Krug abgestimmt ist. Das zwiefache Fassen der Leere beruht im Ausgießen. Als dieses ist das Fassen eigentlich, wie es ist. Ausgießen aus dem Krug ist schenken. Im Schenken des Gusses west das Fassen des Gefäßes. Das Fassen bedarf der Leere als des Fassenden. Das Wesen der fassenden Leere ist in das Schenken versammelt. Schenken aber ist reicher als das bloße Ausschenken. Das Schenken, worin der Krug Krug ist, versammelt sich in das zwiefache Fassen und zwar in das Ausgießen. Wir nennen die Versammlung der Berge das Gebirge. Wir nennen die Versammlung des zwiefachen Fassens in das Ausgießen, die als Zusammen erst das volle Wesen des Schenkens ausmacht: das Geschenk. Das Krughafte des Kruges west im Geschenk des Gusses. Auch der leere Krug behält sein Wesen aus dem Geschenk, wenngleich der leere Krug ein Ausschenken nicht zuläßt. Aber dieses Nichtzulassen eignet dem Krug und nur dem Krug. Eine Sense dagegen oder ein Hammer sind unvermögend zu einem Nichtzulassen dieses Schenkens.

Das Geschenk des Gusses kann ein Trunk sein. Er gibt Wasser, er gibt Wein zu trinken.

Im Wasser des Geschenkes weilt die Quelle. In der Quelle weilt das Gestein, in ihm der dunkle Schlummer der Erde, die Regen und Tau des Himmels empfängt. Im Wasser der Quelle weilt die Hochzeit von Himmel und Erde. Sie weilt im Wein, den die Frucht des Rebstocks gibt, in der das Nährende der Erde und die Sonne des Himmels einander zugetraut sind. Im Geschenk von Wasser, im Geschenk von Wein weilen jeweils Himmel und Erde. Das Geschenk des Gusses aber ist das Krughafte des Kruges. Im Wesen des Kruges weilen Erde und Himmel.

Das Geschenk des Gusses ist der Trunk für die Sterblichen. Er labt ihren Durst. Er erquickt ihre Muße. Er erheitert ihre Geselligkeit. Aber das Geschenk des Kruges wird bisweilen auch zur Weihe geschenkt. Ist der Guß zur Weihe, dann stillt er nicht einen Durst. Er stillt die Feier des Festes ins Hohe. Jetzt wird das Geschenk des Gusses weder in einer Schenke geschenkt, noch ist das Geschenk ein Trunk für die Sterblichen. Der Guß ist der den unsterblichen Göttern gespendete Trank. Das Geschenk des Gusses als Trank ist das eigentliche Geschenk. Im Schenken des geweihten Trankes west der gießende Krug als das schenkende Geschenk. Der geweihte Trank ist das, was das Wort «Guß» eigentlich nennt: Spende und Opfer. «Guß», «gießen» lautet griechisch: χέειν, indogermanisch: ghu. Das bedeutet: opfern. Gießen ist, wo es wesentlich vollbracht, zureichend gedacht und echt gesagt wird: spenden, opfern und deshalb schenken. Darum allein kann das Gießen, sobald sein Wesen verkümmert, zum bloßen Ein- und Ausschenken werden, bis es schließlich im gewöhnlichen Ausschank verwest. Gießen ist nicht das bloße Ein- und Ausschütten.

Im Geschenk des Gusses, der ein Trunk ist, weilen nach ihrer Weise die Sterblichen. Im Geschenk des Gusses, der ein Trank ist, weilen nach ihrer Weise die Göttlichen, die das Geschenk des Schenkens als das Geschenk der Spende zurückempfangen. Im Geschenk des Gusses weilen je verschieden die Sterblichen und die Göttlichen. Im Geschenk des Gusses weilen Erde und Himmel. Im Geschenk des Gusses weilen *zumal* Erde und Him-

mel, die Göttlichen und die Sterblichen. Diese Vier gehören, von sich her einig, zusammen. Sie sind, allem Anwesenden zuvorkommend, in ein einziges Geviert eingefaltet.
Im Geschenk des Gusses weilt die Einfalt der Vier.
Das Geschenk des Gusses ist Geschenk, insofern es Erde und Himmel, die Göttlichen und die Sterblichen verweilt. Doch Verweilen ist jetzt nicht mehr das bloße Beharren eines Vorhandenen. Verweilen ereignet. Es bringt die Vier in das Lichte ihres Eigenen. Aus dessen Einfalt sind sie einander zugetraut. In diesem Zueinander einig, sind sie unverborgen. Das Geschenk des Gusses verweilt die Einfalt des Gevierts der Vier. Im Geschenk aber west der Krug als Krug. Das Geschenk versammelt, was zum Schenken gehört: das zwiefache Fassen, das Fassende, die Leere und das Ausgießen als Spenden. Das im Geschenk Versammelte sammelt sich selbst darin, das Geviert ereignend zu verweilen. Dieses vielfältig einfache Versammeln ist das Wesende des Kruges. Unsere Sprache nennt, was Versammlung ist, in einem alten Wort. Dies lautet: thing. Das Wesen des Kruges ist die reine schenkende Versammlung des einfältigen Gevierts in eine Weile. Der Krug west als Ding. Der Krug ist der Krug als ein Ding. Wie aber west das Ding? Das Ding dingt. Das Dingen versammelt. Es sammelt, das Geviert ereignend, dessen Weile in ein je Weiliges: in dieses, in jenes Ding.
Wir geben dem so erfahrenen und gedachten Wesen des Kruges den Namen Ding. Wir denken jetzt diesen Namen aus dem gedachten Wesen des Dinges, aus dem Dingen als dem versammelnd-ereignenden Verweilen des Gevierts. Wir erinnern jedoch dabei zugleich an das althochdeutsche Wort thing. Dieser sprachgeschichtliche Hinweis verführt leicht dazu, die Art, wie wir jetzt das Wesen des Dinges denken, mißzuverstehen. Es könnte so aussehen, als werde das jetzt gedachte Wesen des Dinges aus der zufällig aufgegriffenen Wortbedeutung des althochdeutschen Namens thing gleichsam herausgedröselt. Der Ver-

dacht regt sich, die jetzt versuchte Erfahrung des Wesens des Dinges sei auf die Willkür einer etymologischen Spielerei gegründet. Die Meinung verfestigt sich und wird schon landläufig, hier werde, statt die Wesensverhalte zu bedenken, lediglich das Wörterbuch benützt.

Doch das Gegenteil solcher Befürchtungen ist der Fall. Wohl bedeutet das althochdeutsche Wort thing die Versammlung und zwar die Versammlung zur Verhandlung einer in Rede stehenden Angelegenheit, eines Streitfalles. Demzufolge werden die alten deutschen Wörter thing und dinc zu den Namen für Angelegenheit; sie nennen jegliches, was den Menschen in irgendeiner Weise anliegt, sie angeht, was demgemäß in Rede steht. Das in Rede Stehende nennen die Römer res; εἴρω (ῥητός, ῥήτρα, ῥῆμα) heißt griechisch: über etwas reden, darüber verhandeln; res publica heißt nicht: der Staat, sondern das, was jeden im Volke offenkundig angeht, ihn «hat» und darum öffentlich verhandelt wird.

Nur deshalb, weil res das Angehende bedeutet, kann es zu den Wortverbindungen res adversae, res secundae kommen; jenes ist das, was den Menschen in widriger Weise angeht; dieses, was den Menschen günstig geleitet. Die Wörterbücher übersetzen res adversae zwar richtig mit Unglück, res secundae mit Glück; von dem jedoch, was die Wörter, als gedachte gesprochen, sagen, berichten die Wörterbücher wenig. In Wahrheit steht es darum hier und in den übrigen Fällen nicht so, daß unser Denken von der Etymologie lebt, sondern daß die Etymologie darauf verwiesen bleibt, zuvor die Wesensverhalte dessen zu bedenken, was die Wörter als Worte unentfaltet nennen.

Das römische Wort res nennt das, was den Menschen angeht, die Angelegenheit, den Streitfall, den Fall. Dafür gebrauchen die Römer auch das Wort causa. Das heißt eigentlich und zuerst keineswegs «Ursache»; causa meint den Fall und deshalb auch solches, was der Fall ist, daß sich etwas begibt und fällig wird.

Nur weil causa, fast gleichbedeutend mit res, den Fall bedeutet, kann in der Folge das Wort causa zur Bedeutung von Ursache gelangen, im Sinne der Kausalität einer Wirkung. Das altdeutsche Wort thing und dinc ist mit seiner Bedeutung von Versammlung, nämlich zur Verhandlung einer Angelegenheit, wie kein anderes dazu geeignet, das römische Wort res, das Angehende, sachgemäß zu übersetzen. Aus demjenigen Wort der römischen Sprache aber, das innerhalb ihrer dem Wort res entspricht, aus dem Wort causa in der Bedeutung von Fall und Angelegenheit, wird das romanische la cosa und das französische la chose; wir sagen: das Ding. Im Englischen hat thing noch die erfüllte Nennkraft des römischen Wortes res bewahrt: he knows his things, er versteht sich auf seine «Sachen», auf das, was ihn angeht; he knows how to handle things, er weiß, wie man mit Sachen umgehen muß, d. h. mit dem, worum es sich von Fall zu Fall handelt; that's a great thing: das ist eine große (feine, gewaltige, herrliche) Sache, d. h. ein aus sich Kommendes, den Menschen Angehendes.

Allein das Entscheidende ist nun keineswegs die hier kurz erwähnte Bedeutungsgeschichte der Wörter res, Ding, causa, cosa und chose, thing, sondern etwas ganz anderes und bisher überhaupt noch nicht Bedachtes. Das römische Wort res nennt das, was den Menschen in irgend einer Weise angeht. Das Angehende ist das Reale der res. Die realitas der res wird römisch erfahren als der Angang. Aber: die Römer haben ihr so Erfahrenes niemals eigens in seinem Wesen gedacht. Vielmehr wird die römische realitas der res aus der Übernahme der spätgriechischen Philosophie im Sinne des griechischen ὄν vorgestellt; ὄν, lateinisch ens, bedeutet das Anwesende im Sinne des Herstandes. Die res wird zum ens, zum Anwesenden im Sinne des Her- und Vorgestellten. Die eigentümliche realitas der ursprünglich römisch erfahrenen res, der Angang, bleibt als Wesen des Anwesenden verschüttet. Umgekehrt dient der Name res in der Folgezeit, insbesondere im Mittelalter, zur Bezeichnung jedes ens qua ens, d. h. jedes irgendwie Anwesenden, auch wenn es nur im Vorstellen hersteht und anwest wie das ens rationis. Das Gleiche wie mit dem Wort res geschieht mit dem entsprechenden Namen dinc; denn dinc heißt jegliches, was irgendwie ist. Demgemäß gebraucht der Meister Eckhart das Wort dinc sowohl für Gott als auch für die Seele. Gott ist ihm das «hoechste und oberste dinc». Die Seele ist ein «groz dinc». Damit will dieser Meister des Denkens keineswegs sagen, Gott und die Seele seien dergleichen wie ein Felsblock: ein stofflicher Gegenstand; dinc ist hier der vorsichtige und enthaltsame Name für etwas, das überhaupt ist. So sagt der Meister Eckhart nach einem Wort des Dionysius Areopagita: diu minne ist der natur, daz si den menschen wandelt in die dinc, die er minnet.

Weil das Wort Ding im Sprachgebrauch der abendländischen Metaphysik das nennt, was überhaupt und irgendwie etwas ist, deshalb ändert sich die Bedeutung des Namens «Ding» entsprechend der Auslegung dessen, was ist, d. h. des Seienden. Kant spricht in der gleichen Weise wie der Meister Eckhart von den Dingen und meint mit diesem Namen etwas, das ist. Aber für Kant wird das, was ist, zum Gegenstand des Vorstellens, das im Selbstbewußtsein des menschlichen Ich abläuft. Das Ding an sich bedeutet für Kant: der Gegenstand an sich. Der Charakter des «An-sich» besagt für Kant, daß der Gegenstand an sich Gegenstand ist ohne die Beziehung auf das menschliche Vorstellen, d. h. ohne das «Gegen», wodurch er für dieses Vorstellen allererst steht. «Ding an sich» bedeutet, streng kantisch gedacht, einen Gegenstand, der für uns keiner ist, weil er stehen soll ohne ein mögliches Gegen: für das menschliche Vorstellen, das ihm entgegnet.

Weder die längst vernutzte allgemeine Bedeutung des in der Philosophie gebrauchten Namens «Ding», noch die althochdeutsche Bedeutung des Wortes «thing» helfen uns aber das geringste in der Notlage, die Wesensherkunft dessen zu erfahren und hinreichend zu denken, was wir jetzt vom Wesen des Kruges sagen. Wohl dagegen trifft zu, daß *ein* Bedeutungsmoment aus dem alten Sprachgebrauch des Wortes thing, nämlich «versammeln», auf das zuvor gedachte Wesen des Kruges anspricht.

Der Krug ist ein Ding weder im Sinne der römisch gemeinten res, noch im Sinne des mittelalterlich vorgestellten ens, noch gar im Sinne des neuzeitlich vorgestellten Gegenstandes. Der Krug ist Ding, insofern er dingt. Aus dem Dingen des Dinges ereignet sich und bestimmt sich auch erst das Anwesen des Anwesenden von der Art des Kruges.

Heute ist alles Anwesende gleich nah und gleich fern. Das Abstandlose herrscht. Alles Verkürzen und Beseitigen der Entfernungen bringt jedoch keine Nähe. Was ist die Nähe? Um das Wesen der Nähe zu finden, bedachten wir den Krug in der Nähe. Wir suchten das Wesen der Nähe und fanden das Wesen des Kruges als Ding. Aber in diesem Fund gewahren wir zugleich das Wesen der Nähe. Das Ding dingt. Dingend verweilt es Erde und Himmel, die Göttlichen und die Sterblichen; verweilend bringt das Ding die Vier in ihren Fernen einander nahe. Dieses Nahebringen ist das Nähern. Nähern ist das Wesen der Nähe. Nähe nähert das Ferne und zwar als das Ferne. Nähe wahrt die Ferne. Ferne wahrend, west die Nähe in ihrem Nähern. Solchermaßen nähernd, verbirgt die Nähe sich selber und bleibt nach ihrer Weise am nächsten.

Das Ding ist nicht «in» der Nähe, als sei diese ein Behälter. Nähe waltet im Nähern als das Dingen des Dinges.

Dingend verweilt das Ding die einigen Vier, Erde und Himmel, die Göttlichen und die Sterblichen, in der Einfalt ihres aus sich her einigen Gevierts.

Die Erde ist die bauend Tragende, die nährend Fruchtende, hegend Gewässer und Gestein, Gewächs und Getier.

Sagen wir Erde, dann denken wir schon die anderen Drei mit aus der Einfalt der Vier.

Der Himmel ist der Sonnengang, der Mondlauf, der Glanz der Gestirne, die Zeiten des Jahres, Licht und Dämmer des Tages, Dunkel und Helle der Nacht, die Gunst und das Unwirtliche der Wetter, Wolkenzug und blauende Tiefe des Äthers.

Sagen wir Himmel, dann denken wir schon die anderen Drei mit aus der Einfalt der Vier.

Die Göttlichen sind die winkenden Boten der Gottheit. Aus dem verborgenen Walten dieser erscheint der Gott in sein Wesen, das ihn jedem Vergleich mit dem Anwesenden entzieht.

Nennen wir die Göttlichen, dann denken wir die anderen Drei mit aus der Einfalt der Vier.

Die Sterblichen sind die Menschen. Sie heißen die Sterblichen, weil sie sterben können. Sterben heißt: den Tod als Tod vermögen. Nur der Mensch stirbt. Das Tier verendet. Es hat den Tod als Tod weder vor sich noch hinter sich. Der Tod ist der Schrein des Nichts, dessen nämlich, was in aller Hinsicht niemals etwas bloß Seiendes ist, was aber gleichwohl west, sogar als das Geheimnis des Seins selbst. Der Tod birgt als der Schrein des Nichts das Wesende des Seins in sich. Der Tod ist als der Schrein des Nichts das Gebirg des Seins. Die Sterblichen nennen wir jetzt die Sterblichen – nicht, weil ihr irdisches Leben endet, sondern weil sie den Tod als Tod vermögen. Die Sterblichen sind, die sie sind, als die Sterblichen, wesend im Gebirg des Seins. Sie sind das wesende Verhältnis zum Sein als Sein.

Die Metaphysik dagegen stellt den Menschen als animal, als Lebewesen vor. Auch wenn die ratio die animalitas durchwaltet, bleibt das Menschsein vom Leben und Erleben her bestimmt. Die vernünftigen Lebewesen müssen erst zu Sterblichen *werden*.

Sagen wir: die Sterblichen, dann denken wir die anderen Drei mit aus der Einfalt der Vier.

Erde und Himmel, die Göttlichen und die Sterblichen gehören, von sich her zueinander einig, aus der Einfalt des einigen Gevierts zusammen. Jedes der Vier spiegelt in seiner Weise das Wesen der übrigen wieder. Jedes spiegelt sich dabei nach seiner Weise in sein Eigenes innerhalb der Einfalt der Vier zurück. Dieses Spiegeln ist kein Darstellen eines Abbildes. Das Spiegeln ereignet, jedes der Vier lichtend, deren eigenes Wesen in die einfältige Vereignung zueinander. Nach dieser ereignend-lichtenden Weise spiegelnd, spielt sich jedes der Vier jedem der übrigen zu. Das ereignende Spiegeln gibt jedes der Vier in sein Eigenes frei, bindet aber die Freien in die Einfalt ihres wesenhaften Zueinander.

Das ins Freie bindende Spiegeln ist das Spiel, das jedes der Vier jedem zutraut aus dem faltenden Halt der Vereignung. Keines der Vier versteift sich auf sein gesondertes Besonderes. Jedes der Vier ist innerhalb ihrer Vereignung vielmehr zu einem Eigenen enteignet. Dieses enteignende Vereignen ist das Spiegel-Spiel des Gevierts. Aus ihm ist die Einfalt der Vier getraut.

Wir nennen das ereignende Spiegel-Spiel der Einfalt von Erde und Himmel, Göttlichen und Sterblichen die Welt. Welt west, indem sie weltet. Dies sagt: das Welten von Welt ist weder durch anderes erklärbar noch aus anderem ergründbar. Dies Unmögliche liegt nicht daran, daß unser menschliches Denken zu solchem Erklären und Begründen unfähig ist. Vielmehr beruht das Unerklärbare und Unbegründbare des Weltens von Welt darin, daß so etwas wie Ursachen und Gründe dem Welten von Welt ungemäß bleiben. Sobald menschliches Erkennen hier ein Erklären verlangt, übersteigt es nicht das Wesen von Welt, sondern es fällt unter das Wesen von Welt herab. Das menschliche Erklärenwollen langt überhaupt nicht in das Einfache der Einfalt des Weltens hin. Die einigen Vier sind in ihrem Wesen schon erstickt, wenn man sie nur als vereinzeltes Wirkliches vorstellt, das durch einander begründet und aus einander erklärt werden soll.

Die Einheit des Gevierts ist die Vierung. Doch die Vierung macht sich keineswegs so, daß sie die Vier umfaßt und als dieses Umfassende erst nachträglich zu ihnen dazukommt. Die Vierung erschöpft sich ebensowenig darin, daß die Vier, nun einmal vorhanden, lediglich beieinander stehen.
Die Vierung west als das ereignende Spiegel-Spiel der einfältig einander Zugetrauten. Die Vierung west als das Welten von Welt. Das Spiegel-Spiel von Welt ist der Reigen des Ereignens. Deshalb umgreift der Reigen auch die Vier nicht erst wie ein Reif. Der Reigen ist der Ring, der ringt, indem er als das Spiegeln spielt. Ereignend lichtet er die Vier in den Glanz ihrer Einfalt. Erglänzend vereignet der Ring die Vier überallhin offen in das Rätsel ihres Wesens. Das gesammelte Wesen des also ringenden Spiegel-Spiels der Welt ist das Gering. Im Gering des spiegelnd-spielenden Rings schmiegen sich die Vier in ihr einiges und dennoch je eigenes Wesen. Also schmiegsam fügen sie fügsam weltend die Welt.
Schmiegsam, schmiedbar, geschmeidig, fügsam, leicht heißt in unserer alten deutschen Sprache «ring» und «gering». Das Spiegel-Spiel der weltenden Welt entringt als das Gering des Ringes die einigen Vier in das eigene Fügsame, das Ringe ihres Wesens. Aus dem Spiegel-Spiel des Gerings des Ringen ereignet sich das Dingen des Dinges.
Das Ding verweilt das Geviert. Das Ding dingt Welt. Jedes Ding verweilt das Geviert in ein je Weiliges von Einfalt der Welt.
Wenn wir das Ding in seinem Dingen aus der weltenden Welt wesen lassen, denken wir an das Ding als das Ding. Dergestalt andenkend lassen wir uns vom weltenden Wesen des Dinges angehen. So denkend sind wir vom Ding als dem Ding gerufen. Wir sind im strengen Sinne des Wortes die Be-Dingten. Wir haben die Anmaßung alles Unbedingten hinter uns gelassen.
Denken wir das Ding als Ding, dann schonen wir das Wesen des Dinges in den Bereich, aus dem es west. Dingen ist Nähern von

Welt. Nähern ist das Wesen der Nähe. Insofern wir das Ding als das Ding schonen, bewohnen wir die Nähe. Das Nähern der Nähe ist die eigentliche und die einzige Dimension des Spiegel-Spiels der Welt.

Das Ausbleiben der Nähe in allem Beseitigen der Entfernungen hat das Abstandlose zur Herrschaft gebracht. Im Ausbleiben der Nähe bleibt das Ding in dem gesagten Sinne als Ding vernichtet. Wann aber und wie sind Dinge als Dinge? So fragen wir inmitten der Herrschaft des Abstandlosen.

Wann und wie kommen Dinge als Dinge? Sie kommen nicht *durch* die Machenschaft des Menschen. Sie kommen aber auch nicht *ohne* die Wachsamkeit der Sterblichen. Der erste Schritt zu solcher Wachsamkeit ist der Schritt zurück aus dem nur vorstellenden, d. h. erklärenden Denken in das andenkende Denken.

Der Schritt zurück von einem Denken in das andere ist freilich kein bloßer Wechsel der Einstellung. Dergleichen kann er schon deshalb nie sein, weil alle Einstellungen samt den Weisen ihres Wechselns in den Bezirk des vorstellenden Denkens verhaftet bleiben. Der Schritt zurück verläßt allerdings den Bezirk des bloßen Sicheinstellens. Der Schritt zurück nimmt seinen Aufenthalt in einem Entsprechen, das, im Weltwesen von diesem angesprochen, innerhalb seiner ihm antwortet. Für die Ankunft des Dinges als Ding vermag ein bloßer Wechsel der Einstellung nichts, wie denn auch all das, was jetzt als Gegenstand im Abstandlosen steht, sich niemals zu Dingen lediglich umstellen läßt. Nie auch kommen Dinge als Dinge dadurch, daß wir vor den Gegenständen nur ausweichen und vormalige alte Gegenstände er-innern, die vielleicht einmal unterwegs waren, Dinge zu werden und gar als Dinge anzuwesen.

Was Ding wird, ereignet sich aus dem Gering des Spiegel-Spiels der Welt. Erst wenn, jäh vermutlich, Welt als Welt weltet, erglänzt der Ring, dem sich das Gering von Erde und Himmel,

Göttlichen und Sterblichen in das Ringe seiner Einfalt entringt.

Diesem Geringen gemäß ist das Dingen selbst gering und das je weilige Ding ring, unscheinbar fügsam seinem Wesen. Ring ist das Ding: der Krug und die Bank, der Steg und der Pflug. Ding ist aber auch nach seiner Weise der Baum und der Teich, der Bach und der Berg. Dinge sind, je weilig in ihrer Weise dingend, Reiher und Reh, Pferd und Stier. Dinge sind, je weilig nach ihrer Weise dingend, Spiegel und Spange, Buch und Bild, Krone und Kreuz.

Ring und gering aber sind die Dinge auch in der Zahl, gemessen an der Unzahl der überall gleich gültigen Gegenstände, gemessen am Unmaß des Massenhaften des Menschen als eines Lebewesens.

Erst die Menschen als die Sterblichen erlangen wohnend die Welt als Welt. Nur was aus Welt gering, wird einmal Ding.

NACHWORT

Ein Brief an einen jungen Studenten

Freiburg i. Br. den 18. Juni 1950

Lieber Herr Buchner!

Ich danke Ihnen für Ihren Brief. Die Fragen sind wesentlich und die Argumentation richtig. Dennoch bleibt zu bedenken, ob sie schon an das Entscheidende gelangen.

Sie fragen: woher empfängt (verkürzt gesprochen) das Denken des Seins die Weisung?

Sie werden dabei «Sein» nicht als ein Objekt und das Denken nicht als bloße Tätigkeit eines Subjekts nehmen. Denken, wie es dem Vortrag (Das Ding) zugrunde liegt, ist kein bloßes Vorstellen eines Vorhandenen. «Sein» ist keineswegs identisch mit der Wirklichkeit oder mit dem gerade festgestellten Wirklichen. Sein ist auch keineswegs dem Nicht-mehr-sein und dem Noch-nicht-sein entgegengesetzt; diese beiden gehören selber zum Wesen des Seins. Solches ahnte sogar ein Stück weit schon die Metaphysik in ihrer allerdings kaum verstandenen Lehre von den Modalitäten, nach der zum Sein die Möglichkeit ebenso gehört wie die Wirklichkeit und die Notwendigkeit.

Im Denken des Seins wird niemals nur ein Wirkliches vor-ge-stellt und dieses Vorgestellte als *das* Wahre ausgegeben. «Sein» denken heißt: dem Anspruch seines Wesens entsprechen. Das Entsprechen entstammt dem Anspruch und entläßt sich zu ihm. Das Entsprechen ist ein Zurücktreten vor dem Anspruch und dergestalt ein Eintreten in seine Sprache. Zum Anspruch des Seins gehört aber das früh enthüllte Gewesene (Ἀλήθεια, Λόγος, Φύσις) ebenso wie die verhüllte Ankunft dessen, was sich in der möglichen Kehre der Vergessenheit des Seins (in die Wahrnis seines Wesens) ankündigt. Auf all dieses zumal muß das Entsprechen aus langer Sammlung und in steter Prüfung des Gehörs achten, um einen Anspruch des Seins zu hören. Aber gerade dabei kann es sich verhören. Die Möglichkeit des Irrgangs ist bei diesem Denken die größte. Dieses Denken kann sich nie ausweisen wie das mathematische Wissen. Aber es ist ebensowenig Willkür, sondern gebunden an das Wesensgeschick des Seins, selber jedoch nie verbindlich als Aussage, vielmehr nur möglicher Anlaß, den Weg des Entsprechens zu gehen und zwar zu gehen in der vollen Sammlung der Bedachtsamkeit auf das *schon* zur Sprache gekommene Sein.

Der Fehl Gottes und des Göttlichen ist Abwesenheit. Allein Abwesenheit ist nicht nichts, sondern sie ist die gerade erst anzueignende Anwesenheit der verborgenen Fülle des Gewesenen und so versammelt Wesenden, des Göttlichen im Griechentum, im Prophetisch-Jüdischen, in der Predigt Jesu. Dieses Nicht-mehr ist in sich ein Noch-nicht der verhüllten Ankunft seines unausschöpfbaren Wesens. Wächterschaft des Seins kann, da Sein niemals das nur gerade Wirkliche ist, keineswegs gleichgesetzt werden mit der Funktion eines Wachtpostens, der die in einem Gebäude untergebrachten Schätze vor Einbrechern schützt. Wächterschaft des Seins starrt nicht auf das Vorhandene. In diesem, für sich genommen, ist nie ein Anspruch des Seins zu finden. Wächterschaft ist Wachsamkeit für das gewesend-kommende Geschick des Seins aus langer und sich stets erneuernder Bedachtsamkeit, die auf die Weisung achtet, wie Sein anspricht. Im Geschick des Seins gibt es nie ein bloßes Nacheinander: jetzt Gestell, dann Welt und Ding, sondern jeweils Vorbeigang und Gleichzeitigkeit des Frühen und Späten. In Hegels Phänomenologie des Geistes west die ’Αλήθεια an, wenngleich verwandelt.

Das Denken des Seins ist als Entsprechen eine sehr irrige und dazu eine sehr dürftige Sache. Das Denken ist vielleicht doch ein unumgänglicher Weg, der kein Heilsweg sein will und keine

neue Weisheit bringt. Der Weg ist höchstens ein Feldweg, ein
Weg über Feld, der nicht nur vom Verzicht redet, sondern schon
verzichtet hat, nämlich auf den Anspruch einer verbindlichen
Lehre und einer gültigen Kulturleistung oder einer Tat des
Geistes. Alles liegt an dem sehr irrevollen Schritt zurück in das
Bedenken, das auf die im Geschick des Seins sich vorzeichnende
Kehre der Vergessenheit des Seins achtet. Der Schritt zurück
aus dem vorstellenden Denken der Metaphysik verwirft dieses
Denken nicht, aber es öffnet die Ferne zum Anspruch der
Wahr-heit des Seins, in der das Entsprechen steht und geht.

Öfter schon begegnete es mir und zwar gerade bei nahestehenden Menschen, daß man sehr gern und aufmerksam auf die
Darstellung des Krugwesens hört, daß man aber sofort die Ohren
verschließt, wenn von Gegenständlichkeit, Herstand und Herkunft der Hergestelltheit, wenn vom Gestell die Rede ist. Aber
all dieses gehört notwendig mit zum Denken des Dinges, welches Denken an die mögliche Ankunft von Welt denkt und,
also andenkend, vielleicht im Allergeringsten und Unscheinbaren dazu hilft, daß solche Ankunft bis in den geöffneten Bereich des Menschenwesens gelangt.

Zu den seltsamen Erfahrungen, die ich mit meinem Vortrag
mache, gehört auch die, daß man mein Denken danach befragt,
woher es seine Weisung empfange, gleich als ob diese Frage nur
gegenüber diesem Denken nötig sei. Dagegen läßt sich niemand
einfallen zu fragen: woher hat Platon die Weisung, das Sein
als ἰδέα zu denken, woher hat Kant die Weisung, das Sein als
das Transzendentale der Gegenständlichkeit, als Position (Gesetztheit) zu denken?

Aber vielleicht läßt sich eines Tages die Antwort auf diese Fragen gerade denjenigen Denkversuchen entnehmen, die wie die
meinen sich als gesetzlose Willkür ausnehmen.

Ich kann Ihnen, was Sie auch nicht verlangen, keine Ausweiskarte liefern, mit deren Hilfe das von mir Gesagte als mit «der

Wirklichkeit» übereinstimmend jederzeit bequem ausgewiesen werden könnte.

Alles ist hier Weg des prüfend hörenden Entsprechens. Weg ist immer in der Gefahr, Irrweg zu werden. Solche Wege zu gehen, verlangt Übung im Gang. Übung braucht Handwerk. Bleiben Sie in der echten Not auf dem Weg und lernen Sie un-ent-wegt, jedoch beirrt, das Handwerk des Denkens.

Mit einem freundschaftlichen Gruß.

«...DICHTERISCH WOHNET
DER MENSCH...»

Das Wort ist einem späten und eigentümlich überlieferten Gedicht Hölderlins entnommen. Es beginnt: «In lieblicher Bläue blühet mit dem metallenen Dache der Kirchturm...» (Stuttg. Ausg. 2, 1 S. 372 ff.; Hellingrath VI S. 24 ff) Damit wir das Wort «...dichterisch wohnet der Mensch...» recht hören, müssen wir es bedachtsam dem Gedicht zurückgeben. Darum bedenken wir das Wort. Wir klären die Bedenken, die es so gleich erweckt. Denn sonst fehlt uns die freie Bereitschaft, dem Wort dadurch zu antworten, daß wir ihm folgen.

«...dichterisch wohnet der Mensch...» Daß Dichter bisweilen dichterisch wohnen, ließe sich zur Not vorstellen. Wie soll jedoch «der Mensch», dies meint: jeder Mensch und ständig dichterisch wohnen? Bleibt nicht alles Wohnen unverträglich mit dem Dichterischen? Unser Wohnen ist von der Wohnungsnot bedrängt. Selbst wenn es anders wäre, unser heutiges Wohnen ist gehetzt durch die Arbeit, unstet durch die Jagd nach Vorteil und Erfolg, behext durch den Vergnügungs- und Erholungsbetrieb. Wo aber im heutigen Wohnen noch Raum bleibt für das Dichterische und abgesparte Zeit, vollzieht sich, wenn es hoch kommt, eine Beschäftigung mit dem Schöngeistigen, sei dieses geschrieben oder gesendet. Die Poesie wird entweder als ein verspieltes Schmachten und Verflattern ins Unwirkliche verleugnet und als Flucht in die Idylle verneint, oder man rechnet die Dichtung zur Literatur. Deren Geltung wird mit dem Maßstab der jeweiligen Aktualität abgeschätzt. Das Aktuelle seinerseits ist durch die Organe der öffentlichen zivilisatorischen Meinungsbildung gemacht und gelenkt. Einer ihrer Funktionäre, das heißt Antreiber und Getriebener zugleich, ist der literarische

Betrieb. Dichtung kann so nicht anders erscheinen denn als Literatur. Wo sie gar bildungsmäßig und wissenschaftlich betrachtet wird, ist sie Gegenstand der Literarhistorie. Abendländische Dichtung läuft unter dem Gesamttitel «Europäische Literatur».

Wenn nun aber die Dichtung zum voraus ihre einzige Existenzform im Literarischen hat, wie soll da menschliches Wohnen auf das Dichterische gegründet werden? Das Wort, der Mensch wohne dichterisch, stammt denn auch nur von einem Dichter und zwar von jenem, der, wie man hört, mit dem Leben nicht fertig wurde. Die Art der Dichter ist es, das Wirkliche zu übersehen. Statt zu wirken, träumen sie. Was sie machen, ist nur eingebildet. Einbildungen sind lediglich gemacht. Mache heißt griechisch Ποίησις. Das Wohnen des Menschen soll Poesie und poetisch sein? Dies kann doch nur annehmen, wer abseits vom Wirklichen steht und nicht sehen will, in welchem Zustand das heutige geschichtlich-gesellschaftliche Leben der Menschen – die Soziologen nennen es das Kollektiv – sich befindet.

Doch ehe wir in so grober Weise Wohnen und Dichten für unvereinbar erklären, mag es gut sein, nüchtern auf das Wort des Dichters zu achten. Es spricht vom Wohnen des Menschen. Es beschreibt nicht Zustände des heutigen Wohnens. Es behauptet vor allem nicht, Wohnen bedeute das Innehaben einer Wohnung. Es sagt auch nicht, das Dichterische erschöpfe sich im unwirklichen Spiel der poetischen Einbildungskraft. Wer also unter den Nachdenklichen möchte sich dann anmaßen, bedenkenlos und von einer etwas fragwürdigen Höhe herab zu erklären, das Wohnen und das Dichterische seien unverträglich? Vielleicht vertragen sich beide. Mehr noch. Vielleicht trägt sogar das eine das andere, so nämlich, daß dieses, das Wohnen, in jenem, dem Dichterischen, beruht. Wenn wir freilich solches vermuten, dann ist uns zugemutet, das Wohnen und das Dichten aus ihrem Wesen zu denken. Sperren wir uns gegen diese Zumutung nicht, dann denken wir das, was man sonst die Existenz des Menschen nennt, aus dem Wohnen. Damit lassen wir allerdings die gewöhnliche Vorstellung vom Wohnen fahren. Nach ihr bleibt das Wohnen nur eine Verhaltungsweise des Menschen neben vielen anderen. Wir arbeiten in der Stadt, wohnen jedoch außerhalb. Wir sind auf einer Reise und wohnen dabei bald hier, bald dort. Das so gemeinte Wohnen ist stets nur das Innehaben einer Unterkunft.

Wenn Hölderlin vom Wohnen spricht, schaut er den Grundzug des menschlichen Daseins. Das «Dichterische» aber erblickt er aus dem Verhältnis zu diesem wesentlich verstandenen Wohnen.

Dies bedeutet freilich nicht, das Dichterische sei nur eine Verzierung und eine Zugabe zum Wohnen. Das Dichterische des Wohnens meint auch nicht nur, das Dichterische komme auf irgendeine Weise bei allem Wohnen vor. Vielmehr sagt das Wort: «... dichterisch wohnet der Mensch ...»: das Dichten läßt das Wohnen allererst ein Wohnen sein. Dichten ist das eigentliche Wohnenlassen. Allein wodurch gelangen wir zu einer Wohnung? Durch das Bauen. Dichten ist, als Wohnenlassen, ein Bauen.

So stehen wir vor einer doppelten Zumutung: einmal das, was man die Existenz des Menschen nennt, aus dem Wesen des Wohnens zu denken; zum anderen das Wesen des Dichtens als Wohnenlassen, als ein, vielleicht sogar als *das* ausgezeichnete Bauen zu denken. Suchen wir das Wesen der Dichtung nach der jetzt genannten Hinsicht, dann gelangen wir in das Wesen des Wohnens.

Allein woher haben wir Menschen die Auskunft über das Wesen des Wohnens und des Dichtens? Woher nimmt der Mensch überhaupt den Anspruch, in das Wesen einer Sache zu gelangen? Der Mensch kann diesen Anspruch nur dorther nehmen, von woher er ihn empfängt. Er empfängt ihn aus dem Zuspruch der Sprache. Freilich nur dann, wenn er und solange er das eigene

Wesen der Sprache schon achtet. Indessen rast ein zügelloses, aber zugleich gewandtes Reden und Schreiben und Senden von Gesprochenem rings um den Erdball. Der Mensch gebärdet sich, als sei er Bildner und Meister der Sprache, während doch sie die Herrin des Menschen bleibt. Wenn dieses Herrschaftsverhältnis sich umkehrt, dann verfällt der Mensch auf seltsame Machenschaften. Die Sprache wird zum Mittel des Ausdrucks. Als Ausdruck kann die Sprache zum bloßen Druckmittel herabsinken. Daß man auch bei solcher Benutzung der Sprache noch auf die Sorgfalt des Sprechens hält, ist gut. Dies allein hilft uns jedoch nie aus der Verkehrung des wahren Herrschaftsverhältnisses zwischen der Sprache und dem Menschen. Denn eigentlich spricht die Sprache. Der Mensch spricht erst und nur, insofern er der Sprache entspricht, indem er auf ihren Zuspruch hört. Unter allen Zusprüchen, die wir Menschen von uns her mit zum Sprechen bringen dürfen, ist die Sprache der höchste und der überall erste. Die Sprache winkt uns zuerst und dann wieder zuletzt das Wesen einer Sache zu. Dies heißt jedoch nie, daß die Sprache in jeder beliebig aufgegriffenen Wortbedeutung uns schon mit dem durchsichtigen Wesen der Sache geradehin und endgültig wie mit einem gebrauchsfertigen Gegenstand beliefert. Das Entsprechen aber, worin der Mensch eigentlich auf den Zuspruch der Sprache hört, ist jenes Sagen, das im Element des Dichtens spricht. Je dichtender ein Dichter ist, um so freier, das heißt um so offener und bereiter für das Unvermutete ist sein Sagen, um so reiner stellt er sein Gesagtes dem stets bemühteren Hören anheim, um so ferner ist sein Gesagtes der bloßen Aussage, über die man nur hinsichtlich ihrer Richtigkeit oder Unrichtigkeit verhandelt.

«... dichterisch, wohnet der Mensch ...»

sagt der Dichter. Wir hören das Wort Hölderlins deutlicher, wenn wir es in das Gedicht zurücknehmen, dem es entstammt.

Zunächst hören wir nur die zwei Verszeilen, aus denen wir das Wort herausgelöst und dadurch beschnitten haben. Sie lauten:

«Voll Verdienst, doch dichterisch, wohnet
Der Mensch auf dieser Erde.»

Der Grundton der Verse schwingt im Wort «dichterisch». Dieses ist nach zwei Seiten herausgehoben: durch das, was ihm voraufgeht, und durch das, was ihm folgt.
Vorauf gehen die Worte: «Voll Verdienst, doch...» Das klingt beinahe so, als brächte das folgende Wort «dichterisch» eine Einschränkung in das verdienstvolle Wohnen des Menschen. Allein es ist umgekehrt. Die Einschränkung wird durch die Wendung «Voll Verdienst» genannt, dem wir ein «zwar» hinzudenken müssen. Der Mensch macht sich zwar bei seinem Wohnen vielfältig verdient. Denn der Mensch pflegt die wachstümlichen Dinge der Erde und hegt das ihm Zugewachsene. Pflegen und Hegen (colere, cultura) ist eine Art des Bauens. Der Mensch bebaut jedoch nicht nur das, was von sich aus ein Wachstum entfaltet, sondern er baut auch im Sinne des aedificare, indem er solches errichtet, was nicht durch Wachstum entstehen und bestehen kann. Gebautes und Bauten in diesem Sinne sind nicht nur die Gebäude, sondern alle Werke von Hand und durch Verrichtungen des Menschen. Doch die Verdienste dieses vielfältigen Bauens füllen das Wesen des Wohnens nie aus. Im Gegenteil: sie verwehren dem Wohnen sogar sein Wesen, sobald sie lediglich um ihretwillen erjagt und erworben werden. Dann zwängen nämlich die Verdienste gerade durch ihre Fülle überall das Wohnen in die Schranken des genannten Bauens ein. Dieses befolgt die Erfüllung der Bedürfnisse des Wohnens. Das Bauen im Sinne der bäuerlichen Pflege des Wachstums und des Errichtens von Bauten und Werken und des Herrichtens von Werkzeugen ist bereits eine Wesensfolge des Wohnens, aber nicht sein Grund oder gar seine Gründung. Diese muß in einem anderen

Bauen geschehen. Das gewöhnlich und oft ausschließlich betriebene und darum allein bekannte Bauen bringt zwar die Fülle der Verdienste in das Wohnen. Doch der Mensch vermag das Wohnen nur, wenn er schon in anderer Weise gebaut hat und baut und zu bauen gesonnen bleibt.

«Voll Verdienst (zwar), doch dichterisch, wohnet der Mensch...».
Dem folgen im Text die Worte: «auf dieser Erde». Man möchte diesen Zusatz für überflüssig halten; denn wohnen heißt doch schon: Aufenthalt des Menschen auf der Erde, auf «dieser», der sich jeder Sterbliche anvertraut und ausgesetzt weiß.

Allein wenn Hölderlin zu sagen wagt, das Wohnen der Sterblichen sei dichterisch, dann erweckt dies, kaum gesagt, den Anschein, als reiße das «dichterische» Wohnen die Menschen gerade von der Erde weg. Denn das «Dichterische» gehört doch, wenn es als das Poetische gilt, in das Reich der Phantasie. Dichterisches Wohnen überfliegt phantastisch das Wirkliche. Dieser Befürchtung begegnet der Dichter, indem er eigens sagt, das dichterische Wohnen sei das Wohnen «auf dieser Erde». Hölderlin bewahrt so das «Dichterische» nicht nur vor einer naheliegenden Mißdeutung, sondern er weist durch die Beifügung der Worte «auf dieser Erde» eigens in das Wesen des Dichtens. Dieses überfliegt und übersteigt die Erde nicht, um sie zu verlassen und über ihr zu schweben. Das Dichten bringt den Menschen erst auf die Erde, zu ihr, bringt ihn so in das Wohnen.

> «Voll Verdienst, doch dichterisch, wohnet
> Der Mensch auf dieser Erde.»

Wissen wir jetzt, inwiefern der Mensch dichterisch wohnt? Wir wissen es noch nicht. Wir geraten sogar in die Gefahr, von uns aus Fremdes in das dichtende Wort Hölderlins hineinzudenken. Denn Hölderlin nennt zwar das Wohnen des Menschen und sein Verdienst, aber er bringt das Wohnen doch nicht, wie es vorhin geschah, in den Zusammenhang mit dem Bauen. Er spricht nicht vom Bauen, weder im Sinne des Hegens, Pflegens und Errichtens, noch so, daß er gar das Dichten als eine eigene Art des Bauens vorstellt. Hölderlin sagt demnach vom dichterischen Wohnen nicht das gleiche wie unser Denken. Trotzdem denken wir das Selbe, was Hölderlin dichtet.

Hier gilt es freilich, Wesentliches zu beachten. Eine kurze Zwischenbemerkung ist nötig. Das Dichten und das Denken begegnen sich nur dann und nur so lange im selben, als sie entschieden in der Verschiedenheit ihres Wesens bleiben. Das selbe deckt sich nie mit dem gleichen, auch nicht mit dem leeren Einerlei des bloß Identischen. Das gleiche verlegt sich stets auf das Unterschiedlose, damit alles darin übereinkomme. Das selbe ist dagegen das Zusammengehören des Verschiedenen aus der Versammlung durch den Unterschied. Das Selbe läßt sich nur sagen, wenn der Unterschied gedacht wird. Im Austrag des Unterschiedenen kommt das versammelnde Wesen des selben zum Leuchten. Das selbe verbannt jeden Eifer, das Verschiedene immer nur in das gleiche auszugleichen. Das selbe versammelt das Unterschiedene in eine ursprüngliche Einigkeit. Das gleiche hingegen zerstreut in die fade Einheit des nur einförmig Einen. Hölderlin wußte auf seine Art von diesen Verhältnissen. Er sagt in einem Epigramm, das die Überschrift trägt: «Wurzel alles Übels» das folgende:

«Einig zu seyn, ist göttlich und gut; woher ist die Sucht denn
Unter den Menschen, daß nur Einer und Eines nur sei?»
(Stuttg. Ausg. I, 1 S. 305)

Wenn wir dem nachdenken, was Hölderlin über das dichterische Wohnen des Menschen dichtet, vermuten wir einen Weg, auf dem wir durch das verschieden Gedachte hindurch uns dem Selben nähern, was der Dichter dichtet.

Doch was sagt Hölderlin vom dichterischen Wohnen des Menschen? Wir suchen die Antwort auf die Frage, indem wir auf die

Verse 24 bis 38 des genannten Gedichtes hören. Denn aus ihrem Bereich sind die beiden zunächst erläuterten Verse gesprochen. Hölderlin sagt:

> «Darf, wenn lauter Mühe das Leben, ein Mensch
> Aufschauen und sagen: so
> Will ich auch seyn? Ja. So lange die Freundlichkeit noch
> Am Herzen, die Reine, dauert, misset
> Nicht unglüklich der Mensch sich
> Mit der Gottheit. Ist unbekannt Gott?
> Ist er offenbar wie der Himmel? Dieses
> Glaub' ich eher. Des Menschen Maaß ist's.
> Voll Verdienst, doch dichterisch, wohnet
> Der Mensch auf dieser Erde. Doch reiner
> Ist nicht der Schatten der Nacht mit den Sternen,
> Wenn ich so sagen könnte, als
> Der Mensch, der heißet ein Bild der Gottheit.
>
> Giebt es auf Erden ein Maaß? Es giebt
> Keines.»

Wir bedenken nur weniges aus diesen Versen und zwar mit der einzigen Absicht, deutlicher zu hören, was Hölderlin meint, wenn er das Wohnen des Menschen ein «dichterisches» nennt. Die ersten der gelesenen Verse (24 bis 26) geben uns einen Wink. Sie stehen in der Form einer zuversichtlich bejahten Frage. Diese umschreibt, was die bereits erläuterten Verse unmittelbar aussprechen: «Voll Verdienst, doch dichterisch, wohnet der Mensch auf dieser Erde.» Hölderlin frägt:

> «Darf, wenn lauter Mühe das Leben, ein Mensch
> Aufschauen und sagen: so
> Will ich auch seyn? Ja.»

Nur im Bezirk der bloßen Mühe ist der Mensch um «Verdienst» bemüht. Er verschafft es sich da in Fülle. Aber dem Menschen ist zugleich verstattet, in diesem Bezirk, aus ihm her, durch ihn hindurch zu den Himmlischen aufzuschauen. Das Aufschauen durchgeht das Hinauf zum Himmel und verbleibt doch im Unten auf der Erde. Das Aufschauen durchmißt das Zwischen von Himmel und Erde. Dieses Zwischen ist dem Wohnen des Menschen zugemessen. Wir nennen jetzt die zugemessene Durchmessung, durch die das Zwischen von Himmel und Erde offen ist, die Dimension. Sie entsteht nicht dadurch, daß Himmel und Erde einander zugekehrt sind. Die Zukehr beruht vielmehr ihrerseits in der Dimension. Diese ist auch keine Erstreckung des gewöhnlich vorgestellten Raumes; denn alles Raumhafte bedarf als Eingeräumtes seinerseits schon der Dimension, d. h. dessen, worein es eingelassen wird.

Das Wesen der Dimension ist die gelichtete und so durchmeßbare Zumessung des Zwischen: des Hinauf zum Himmel als des Herab zur Erde. Wir lassen das Wesen der Dimension ohne Namen. Nach den Worten Hölderlins durchmißt der Mensch die Dimension, indem er sich an den Himmlischen mißt. Dieses Durchmessen unternimmt der Mensch nicht gelegentlich, sondern in solchem Durchmessen ist der Mensch überhaupt erst Mensch. Darum kann er diese Durchmessung zwar sperren, verkürzen und verunstalten, aber er kann sich ihr nicht entziehen. Der Mensch hat sich als Mensch immer schon an etwas und mit etwas Himmlischem gemessen. Auch Luzifer stammt vom Himmel. Darum heißt es in den folgenden Versen (28 bis 29): «Der Mensch misset sich... mit der Gottheit.» Sie ist «das Maaß», mit dem der Mensch sein Wohnen, den Aufenthalt auf der Erde unter dem Himmel, ausmißt. Nur insofern der Mensch sein Wohnen auf solche Weise ver-mißt, vermag er seinem Wesen gemäß zu *sein*. Das Wohnen des Menschen beruht im aufschauenden Vermessen der Dimension, in die der Himmel so gut gehört wie die Erde.

Die Vermessung vermißt nicht nur die Erde, γῆ, und ist darum keine bloße Geo-metrie. Sie vermißt ebensowenig je den Himmel, οὐρανός, für sich. Die Vermessung ist keine Wissenschaft.

Das Vermessen ermißt das Zwischen, das beide, Himmel und
Erde, einander zubringt. Dieses Vermessen hat sein eigenes
μέτρον und deshalb seine eigene Metrik.

Die Vermessung des menschlichen Wesens auf die ihm zugemessene Dimension bringt das Wohnen in seinen Grundriß. Das
Vermessen der Dimension ist das Element, worin das menschliche Wohnen seine Gewähr hat, aus der es währt. Das Vermessen ist das Dichterische des Wohnens. Dichten ist ein Messen.
Doch was heißt Messen? Wir dürfen das Dichten, wenn es als
Messen gedacht werden soll, offenbar nicht in einer beliebigen
Vorstellung von Messen und Maß unterbringen.

Das Dichten ist vermutlich ein ausgezeichnetes Messen. Mehr
noch. Vielleicht müssen wir den Satz: Dichten ist *Messen* in der
anderen Betonung sprechen: *Dichten* ist Messen. Im Dichten
ereignet sich, was alles Messen im Grunde seines Wesens ist.
Darum gilt es, auf den Grundakt des Messens zu achten. Er besteht darin, daß überhaupt erst das Maß genommen wird, womit
jeweils zu messen ist. Im Dichten ereignet sich das Nehmen des
Maßes. Das Dichten ist die im strengen Sinne des Wortes verstandene Maß-Nahme, durch die der Mensch erst das Maß für die
Weite seines Wesens empfängt. Der Mensch west als der Sterbliche. So heißt er, weil er sterben kann. Sterbenkönnen heißt:
den Tod als Tod vermögen. Nur der Mensch stirbt – und zwar
fortwährend, solange er auf dieser Erde weilt, solange er wohnt.
Sein Wohnen aber beruht im Dichterischen. Das Wesen des
«Dichterischen» erblickt Hölderlin in der Maß-Nahme, durch
die sich die Vermessung des Menschenwesens vollzieht.

Doch wie wollen wir beweisen, daß Hölderlin das Wesen des
Dichtens als Maß-Nahme denkt? Wir brauchen hier nichts zu
beweisen. Alles Beweisen ist immer nur ein nachträgliches
Unternehmen auf dem Grunde von Voraussetzungen. Je nachdem diese angesetzt werden, läßt sich alles beweisen. Doch beachten können wir nur weniges. So genügt es denn, wenn wir

auf das eigene Wort des Dichters achten. In den folgenden Versen frägt nämlich Hölderlin allem zuvor und eigentlich nur nach dem Maß. Dies ist die Gottheit, womit der Mensch sich misset. Das Fragen beginnt mit Vers 29 in den Worten: «Ist unbekannt Gott?» Offenbar nicht. Denn wäre er dies, wie könnte er als Unbekannter je das Maß sein? Doch – und dies gilt es jetzt zu hören und festzuhalten – Gott ist als der, der Er ist, unbekannt für Hölderlin, und *als dieser Unbekannte* ist er gerade das Maß für den Dichter. Darum bestürzt ihn auch das erregende Fragen: wie kann, was seinem Wesen nach unbekannt bleibt, je zum Maß werden? Denn solches, womit der Mensch sich misset, muß sich doch mit-teilen, muß erscheinen. Erscheint es aber, dann ist es bekannt. Der Gott ist jedoch unbekannt und ist dennoch das Maß. Nicht nur dies, sondern der unbekannt bleibende Gott muß, indem er *sich* zeigt als der, der Er ist, als der unbekannt Bleibende erscheinen. Die *Offenbarkeit* Gottes, nicht erst Er selbst, ist geheimnisvoll. Darum frägt der Dichter sogleich die nächste Frage: «Ist er offenbar wie der Himmel?» Hölderlin antwortet: «Dieses/glaub' ich eher.»

Weshalb, so fragen jetzt *wir*, neigt die Vermutung des Dichters dahin? Die unmittelbar anschließenden Worte antworten. Sie lauten knapp: «Des Menschen Maaß ist's.» Was ist das Maß für das menschliche Messen? Gott? Nein! Der Himmel? Nein! Die Offenbarkeit des Himmels? Nein! Das Maß besteht in der Weise, wie der unbekannt bleibende Gott *als* dieser durch den Himmel offenbar ist. Das Erscheinen des Gottes durch den Himmel besteht in einem Enthüllen, das jenes sehen läßt, was sich verbirgt, aber sehen läßt nicht dadurch, daß es das Verborgene aus seiner Verborgenheit herauszureißen sucht, sondern allein dadurch, daß es das Verborgene in seinem Sichverbergen hütet. So erscheint der unbekannte Gott als der Unbekannte durch die Offenbarkeit des Himmels. Dieses Erscheinen ist das Maß, woran der Mensch sich misset.

Ein seltsames Maß, verwirrend, so scheint es, für das gewöhnliche Vorstellen der Sterblichen, unbequem für das billige Allesverstehen des täglichen Meinens, das sich gern als das Richtmaß für alles Denken und Besinnen behauptet.

Ein seltsames Maß für das übliche und im besonderen auch für alles nur wissenschaftliche Vorstellen, in keinem Fall ein handgreiflicher Stecken und Stab; aber in Wahrheit einfacher zu handhaben als diese, wenn nur unsere Hände nicht greifen, sondern durch Gebärden geleitet sind, die dem Maß entsprechen, das hier zu nehmen ist. Dies geschieht in einem Nehmen, das nie das Maß an sich reißt, sondern es nimmt im gesammelten Vernehmen, das ein Hören bleibt.

Aber warum soll dieses, für uns Heutige so befremdliche Maß dem Menschen zugesprochen und durch die Maß-Nahme des Dichtens mitgeteilt sein? Weil nur dieses Maß das Wesen des Menschen er-mißt. Denn der Mensch wohnt, indem er das «auf der Erde» und das «unter dem Himmel» durchmißt. Dieses «auf» und dieses «unter» gehören zusammen. Ihr Ineinander ist die Durchmessung, die der Mensch jederzeit durchgeht, insofern er als Irdischer *ist*. In einem Bruchstück (Stuttg. Ausgabe 2, 1 S. 334) sagt Hölderlin:

> «Immer, Liebes! gehet
> die Erd und der Himmel hält.»

Weil der Mensch *ist*, insofern er die Dimension aussteht, muß sein Wesen jeweils vermessen werden. Dazu bedarf es eines Maßes, das in einem zumal die ganze Dimension betrifft. Dieses Maß erblicken, es als das Maß er-messen und es als das Maß nehmen, heißt für den Dichter: dichten. Das Dichten ist diese Maß-Nahme und zwar für das Wohnen des Menschen. Unmittelbar nach dem Wort «Des Menschen Maß ist's» folgen nämlich im Gedicht die Verse: «Voll Verdienst, doch dichterisch, wohnet der Mensch auf dieser Erde.»

Wissen wir jetzt, was für Hölderlin das «Dichterische» ist? Ja und nein. Ja, insofern wir eine Weisung empfangen, in welcher Hinsicht das Dichten zu denken ist, nämlich als ein ausgezeichnetes Messen. Nein, insofern das Dichten als das Er-messen jenes seltsamen Maßes immer geheimnisvoller wird. So muß es wohl auch bleiben, wenn anders wir bereit sind, uns im Wesensbereich der Dichtung auf-zu-halten.

Indessen befremdet es doch, wenn Hölderlin das Dichten als ein Messen denkt. Und das mit recht, solange wir nämlich das Messen nur in dem *uns* geläufigen Sinne vorstellen. Da wird mit Hilfe von Bekanntem, nämlich den Maßstäben und Maßzahlen, ein Unbekanntes abgeschritten, dadurch bekannt gemacht und so in eine jederzeit übersehbare Anzahl und Ordnung eingegrenzt. Dieses Messen kann sich je nach der Art der bestellten Apparaturen abwandeln. Doch wer verbürgt denn, daß diese gewohnte Art des Messens, nur weil sie die gewöhnliche ist, schon das Wesen des Messens trifft? Wenn wir vom Maß hören, denken wir sogleich an die Zahl und stellen beides, Maß und Zahl, als etwas Quantitatives vor. Allein das Wesen des Maßes ist sowenig wie das Wesen der Zahl ein Quantum. Mit Zahlen können wir wohl rechnen, aber nicht mit dem Wesen der Zahl. Wenn Hölderlin das Dichten als ein Messen erblickt und es vor allem selber als die Maß-Nahme vollbringt, dann müssen wir, um das Dichten zu denken, immer wieder zuerst das Maß bedenken, das im Dichten genommen wird; wir müssen auf die Art dieses Nehmens achten, das nicht in einem Zugriff, überhaupt nicht in einem Greifen beruht, sondern in einem Kommen-lassen des Zu-Gemessenen. Was ist das Maß für das Dichten? Die Gottheit; also Gott? Wer ist der Gott? Vielleicht ist diese Frage zu schwer für den Menschen und zu voreilig. Fragen wir darum zuvor, was von Gott zu sagen sei. Fragen wir erst nur: Was ist Gott?

Zum Glück und zur Hilfe sind uns Verse Hölderlins erhalten, die sachlich und zeitlich in den Umkreis des Gedichtes «In lieblicher Bläue blühet...» gehören. Sie beginnen (Stuttg. Ausgabe 2, 1 S. 210):

> «Was ist Gott? unbekannt, dennoch
> Voll Eigenschaften ist das Angesicht
> Des Himmels von ihm. Die Blize nemlich
> Der Zorn sind eines Gottes. Jemehr ist eins
> Unsichtbar, schiket es sich in Fremdes...»

Was dem Gott fremd bleibt, die Anblicke des Himmels, dies ist dem Menschen das Vertraute. Und was ist dies? Alles, was am Himmel und somit unter dem Himmel und somit auf der Erde glänzt und blüht, tönt und duftet, steigt und kommt, aber auch geht und fällt, aber auch klagt und schweigt, aber auch erbleicht und dunkelt. In dieses dem Menschen Vertraute, dem Gott aber Fremde, schicket sich der Unbekannte, um darin als der Unbekannte behütet zu bleiben. Der Dichter jedoch ruft alle Helle der Anblicke des Himmels und jeden Hall seiner Bahnen und Lüfte in das singende Wort und bringt darin das Gerufene zum Leuchten und Klingen. Allein der Dichter beschreibt nicht, wenn er Dichter ist, das bloße Erscheinen des Himmels und der Erde. Der Dichter ruft in den Anblicken des Himmels Jenes, was im Sichenthüllen gerade das Sichverbergende erscheinen läßt und zwar: *als* das Sichverbergende. Der Dichter ruft in den vertrauten Erscheinungen das Fremde als jenes, worein das Unsichtbare sich schicket, um das zu bleiben, was es ist: unbekannt.

Der Dichter dichtet nur dann, wenn er das Maß nimmt, indem er die Anblicke des Himmels so sagt, daß er sich seinen Erscheinungen als dem Fremden fügt, worein der unbekannte Gott sich «schiket». Der uns geläufige Name für Anblick und Aussehen von etwas lautet «Bild». Das Wesen des Bildes ist: etwas sehen zu lassen. Dagegen sind die Abbilder und Nachbilder bereits Abarten des eigentlichen Bildes, das als Anblick das Unsichtbare sehen läßt und es so in ein ihm Fremdes einbildet. Weil das Dichten jenes geheimnisvolle Maß nimmt, nämlich am Angesicht des Himmels, deshalb spricht es in «Bildern». Darum sind die dichterischen Bilder Ein-Bildungen in einem ausgezeichneten Sinne: nicht bloße Phantasien und Illusionen, sondern Ein-Bildungen als erblickbare Einschlüsse des Fremden in den Anblick des Vertrauten. Das dichtende Sagen der Bilder versammelt Helle und Hall der Himmelserscheinungen in Eines mit dem Dunkel und dem Schweigen des Fremden. Durch solche Anblicke befremdet der Gott. In der Befremdung bekundet er seine unablässige Nähe. Darum kann Hölderlin im Gedicht nach den Versen «Voll Verdienst, doch dichterisch, wohnet der Mensch auf dieser Erde» fortfahren:

> «...Doch reiner
> Ist nicht der Schatten der Nacht mit den Sternen,
> Wenn ich so sagen könnte, als
> Der Mensch, der heißet ein Bild der Gottheit.»

«...der Schatten der Nacht» – die Nacht selber ist der Schatten, jenes Dunkle, das nie bloße Finsternis werden kann, weil es als Schatten dem Licht zugetraut, von ihm geworfen bleibt. Das Maß, welches das Dichten nimmt, schickt sich als das Fremde, worein der Unsichtbare sein Wesen schont, in das Vertraute der Anblicke des Himmels. Darum ist das Maß von der Wesensart des Himmels. Aber der Himmel ist nicht eitel Licht. Der Glanz seiner Höhe ist in sich das Dunkle seiner alles bergenden Weite. Das Blau der lieblichen Bläue des Himmels ist die Farbe der Tiefe. Der Glanz des Himmels ist Aufgang und Untergang der Dämmerung, die alles Verkündbare birgt. Dieser Himmel ist das Maß. Darum muß der Dichter fragen:

> «Giebt es auf Erden ein Maaß?»

Und er muß antworten: «Es giebt keines». Warum? Weil das, was wir nennen, wenn wir sagen «auf der Erde», nur besteht, insofern der Mensch die Erde be-wohnt und im Wohnen die Erde als Erde sein läßt.

Das Wohnen aber geschieht nur, wenn das Dichten sich ereignet und west und zwar in der Weise, deren Wesen wir jetzt ahnen, nämlich als die Maß-Nahme für alles Messen. Sie ist selber das eigentliche Vermessen, kein bloßes Abmessen mit fertigen Maßstäben zur Verfertigung von Plänen. Das Dichten ist darum auch kein Bauen im Sinne des Errichtens und Einrichtens von Bauten. Aber das Dichten ist als das eigentliche Ermessen der Dimension des Wohnens das anfängliche Bauen. Das Dichten läßt das Wohnen des Menschen allererst in sein Wesen ein. Das Dichten ist das ursprüngliche Wohnenlassen.

Der Satz: Der Mensch wohnt, insofern er baut, hat jetzt seinen eigentlichen Sinn erhalten. Der Mensch wohnt nicht, insofern er seinen Aufenthalt auf der Erde unter dem Himmel nur einrichtet, indem er als Bauer das Wachstum pflegt und zugleich Bauten errichtet. Dieses Bauen vermag der Mensch nur, wenn er schon baut im Sinne der dichtenden Maß-Nahme. Das eigentliche Bauen geschieht, insofern Dichter sind, solche, die das Maß nehmen für die Architektonik, für das Baugefüge des Wohnens.

Hölderlin schreibt am 12. März 1804 aus Nürtingen an seinen Freund Leo v. Seckendorf: «Die Fabel, poetische Ansicht der Geschichte und Architektonik des Himmels beschäftiget mich gegenwärtig vorzüglich, besonders das Nationelle, sofern es von dem Griechischen verschieden ist.» (Hellingrath V[2], S. 333)

«...dichterisch, wohnet der Mensch...»

Das Dichten erbaut das Wesen des Wohnens. Dichten und Wohnen schließen sich nicht nur nicht aus. Dichten und Wohnen gehören vielmehr, wechselweise einander fordernd, zusammen. «Dichterisch wohnet der Mensch.» Wohnen *wir* dichterisch? Vermutlich wohnen wir durchaus undichterisch. Wird, wenn es so steht, das Wort des Dichters dadurch Lügen gestraft und unwahr? Nein. Die Wahrheit seines Wortes wird auf die unheimlichste Weise bestätigt. Denn undichterisch kann ein Wohnen nur sein, weil das Wohnen im Wesen dichterisch ist. Damit ein Mensch blind sein kann, muß er seinem Wesen nach ein Sehender bleiben. Ein Stück Holz kann niemals erblinden. Wenn aber der Mensch blind wird, dann ist immer noch die Frage, ob die Blindheit aus einem Mangel und Verlust kommt oder ob sie in einem Überfluß und Übermaß beruht. Hölderlin sagt im selben Gedicht, das dem Maß für alles Messen nachsinnt (Vers 75/76): «Der König Oedipus hat ein Auge zu viel vieleicht.» So könnte es sein, daß unser undichterisches Wohnen, sein Unvermögen, das Maß zu nehmen, aus einem seltsamen Übermaß eines rasenden Messens und Rechnens käme.

Daß wir und inwiefern wir undichterisch wohnen, können wir in jedem Falle nur erfahren, wenn wir das Dichterische wissen. Ob uns und wann uns eine Wende des undichterischen Wohnens trifft, dürfen wir nur erwarten, wenn wir das Dichterische in der Acht behalten. Wie unser Tun und Lassen und inwieweit es einen Anteil an dieser Wende haben kann, bewähren nur wir selbst, wenn wir das Dichterische ernst nehmen.

Das Dichten ist das Grundvermögen des menschlichen Wohnens. Aber der Mensch vermag das Dichten jeweils nur nach dem Maße, wie sein Wesen dem vereignet ist, was selber den Menschen mag und darum sein Wesen braucht. Je nach dem Maß dieser Vereignung ist das Dichten eigentlich oder uneigentlich.

Darum ereignet sich das eigentliche Dichten auch nicht zu jeder Zeit. Wann und wie lange ist das eigentliche Dichten? Hölderlin sagt es in den bereits gelesenen Versen (26/29). Ihre Erläuterung wurde bis jetzt absichtlich zurückgestellt. Die Verse lauten:

«...So lange die Freundlichkeit noch
Am Herzen, die Reine, dauert, misset
Nicht unglüklich der Mensch sich
Mit der Gottheit...»

«Die Freundlichkeit» – was ist dies? Ein harmloses Wort, aber von Hölderlin mit dem großgeschriebenen Beiwort «die Reine» genannt. «Die Freundlichkeit» – dieses Wort ist, wenn wir es wörtlich nehmen, Hölderlins herrliche Übersetzung für das griechische Wort χάρις. Von der χάρις sagt Sophokles im «Aias» (v. 522):

> χάρις χάριν γάρ ἐστιν ἡ τίκτουσ' ἀεί.
> «Huld denn ist's, die Huld hervor-ruft immer.»

«Solange die Freundlichkeit noch am Herzen, die Reine, dauert...» Hölderlin sagt in einer von ihm gern gebrauchten Wendung: «am Herzen», nicht: im Herzen; «am Herzen», das heißt angekommen beim wohnenden Wesen des Menschen, angekommen als Anspruch des Maßes an das Herz so, daß dieses sich an das Maß kehrt.

So lange diese Ankunft der Huld dauert, so lange glückt es, daß der Mensch sich misset mit der Gottheit. Ereignet sich dieses Messen, dann dichtet der Mensch aus dem Wesen des Dichterischen. Ereignet sich das Dichterische, dann wohnet der Mensch menschlich auf dieser Erde, dann ist, wie Hölderlin in seinem letzten Gedicht sagt, «das Leben der Menschen» ein «wohnend Leben». (Stuttg. Ausg. 2, 1 S. 312)

Die Aussicht

Wenn in die Ferne geht der Menschen wohnend Leben,
Wo in die Ferne sich erglänzt die Zeit der Reben,
Ist auch dabei des Sommers leer Gefilde,
Der Wald erscheint mit seinem dunklen Bilde.
Daß die Natur ergänzt das Bild der Zeiten,
Daß sie verweilt, sie schnell vorübergleiten,
Ist aus Vollkommenheit, des Himmels Höhe glänzet
Den Menschen dann, wie Bäume Blüth' umkränzet.

LOGOS

(HERAKLIT, FRAGMENT 50)

Weit ist der nötigste Weg unseres Denkens. Er führt jenem Einfachen zu, das unter dem Namen λόγος zu denken bleibt. Noch sind erst wenige Zeichen, die den Weg weisen.
Das Folgende versucht, in freiem Überlegen am Leitband eines Spruches von Heraklit (B 50), einige Schritte auf dem Weg zu gehen. Vielleicht nähern sie uns der Stelle, wo wenigstens dieser eine Spruch frag-würdiger zu uns spricht:

οὐκ ἐμοῦ ἀλλὰ τοῦ Λόγου ἀκούσαντας
ὁμολογεῖν σοφόν ἐστιν Ἓν Πάντα.

Eine der unter sich im ganzen einstimmigen Übersetzungen lautet:

«Habt ihr nicht mich, sondern den Sinn vernommen,
so ist es weise, im gleichen Sinn zu sagen: *Eins* ist Alles.» (Snell)

Der Spruch spricht von ἀκούειν, hören und gehört haben, von ὁμολογεῖν, das Gleiche sagen, vom Λόγος, dem Spruch und der Sage, vom ἐγώ, dem Denker selbst, nämlich als λέγων, dem redenden. Heraklit bedenkt hier ein Hören und Sagen. Er spricht aus, was der Λόγος sagt: Ἓν Πάντα, Eins ist alles. Der Spruch des Heraklit scheint nach jeder Hinsicht verständlich zu sein. Dennoch bleibt hier alles fragwürdig. Am fragwürdigsten ist das Selbstverständlichste, nämlich unsere Voraussetzung, das, was Heraklit sage, müsse unserem später gekommenen Alltagsverstand unmittelbar einleuchten. Das ist eine Forderung, die sich vermutlich nicht einmal den Zeit- und Weggenossen des Heraklit erfüllt hat.

Indessen dürften wir seinem Denken eher entsprechen, wenn wir zugeben, daß nicht erst für uns, auch nicht nur für die Alten schon, daß vielmehr in der gedachten Sache selbst einige Rätsel bleiben. Wir kommen ihnen eher nahe, wenn wir davor zurücktreten. Dabei zeigt sich: um das Rätsel als Rätsel zu merken, bedarf es vor allem anderen einer Aufhellung dessen, was λόγος, was λέγειν bedeutet.

Seit dem Altertum wurde der Λόγος des Heraklit auf verschiedene Weise ausgelegt: als Ratio, als Verbum, als Weltgesetz, als das Logische und die Denknotwendigkeit, als der Sinn, als die Vernunft. Immer wieder verlautet ein Ruf nach der Vernunft als dem Richtmaß im Tun und Lassen. Doch was vermag die Vernunft, wenn sie zugleich mit der Un- und Widervernunft in der selben Ebene der gleichen Versäumnis verharrt, die vergißt, der Wesensherkunft der Vernunft nachzudenken und auf diese Ankunft sich einzulassen? Was soll die Logik, λογική (ἐπιστήμη) jedweder Art, wenn wir nie beginnen, auf den Λόγος zu achten und seinem anfänglichen Wesen zu folgen?

Was λόγος ist, entnehmen wir dem λέγειν. Was heißt λέγειν? Jedermann, der die Sprache kennt, weiß: λέγειν heißt: sagen und reden; λόγος bedeutet: λέγειν als aussagen und λεγόμενον als das Ausgesagte.

Wer möchte leugnen, daß in der Sprache der Griechen von früh an λέγειν reden, sagen, erzählen bedeutet? Allein es bedeutet gleich früh und noch ursprünglicher und deshalb immer schon und darum auch in der vorgenannten Bedeutung das, was unser gleichlautendes «legen» meint: nieder- und vorlegen. Darin waltet das Zusammenbringen, das lateinische legere als lesen im Sinne von einholen und zusammenbringen. Eigentlich bedeutet λέγειν das sich und anderes sammelnde Nieder- und Vorlegen. Medial gebraucht, meint λέγεσθαι: sich niederlegen in die Sammlung der Ruhe; λέχος ist das Ruhelager; λόχος ist der Hinterhalt, wo etwas hinterlegt und angelegt ist. (Zu bedenken

bleibt hier auch das alte, nach Aischylos und Pindar aussterbende Wort ἀλέγω (α copulativum): mir *liegt* etwas *an*, es bekümmert mich.)
Gleichwohl bleibt unbestritten: λέγειν heißt andererseits auch und sogar vorwiegend, wenn nicht ausschließlich: sagen und reden. Müssen wir deshalb zugunsten dieser vorherrschenden und gängigen Bedeutung des λέγειν, die sich noch vielfältig abwandelt, den eigentlichen Sinn des Wortes, λέγειν als legen, einfach in den Wind schlagen? Dürfen wir denn überhaupt solches wagen? Oder ist es nicht endlich an der Zeit, daß wir uns auf eine Frage einlassen, die vermutlich vieles entscheidet? Die Frage lautet:
Inwiefern gelangt der eigentliche Sinn von λέγειν, legen, zur Bedeutung von sagen und reden?
Damit wir den Anhalt für eine Antwort finden, ist ein Nachdenken darüber nötig, was im λέγειν als legen eigentlich liegt. Legen heißt: zum Liegen bringen. Legen ist dabei zugleich: eines zum anderen-, ist zusammenlegen. Legen ist lesen. Das uns bekanntere Lesen, nämlich das einer Schrift, bleibt eine, obzwar die vorgedrängte Art des Lesens im Sinne von: zusammen-ins-Vorliegen-bringen. Die Ährenlese hebt die Frucht vom Boden auf. Die Traubenlese nimmt die Beeren vom Rebstock ab. Auflesen und Abnehmen ergehen sich in einem Zusammentragen. Solange wir im gewohnten Augenschein beharren, sind wir geneigt, dieses Zusammenbringen schon für das Sammeln oder gar für dessen Beendigung zu halten. Sammeln ist jedoch mehr als bloßes Anhäufen. Zum Sammeln gehört das einholende Einbringen. Darin waltet das Unterbringen; in diesem jedoch das Verwahren. Jenes «mehr», das im Sammeln über das nur aufgreifende Zusammenraffen hinausgeht, kommt zu diesem nicht erst hinzu. Noch weniger ist es sein zuletzt eintretender Abschluß. Das einbringende Verwahren hat schon den Beginn der Schritte des Sammelns und sie alle in

der Verflechtung ihrer Folge an sich genommen. Starren wir lediglich auf die Abfolge der Schritte, dann reiht sich dem Auflesen und Abheben das Zusammenbringen, diesem das Einbringen, diesem das Unterbringen im Behälter und Speicher an. So behauptet sich der Anschein, als gehöre das Aufbewahren und Verwahren nicht mehr zum Sammeln. Doch was bleibt eine Lese, die nicht vom Grundzug des Bergens gezogen und zugleich getragen wird? Das Bergen ist das erste im Wesensbau der Lese.

Das Bergen selbst jedoch birgt nicht das Beliebige, das irgendwo und irgendwann vorkommt. Das vom Bergen her eigentlich anfangende Sammeln, die Lese, ist in sich zum voraus ein Auslesen dessen, was Bergung verlangt. Die Auslese ihrerseits wird aber von dem bestimmt, was innerhalb des Auslesbaren sich als das Erlesene zeigt. Das allererste gegenüber dem Bergen im Wesensbau der Lese ist das Erlesen (alemannisch: die Vor-lese), dem die Auslese sich fügt, die alles Zusammen-, Ein- und Unter--bringen sich unterstellt.

Die Ordnung, nach der die Schritte des sammelnden Tuns einander folgen, deckt sich nicht mit derjenigen der langenden und tragenden Züge, in denen das Wesen der Lese beruht.

Zu jedem Sammeln gehört zugleich, daß die Lesenden sich sammeln, ihr Tun auf das Bergen versammeln und, von da her gesammelt, erst sammeln. Die Lese verlangt aus sich und für sich diese Sammlung. Im gesammelten Sammeln waltet ursprüngliche Versammlung.

Das so zu denkende Lesen steht jedoch keineswegs neben dem Legen. Jenes begleitet auch nicht nur dieses. Vielmehr ist das Lesen schon dem Legen eingelegt. Jedes Lesen ist schon Legen. Alles Legen ist von sich her lesend. Denn was heißt legen? Das Legen bringt zum Liegen, indem es beisammen-vor-liegen läßt. Allzugern nehmen wir das «lassen» im Sinne von weg- und fahren-lassen. Legen, zum Liegen bringen, liegen lassen bedeutete dann: um das Niedergelegte und Vorliegende sich nicht mehr kümmern, es übergehen. Allein das λέγειν, legen, meint in seinem «beisammen-vor-liegen-Lassen» gerade dies, daß uns das Vorliegende anliegt und deshalb angeht. Dem «legen» ist als dem beisammen-vorliegen-Lassen daran gelegen, das Niedergelegte als das Vorliegende zu behalten. («Legi» heißt im Alemannischen das Wehr, das im Fluß schon vor-liegt: dem Anströmen des Wassers).

Das jetzt zu denkende Legen, das λέγειν, hat im voraus den Anspruch preisgegeben, ihn sogar nicht einmal gekannt, selber das Vorliegende erst in seine Lage zu bringen. Dem Legen als λέγειν liegt einzig daran, das von-sich-her-beisammen-vor-Liegende *als* Vorliegendes in der Hut zu lassen, in die es nieder--gelegt bleibt. Welches ist diese Hut? Das beisammen-vor-Liegende ist in die Unverborgenheit ein-, in sie weg-, in sie hingelegt, in sie hinter-legt, d. h. in sie geborgen. Dem λέγειν liegt bei seinem gesammelt-vor-liegen-Lassen an dieser Geborgenheit des Vorliegenden im Unverborgenen. Das κεῖσθαι, für-sich-Vorliegen des so Hinterlegten, des ὑποκείμενον, ist nichts Geringeres und nichts Höheres als das *Anwesen* des Vorliegenden in die Unverborgenheit. In dieses λέγειν des ὑποκείμενον bleibt das λέγειν als lesen, sammeln eingelegt. Weil dem λέγειν als dem beisammen-vor-liegen-Lassen einzig an der Geborgenheit des Vorliegenden in der Unverborgenheit liegt, deshalb wird das zu solchem Legen gehörende Lesen im vorhinein vom Verwahren her bestimmt.

Λέγειν ist legen. Legen ist: in sich gesammeltes vorliegen-Lassen des beisammen-Anwesenden.

Zur Frage steht: Inwiefern gelangt der eigentliche Sinn von λέγειν, das Legen, zur Bedeutung von sagen und reden? Die voraufgegangene Besinnung enthält schon die Antwort. Denn sie gibt uns zu bedenken, daß wir überhaupt nicht mehr in der versuchten Weise fragen dürfen. Weshalb nicht? Weil es sich in dem, was wir bedachten, keineswegs darum handelt, daß dieses Wort λέγειν von der einen Bedeutung: «legen» zu der anderen: «sagen» gelangt.

Wir haben uns im vorigen nicht mit dem Bedeutungswandel von Wörtern beschäftigt. Wir sind vielmehr auf ein Ereignis gestoßen, dessen Ungeheures sich in seiner bislang unbeachteten Einfachheit noch verbirgt.

Das Sagen und Reden der Sterblichen ereignet sich von früh an als λέγειν, als Legen. Sagen und Reden wesen als das beisammen-vor-liegen-Lassen alles dessen, was, in der Unverborgenheit gelegen, anwest. Das ursprüngliche λέγειν, das Legen, entfaltet sich früh und in einer alles Unverborgene durchwaltenden Weise als das Sagen und Reden. Das λέγειν läßt sich als das Legen von dieser seiner vorwaltenden Art überwältigen. Dies aber nur, um so das Wesen von sagen und reden zum voraus im Walten des eigentlichen Legens zu hinterlegen.

Daß es das λέγειν ist als legen, worein sagen und reden ihr Wesen fügen, enthält den Hinweis auf die früheste und reichste Entscheidung über das Wesen der Sprache. Woher fiel sie? Die Frage ist so gewichtig und vermutlich die selbe wie die andere: Wie weit hinaus langt diese Prägung des Sprachwesens aus dem Legen? Sie reicht in das Äußerste der möglichen Wesensherkunft der Sprache. Denn als sammelndes vor-liegen-Lassen empfängt das Sagen seine Wesensart aus der Unverborgenheit des beisammen-vor-Liegenden. Die Entbergung aber des Verborgenen in das Unverborgene ist das Anwesen selbst des Anwesenden. Wir nennen es das Sein des Seienden. So bestimmt sich das im λέγειν als legen wesende Sprechen der Sprache weder von der Verlautbarung (φωνή), noch vom Bedeuten (σημαίνειν) her. Ausdruck und Bedeutung gelten seit langem als die Erscheinungen, die fraglos Züge der Sprache darbieten. Aber sie reichen weder eigens in den Bereich der anfänglichen Wesensprägung der Sprache, noch vermögen sie überhaupt diesen Bereich in seinen Hauptzügen zu bestimmen. Daß unversehens und früh und so, als sei da nichts geschehen, sagen als legen waltet und demgemäß sprechen als λέγειν erscheint, hat eine seltsame Folge gezeitigt. Das menschliche Denken erstaunte weder jemals über dieses Ereignis, noch gewahrte es darin ein Geheimnis, das eine wesenhafte Schickung des Seins an den Menschen verbirgt und diese vielleicht für jenen geschicklichen Augenblick aufspart, da die Erschütterung des Menschen nicht nur bis zu seiner Lage und zu seinem Stand reicht, sondern das Wesen des Menschen ins Wanken bringt.

Sagen ist λέγειν. Dieser Satz hat, wenn er wohl bedacht wird, jetzt alles Geläufige, Vernutzte und Leere abgestreift. Er nennt das unausdenkliche Geheimnis, daß sich das Sprechen der Sprache aus der Unverborgenheit des Anwesenden ereignet und sich gemäß dem Vorliegen des Anwesenden als das beisammen-vor-liegen-Lassen bestimmt. Ob das Denken endlich lernt, einiges von dem zu ahnen, was es heißt, daß noch Aristoteles das λέγειν als ἀποφαίνεσθαι umgrenzen kann? Der λόγος bringt das Erscheinende, das ins Vorliegen hervor-Kommende, von ihm selbst her zum Scheinen, zum gelichteten Sichzeigen (vgl. Sein und Zeit § 7 B).

Sagen ist gesammelt-sammelndes beisammen-vor-liegen-Lassen. Was ist dann, wenn es so mit dem Wesen des Sprechens steht, das Hören? Als λέγειν bestimmt sich das Sprechen nicht vom sinnausdrückenden Schall her. Wenn somit das Sagen nicht von der Verlautbarung aus bestimmt wird, dann kann auch das ihm entsprechende Hören erstlich nicht darin bestehen, daß ein Schall, der das Ohr trifft, aufgefangen wird, daß Laute, die den Gehörssinn bedrängen, weitergeleitet werden. Wäre unser Hören erstlich und immer nur dieses Auffangen und Weiterleiten von Lauten, zu dem sich dann noch andere Vorgänge gesellen, dann bliebe es dabei, daß Lautliches zum einen Ohr hinein- und zum anderen hinausginge. Das geschieht in der Tat, wenn wir nicht auf das Zugesprochene gesammelt sind. Das Zugesprochene ist selbst aber das gesammelt vorgelegte Vorliegende. Das Hören ist eigentlich dieses Sichsammeln, das sich auf Anspruch und Zuspruch zusammennimmt. Das Hören ist erstlich das gesammelte Horchen. Im Horchsamen west das Gehör. Wir hören, wenn wir ganz Ohr sind. Aber «Ohr» meint nicht den akustischen Sinnesapparat. Die anatomisch und physiologisch vorfindlichen Ohren bewirken als Sinneswerkzeuge nie ein Hören, nicht einmal dann, wenn wir dieses lediglich als ein Vernehmen von Geräuschen, Lauten und Tönen fassen. Solches Vernehmen läßt sich weder anatomisch feststellen, noch physiologisch nachweisen, noch überhaupt biologisch als ein Vorgang fassen, der innerhalb des Organismus abläuft, obwohl das Vernehmen nur lebt, indem es leibt. So wird denn, solange wir beim Bedenken des Hörens nach der Art der Wissenschaften vom Akustischen ausgehen, alles auf den Kopf gestellt. Wir meinen fälschlicherweise, die Betätigung der leiblichen Gehörwerkzeuge sei das eigentliche Hören. Dagegen dürfe das Hören im Sinne des Horchsamen und des Gehorsams nur als eine Übertragung jenes eigentlichen Hörens auf das Geistige gelten. Man kann im Bezirk der wissenschaftlichen Forschung viel Nützliches feststellen. Man kann zeigen, daß periodische Luftdruckschwankungen von einer bestimmten Frequenz als Töne empfunden werden. Aus der Art solcher Feststellungen über das Gehör kann eine Forschung eingerichtet werden, die schließlich nur noch die Spezialisten der Sinnesphysiologie beherrschen.

Dagegen läßt sich über das eigentliche Hören vielleicht nur Weniges sagen, das freilich jeden Menschen unmittelbar angeht. Hier gilt es nicht zu forschen, sondern nachdenkend auf Einfaches zu achten. So gehört zum eigentlichen Hören gerade dieses, daß der Mensch sich verhören kann, indem er das Wesenhafte überhört. Wenn zum eigentlichen Hören im Sinne der Horchsamkeit unmittelbar nicht die Ohren gehören, dann hat es überhaupt eine eigene Bewandtnis mit dem Hören und den

Ohren. Wir hören nicht, weil wir Ohren haben. Wir haben Ohren und können leiblich mit Ohren ausgerüstet sein, weil wir hören. Die Sterblichen hören den Donner des Himmels, das Rauschen des Waldes, das Fließen des Brunnens, das Klingen des Saitenspiels, das Rattern der Motoren, den Lärm der Stadt nur und nur so weit, als sie dem allen schon in irgendeiner Weise zugehören und nicht zugehören.
Ganz Ohr sind wir, wenn unsere Sammlung sich rein ins Horchsame verlegt und die Ohren und den bloßen Andrang der Laute völlig vergessen hat. Solange wir nur den Wortlaut als den Ausdruck eines Sprechenden anhören, hören wir noch gar nicht zu. Wir gelangen so auch nie dahin, je etwas eigentlich gehört zu haben. Wann aber ist dieses? Wir haben gehört, wenn wir dem Zugesprochenen *gehören*. Das Sprechen des Zugesprochenen ist λέγειν, beisammen-vor-liegen-lassen. Dem Sprechen gehören – dies ist nichts anderes als: jeweils das, was ein vor-liegen-Lassen beisammen vorlegt, beisammen liegen lassen in seinem Gesamt. Solches Liegenlassen legt das Vorliegende als ein Vorliegendes. Es legt dieses als es selbst. Es legt Eines und das Selbe in Eins. Es legt Eines als das Selbe. Solches λέγειν legt ein und das selbe, das ὁμόν. Solches λέγειν ist das ὁμολογεῖν: Eines als Selbes, ein Vorliegendes im Selben seines Vorliegens gesammelt vorliegenlassen.
Im λέγειν als dem ὁμολογεῖν west des eigentliche Hören. Dieses ist somit ein λέγειν, das vorliegen läßt, was schon beisammen--vor-liegt und zwar liegt aus einem Legen, das alles von sich her beisammen-vor-Liegende in seinem Liegen angeht. Dieses ausgezeichnete Legen ist das λέγειν, als welches der Λόγος sich ereignet.
Damit wird der Λόγος schlichthin genannt: ὁ Λόγος, das Legen · das reine beisammen-vor-liegen-Lassen des von sich her Vorliegenden in dessen Liegen. So west der Λόγος als das' reine versammelnde lesende Legen. Der Λόγος ist die ursprüngliche

Versammlung der anfänglichen Lese aus der anfänglichen Lege.
Ὁ Λόγος ist: die lesende Lege und nur dieses.

Allein ist dies alles nicht ein willkürliches Deuten und ein allzu befremdendes Übersetzen angesichts der gewohnten Verständlichkeit, die den Λόγος als den Sinn und die Vernunft zu kennen meint? Befremdlich klingt es zunächst und bleibt es vielleicht noch lange Zeit, wenn der Λόγος die lesende Lege heißt. Wie soll aber jemand entscheiden, ob das, was diese Übersetzung als Wesen des Λόγος vermutet, auch nur im entferntesten dem gemäß bleibt, was Heraklit im Namen ὁ Λόγος gedacht und genannt hat?

Der einzige Weg zur Entscheidung ist, das zu bedenken, was Heraklit selbst in dem angeführten Spruch sagt. Der Spruch beginnt: οὐκ ἐμοῦ ... Er beginnt mit einem hart abweisenden «Nicht...». Es bezieht sich auf den redenden, sagenden Heraklit selbst. Es betrifft das Hören der Sterblichen. «Nicht auf mich», nämlich diesen Redenden, nicht auf die Verlautbarung seiner Rede dürft ihr hören. Ihr hört überhaupt nicht eigentlich, solange ihr nur die Ohren an Klang und Fluß einer menschlichen Stimme hängt, um an ihr eine Redensart für euch aufzuschnappen. Heraklit beginnt den Spruch mit einer Zurückweisung des Hörens aus bloßer Ohrenlust. Aber diese Abwehr beruht in einem Hinweis auf das eigentliche Hören.

Οὐκ ἐμοῦ ἀλλὰ ... nicht mich sollt ihr an-hören (wie anstarren), sondern ... das sterbliche Hören muß auf Anderes zugehen. Worauf? ἀλλὰ τοῦ Λόγου. Die Art des eigentlichen Hörens bestimmt sich vom Λόγος her. Insofern aber der Λόγος schlichthin genannt ist, kann er nicht irgend etwas Beliebiges unter dem Übrigen sein. Das *ihm* gemäße Hören kann daher auch nicht gelegentlich auf ihn zugehen, um ihn dann wieder zu übergehen. Die Sterblichen müssen, wenn ein eigentliches Hören sein soll, den Λόγος schon gehört haben mit einem Gehör, das nichts Geringeres bedeutet als: dem Λόγος gehören.

Οὐκ ἐμοῦ ἀλλὰ τοῦ Λόγου ἀκούσαντας: «Wenn ihr nicht mich (den Redenden) bloß angehört habt, sondern wenn ihr euch im horchsamen Gehören aufhaltet, dann ist eigentliches Hören.»
Was ist dann, wenn solches ist? Dann ist ὁμολογεῖν, das nur sein kann, was es ist, als ein λέγειν. Das eigentliche Hören gehört dem Λόγος. Deshalb ist dieses Hören selbst ein λέγειν. Als solches ist das eigentliche Hören der Sterblichen in gewisser Weise das Selbe wie der Λόγος. Gleichwohl ist es gerade als ὁμολογεῖν ganz und gar nicht das Selbe. Es ist nicht selber der Λόγος selbst. Das ὁμολογεῖν bleibt vielmehr ein λέγειν, das immer nur legt, liegen läßt, was schon als ὁμόν, als Gesamt beisammen vorliegt und zwar vor-liegt in einem Liegen, das niemals dem ὁμολογεῖν entspringt, sondern in der lesenden Lege, im Λόγος, beruht.
Was ist aber dann, wenn eigentliches Hören als das ὁμολογεῖν ist? Heraklit sagt: σοφόν ἔστιν. Wenn ὁμολογεῖν geschieht, dann ereignet sich, dann ist σοφόν. Wir lesen: σοφὸν ἔστιν. Man übersetzt σοφόν richtig mit «weise». Aber was heißt «weise»? Meint es nur das Wissen der alten Weisen? Was wissen wir von solchem Wissen? Wenn dieses ein Gesehenhaben bleibt, dessen Sehen nicht das der sinnlichen Augen ist, so wenig wie das Gehörthaben ein Hören mit den Gehörwerkzeugen, dann fallen das Gehört- und Gesehenhaben vermutlich zusammen. Sie meinen kein bloßes Erfassen, sondern ein Verhalten. Aber welches? Jenes, das sich im Aufenthalt der Sterblichen hält. Dieser hält sich an das, was die lesende Lege schon jeweils an Vorliegendem vorliegen läßt. So bedeutet denn σοφόν dasjenige, was sich an das Zugewiesene halten, in es sich schicken, für es sich schicken (auf den Weg machen) kann. Als ein schickliches wird das Verhalten geschickt. Mundartlich gebrauchen wir noch, wenn wir sagen wollen, jemand sei in einer Sache besonders geschickt, die Wendungen: er hat ein Geschick dafür und macht einen Schick daran. So treffen wir eher die eigentliche Bedeutung von σοφόν, das wir durch «geschicklich» übersetzen. Aber

«geschicklich» sagt im vorhinein mehr als «geschickt». Wenn das eigentliche Hören als ὁμολογεῖν *ist,* dann ereignet sich Geschickliches, dann schickt sich das sterbliche λέγειν in den Λόγος. Dann liegt ihm an der lesenden Lege. Dann schickt sich das λέγειν in das Schickliche, das in der Versammlung des anfänglich sammelnden Vorlegens beruht, d. h. in dem, was die lesende Lege geschickt hat. So ist denn zwar Geschickliches, wenn die Sterblichen das eigentliche Hören vollbringen. Aber σοφόν, «geschicklich» ist nicht τὸ Σοφόν, das Geschickliche, das so heißt, weil es alle Schickung, und gerade auch diejenige in das Schickliche des sterblichen Verhaltens, in sich versammelt. Noch ist nicht ausgemacht, was nach dem Denken Heraklits ὁ Λόγος ist; unentschieden bleibt noch, ob die Übersetzung von ὁ Λόγος als «die lesende Lege» ein Geringes von dem trifft, was der Λόγος ist.

Und schon stehen wir vor einem neuen Rätselwort: τὸ Σοφόν. Wir mühten uns vergeblich, es im Sinne Heraklits zu denken, solange wir nicht seinem Spruch, darin es spricht, bis in die Worte gefolgt sind, die ihn abschließen.

Insofern das Hören der Sterblichen eigentliches Hören geworden ist, geschieht ὁμολογεῖν. Insofern solches geschieht, ereignet sich Geschickliches. Worin und als was west Geschickliches? Heraklit sagt: ὁμολογεῖν σοφόν ἐστιν Ἓν Πάντα, «Geschickliches ereignet sich, insofern Eins Alles.»

Der jetzt geläufige Text lautet: ἓν πάντα εἶναι. Das εἶναι ist die Abänderung der einzig überlieferten Lesung: ἓν πάντα εἰδέναι, die man versteht im Sinne von: weise ist es, zu wissen, Alles sei eins. Die Konjektur εἶναι ist sachgemäßer. Doch wir lassen das Verbum beiseite. Mit welchem Recht? Weil das Ἓν Πάντα genügt. Aber es genügt nicht nur. Es bleibt für sich weit mehr der hier gedachten Sache und somit dem Stil des heraklitischen Sagens gemäß. Ἓν Πάντα, Eins: Alles, Alles: Eins.

Wie leicht spricht man diese Worte hin. Wie einleuchtend gibt sich das ins Ungefähre Gesprochene. Eine verschwimmende

Mannigfaltigkeit von Bedeutungen nistet sich in die beiden gefährlich harmlosen Worte ἕν und πάντα ein. Ihre unbestimmte Verknüpfung verstattet vieldeutige Aussagen. In den Worten ἕν πάντα kann die flüchtige Oberflächlichkeit des ungefähren Vorstellens mit der zögernden Vorsicht des fragenden Denkens zusammentreffen. Ein eilfertiges Erklären der Welt kann sich des Satzes «Eins ist alles» bedienen, um sich damit auf eine überall und jederzeit irgendwie richtige Formel zu stützen. Aber auch die ersten, allem Geschick des Denkens weit voraus folgenden Schritte eines Denkers können sich im Ἕν Πάντα verschweigen. In diesem anderen Fall sind die Worte Heraklits. Wir kennen ihren Gehalt nicht in dem Sinne, daß wir vermöchten, die Vorstellungsweise Heraklits wieder aufleben zu lassen. Wir sind auch weit davon entfernt, das in den Worten Gedachte nachdenkend auszumessen. Aber aus dieser weiten Ferne könnte es doch einmal glücken, einige Züge des Maßraumes der Worte Ἕν und Πάντα und des Wortes Ἕν Πάντα deutlicher zu zeichnen. Dieses Zeichnen bliebe eher ein freiwagendes Vorzeichnen als ein selbstsicheres Nachzeichnen. Wir dürfen eine solche Zeichnung freilich nur versuchen, wenn wir das von Heraklit Gesagte aus der Einheit seines Spruches bedenken. Der Spruch nennt, indem er sagt, was und wie Geschickliches ist, den Λόγος. Der Spruch schließt mit Ἕν Πάντα. Ist dieser Schluß nur ein Ende oder schließt er das zu Sagende erst zurücksprechend auf?

Die gewöhnliche Auslegung versteht den Spruch des Heraklit so: es ist weise, auf den Ausspruch des Λόγος zu hören und den Sinn des Ausgesprochenen zu beachten, indem man das Gehörte nachspricht in der Aussage: Eins ist Alles. Es gibt den Λόγος. Dieser hat etwas zu verkünden. Es gibt dann auch das, was er verkündet, daß nämlich Alles Eins sei.

Allein das Ἕν Πάντα ist nicht das, *was* der Λόγος als Spruch verkündet und als Sinn zu verstehen gibt. Ἕν Πάντα ist nicht das, *was* der Λόγος aussagt, sondern Ἕν Πάντα besagt, in welcher Weise der Λόγος west.

Ἕν ist das Einzig-Eine als das Einende. Es eint, indem es versammelt. Es versammelt, indem es lesend vorliegen läßt das Vorliegende als solches und im Ganzen. Das Einzig-Eine eint als die lesende Lege. Dieses lesend-legende Einen versammelt in sich das Einende dahin, daß es dieses Eine und als dieses das Einzige *ist*. Das im Spruch des Heraklit genannte Ἕν Πάντα gibt den einfachen Wink in das, was der Λόγος ist.

Kommen wir vom Weg ab, wenn wir *vor* allen tiefsinnigen metaphysischen Deutungen den Λόγος als das Λέγειν denken und denkend damit ernst machen, daß das Λέγειν als lesendes beisammen-vor-liegen-Lassen nichts anderes sein kann als das Wesen des Einens, das alles ins All des einfachen Anwesens versammelt? Auf die Frage, was der Λόγος sei, gibt es nur *eine* gemäße Antwort. Sie lautet in unserer Fassung: ὁ Λόγος λέγει. Er läßt beisammen-vor-liegen. Was? Πάντα. Was dieses Wort nennt, sagt uns Heraklit unmittelbar und eindeutig am Beginn des Spruches B 7: Εἰ πάντα τὰ ὄντα... «Wenn Alles (nämlich) das Anwesende...»

Die lesende Lege hat als der Λόγος Alles, das Anwesende, in die Unverborgenheit niedergelegt. Das Legen ist ein Bergen. Es birgt alles Anwesende in sein Anwesen, aus dem es eigens als das jeweilige Anwesende durch das sterbliche λέγειν ein- und hervor-geholt werden kann. Der Λόγος legt ins Anwesen vor und legt das Anwesende ins Anwesen nieder, d. h. zurück. An-wesen besagt jedoch: *hervorgekommen im Unverborgenen währen*. Insofern der Λόγος das Vorliegende als ein solches vorliegen läßt, entbirgt er das Anwesende in sein Anwesen. Das Entbergen aber ist die Ἀλήθεια. Diese und der Λόγος sind das Selbe. Das λέγειν läßt ἀληθέα, Unverborgenes als solches vorliegen (B 112). Alles Entbergen enthebt Anwesendes der Verborgenheit. Das Entbergen braucht die Verborgenheit. Die Ἀ-Λήθεια ruht in der Λήθη, schöpft aus dieser, legt vor, was durch diese hinterlegt

bleibt. Der Λόγος ist *in sich zumal* ein Entbergen und Verbergen. Er ist die 'Αλήθεια. Die Unverborgenheit braucht die Verborgenheit, die Λήθη, als ihre Rücklage, aus der das Entbergen gleichsam schöpft. Der Λόγος, die lesende Lege, hat in sich den entbergend-bergenden Charakter. Insofern am Λόγος zu ersehen ist, wie das Ἕν als das Einende west, zeigt sich zugleich, daß dieses im Λόγος wesende Einen unendlich verschieden bleibt von dem, was man als Verknüpfen und Verbinden vorzustellen pflegt. Dieses im λέγειν beruhende Einen ist weder nur ein umfassendes Zusammengreifen, noch ein bloß ausgleichendes Verkoppeln der Gegensätze. Das Ἕν Πάντα läßt beisammen in einem Anwesen vorliegen, was voneinander weg- und so gegeneinander abwest, wie Tag und Nacht, Winter und Sommer, Frieden und Krieg, Wachen und Schlafen, Dionysos und Hades. Solches durch die äußerste Weite zwischen An- und Abwesendem hindurch Ausgetragene, διαφερόμενον, läßt die lesende Lege in seinem Austrag vorliegen. Ihr Legen selber ist das Tragende im Austrag. Das Ἕν selber ist austragend.
Ἕν Πάντα sagt, was der Λόγος ist. Λόγος sagt, wie Ἕν Πάντα west. Beide sind das Selbe.
Wenn das sterbliche λέγειν sich in den Λόγος schickt, geschieht ὁμολογεῖν. Dieses versammelt sich im Ἕν auf dessen einendes Walten. Wenn das ὁμολογεῖν geschieht, ereignet sich Geschickliches. Dennoch ist das ὁμολογεῖν nie das Geschickliche selber und eigentlich. Wo finden wir nicht nur Geschickliches, sondern *das* Geschickliche schlichthin? Was ist dieses selbst? Heraklit sagt es eindeutig im Beginn des Spruches B 32:
Ἕν τὸ σοφὸν μοῦνον, «das Einzig-Eine Alles Einende ist das Geschickliche allein». Wenn jedoch das Ἕν das Selbe ist mit dem Λόγος, dann ist ὁ Λόγος τὸ σοφὸν μοῦνον. Das *allein* und d. h. zugleich *eigentlich* Geschickliche ist der Λόγος. Insofern jedoch sterbliches λέγειν als ὁμολογεῖν sich in das Geschickliche schickt, ist es auf seine Weise Geschickliches.

Inwiefern ist aber der Λόγος das Geschickliche, das eigentliche
Geschick, d. h. die Versammlung des Schickens, das Alles je in
das Seine schickt? Die lesende Lege versammelt alles Schicken
bei sich, insofern es zubringend vorliegen läßt, jegliches An-
und Abwesende auf seinen Ort und seine Bahn zuhält und alles
ins All versammelnd birgt. So kann sich alles und jedes jeweils
in das Eigene schicken und fügen. Heraklit sagt (B 64): Τὰ δὲ
Πάντα οἰακίζει Κεραυνός. «Das Alles jedoch (des Anwesenden)
steuert (ins Anwesen) der Blitz.»
Das Blitzen legt jäh, in einem zumal, alles Anwesende ins Lichte
seines Anwesens vor. Der jetzt genannte Blitz steuert. Er bringt
jegliches im voraus auf seinen ihm gewiesenen Wesensort zu.
Solches Hinbringen in einem zumal ist die lesende Lege, der
Λόγος. «Der Blitz» steht hier als nennendes Wort für Zeus. Dieser ist als der Höchste der Götter das Geschick des Alls. Demgemäß wäre der Λόγος, das ῎Εν Πάντα, nichts anderes als der
oberste Gott. Das Wesen des Λόγος gäbe so einen Wink in die
Gottheit des Gottes.
Dürfen wir jetzt Λόγος, ῎Εν Πάντα, Ζεῦς in eins setzen und gar
noch behaupten, Heraklit lehre den Pantheismus? Heraklit
lehrt weder diesen, noch lehrt er eine Lehre. Als Denker gibt
er nur zu denken. Im Hinblick auf unsere Frage, ob Λόγος
(῎Εν Πάντα) und Ζεῦς das Selbe seien, gibt er sogar Schweres
zu denken. Daran hat das vorstellende Denken der nachkommenden Jahrhunderte und Jahrtausende lang und ohne es zu
bedenken getragen, um schließlich die unbekannte Bürde mit
Hilfe des schon bereitgestellten Vergessens abzuwerfen. Heraklit sagt (B 32):

῎Εν τὸ Σοφὸν μοῦνον λέγεσθαι οὐκ ἐθέλει
καὶ ἐθέλει Ζηνὸς ὄνομα.
«Eins, das allein Weise, will nicht
und will doch mit dem Namen Zeus benannt werden.»
(Diels-Kranz)

Das tragende Wort des Spruches, ἐθέλω, bedeutet nicht «wollen», sondern: von sich her bereit sein für …; ἐθέλω meint nicht ein bloßes Fordern, sondern: in der Rückbeziehung auf sich selber etwas zulassen. Damit wir jedoch das Gewicht des im Spruch Gesagten recht abwägen, müssen wir erwägen, was der Spruch in erster Linie sagt: Ἕν … λέγεσθαι οὐκ ἐθέλει. «Das Einzig-Eine-Einende, die lesende Lege, ist nicht bereit…». Wofür? λέγεσθαι, versammelt zu werden unter dem Namen «Zeus». Denn durch solche Versammlung käme das Ἕν als Zeus zum Vorschein, der vielleicht immer nur ein Anschein bleiben müßte. Daß in dem angeführten Spruch von λέγεσθαι in unmittelbarer Beziehung zu ὄνομα (nennendes Wort) die Rede ist, bezeugt doch unbestreitbar die Bedeutung von λέγειν als sagen, reden, nennen. Indessen ist gerade dieser Heraklitspruch, der eindeutig allem zu widersprechen scheint, was im Voraufgegangenen über λέγειν und λόγος erörtert wurde, geeignet, uns erneut daran denken zu lassen, daß und inwiefern das λέγειν in seiner Bedeutung von «sagen» und «reden» nur verstehbar ist, wenn es in seiner eigensten Bedeutung als «legen» und «lesen» bedacht wird. Nennen heißt: hervor-rufen. Das im Namen gesammelt Niedergelegte kommt durch solches Legen zum Vorliegen und Vorschein. Das vom λέγειν her gedachte Nennen (ὄνομα) ist kein Ausdrücken einer Wortbedeutung, sondern ein vor-liegen-Lassen in dem Licht, worin etwas dadurch steht, daß es einen Namen hat.

In erster Linie ist das Ἕν, der Λόγος, das Geschick alles Geschicklichen, von seinem eigensten Wesen her nicht bereit, unter dem Namen «Zeus», d. h. als dieser zu erscheinen: οὐκ ἐθέλει. Erst darauf folgt καὶ ἐθέλει «aber auch bereit» ist das Ἕν.

Ist es nur eine Art zu reden, wenn Heraklit zuerst sagt, das Ἕν lasse die fragliche Nennung nicht zu, oder hat der Vorrang der Verneinung seinen Grund in der Sache? Denn das Ἕν Πάντα ist als der Λόγος das Anwesenlassen alles Anwesenden. Das Ἕν ist selbst jedoch kein Anwesendes unter anderem. Es ist in seiner Weise einzig. Zeus dagegen ist nicht nur ein Anwesendes unter anderen. Er ist das höchste Anwesende. So bleibt Zeus auf eine ausnehmende Weise in das Anwesen gewiesen, diesem zugeteilt und gemäß solcher Zuteilung (Μοῖρα) versammelt in das alles versammelnde ˚Εν, in das Geschick. Zeus ist nicht selbst das ˚Εν, wenngleich er als der Blitz steuernd die Schickungen des Geschickes vollbringt.

Daß in Bezug auf das ἐθέλει das οὐκ zuerst genannt wird, besagt: eigentlich läßt das ˚Εν es *nicht* zu, Zeus genannt und damit auf das Wesen eines Anwesenden unter anderem herabgesetzt zu werden, mag hier auch das «unter» den Charakter des «über allem übrigen Anwesenden» haben.

Andererseits läßt jedoch das ˚Εν nach dem Spruch die Benennung als Zeus auch wieder zu. Inwiefern? Die Antwort ist im soeben Gesagten schon enthalten. Wird das ˚Εν nicht von ihm selbst her als der Λόγος vernommen, erscheint es vielmehr als das Πάντα, *dann* und nur dann zeigt sich das All des Anwesenden unter dem Steuer des höchsten Anwesenden als das eine Ganze unter diesem Einen. Das Ganze des Anwesenden ist unter seinem Höchsten das ˚Εν als Zeus. Das ˚Εν selbst jedoch als ˚Εν Πάντα ist der Λόγος, die lesende Lege. Als der Λόγος ist das ˚Εν allein τὸ Σοφόν, das Geschickliche, als das Geschick selber: die Versammlung des Schickens ins Anwesen.

Wenn dem ἀκούειν der Sterblichen einzig am Λόγος, an der lesenden Lege, gelegen ist, dann hat sich das sterbliche λέγειν in das Gesamt des Λόγος schicklich verlegt. Das sterbliche λέγειν liegt im Λόγος geborgen. Vom Geschick her ist es in das ὁμολογεῖν er-eignet. So bleibt es dem Λόγος vereignet. Auf solche Weise ist das sterbliche λέγειν geschicklich. Aber es ist nie das Geschick selbst: ˚Εν Πάντα als ὁ Λόγος.

Jetzt, da der Spruch des Heraklit deutlicher spricht, droht sein Gesagtes erneut ins Dunkel zu entfliehen.

Das Ἓν Πάντα enthält zwar den Wink in die Weise, wie der
Λόγος in seinem λέγειν west. Doch bleibt das λέγειν, mag es als
legen, mag es als sagen gedacht sein, nicht stets nur eine Art
des sterblichen Verhaltens? Wird nicht, wenn Ἓν Πάντα der
Λόγος sein soll, ein gesonderter Zug des sterblichen Wesens zum
Grundzug dessen hinaufgesteigert, was über allem, weil vor
allem sterblichen und unsterblichen Wesen das Geschick des
Anwesens selber ist? Liegt im Λόγος die Erhöhung und Übertragung einer sterblichen Wesensart auf das Einzig-Eine? Bleibt
das sterbliche λέγειν nur die nachgebildete Entsprechung zu dem
Λόγος, der in sich das Geschick ist, worin das Anwesen als solches und für alles Anwesende beruht?
Oder reicht solches Fragen, das sich am Leitfaden eines Entweder-Oder aufspannt, überhaupt nicht zu, weil im voraus nie
hin in das zu Erfragende? Steht es so, dann kann der Λόγος weder die Übersteigerung des sterblichen λέγειν, noch dieses nur
die Nachbildung des maßgebenden Λόγος sein. Dann hat sowohl
das Wesende im λέγειν des ὁμολογεῖν, als auch das Wesende im
λέγειν des Λόγος zugleich eine anfänglichere Herkunft in der
einfachen Mitte zwischen beiden. Gibt es dahin für sterbliches
Denken einen Weg?
In jedem Falle bleibt der Pfad zunächst gerade durch die Wege,
die das frühgriechische Denken den Nachkommenden öffnet,
verlegt und verrätselt. Wir beschränken uns darein, erst einmal vor dem Rätsel zurückzutreten, um einiges Rätselhafte an
ihm zu erblicken.
Der angeführte Spruch des Heraklit (B 50) lautet in der erläuternden Übertragung:
«Nicht mich, den sterblichen Sprecher, hört an; aber seid
horchsam der lesenden Lege; gehört ihr erst dieser, dann
hört ihr damit eigentlich; solches Hören *ist*, insofern ein beisammen-vor-liegen-Lassen geschieht, dem das Gesamt, das
versammelnde liegen-Lassen, die lesende Lege vorliegt; wenn

ein liegen-Lassen geschieht des vor-liegen-Lassens, ereignet
sich Geschickliches; denn das eigentlich Geschickliche, das
Geschick allein, ist: das Einzig-Eine einend Alles.»

Stellen wir die Erläuterungen, ohne sie zu vergessen, auf die
Seite, versuchen wir das Gesprochene Heraklits in unsere Sprache herüberzusetzen, dann dürfte sein Spruch lauten:

«Nicht mir, aber der lesenden Lege gehörig: Selbes liegen
lassen: Geschickliches west (die lesende Lege): Eines einend
Alles.»

Geschicklich sind die Sterblichen, deren Wesen dem ὁμολογεῖν
vereignet bleibt, wenn sie den Λόγος als das Ἓν Πάντα ermessen
und seiner Zumessung gemäß werden. Darum sagt Heraklit
(B 43):

Ὕβριν χρὴ σβεννύναι μᾶλλον ἢ πυρκαϊήν.

«Vermessenheit braucht es zu löschen eher denn Feuersbrunst.»

Dergleichen braucht es, weil der Λόγος das ὁμολογεῖν braucht,
wenn Anwesendes im Anwesen scheinen und erscheinen soll.
Das ὁμολογεῖν schickt sich unvermessen in das Ermessen des
Λόγος.

Weither vernehmen wir aus dem erstgenannten Spruch (B 50)
eine Weisung, die sich im letztgenannten Spruch (B 43) als die
Not des Nötigsten uns zuspricht:

Bevor ihr euch auf die Feuersbrünste einlaßt, sei es, um sie zu
entfachen, sei es, um sie zu löschen, löscht zuvor erst den Brand
der Vermessenheit, die sich deshalb vermißt, in der Maßnahme
versieht, weil sie das Wesen des Λέγειν vergißt.

Die Übersetzung von λέγειν als gesammelt-vorliegen-lassen, von
Λόγος als lesende Lege mag befremden. Doch es ist heilsamer
für das Denken, wenn es im Befremdlichen wandert, statt sich
im Verständlichen einzurichten. Vermutlich hat Heraklit seine

Zeitgenossen noch ganz anders, und zwar dadurch befremdet, daß er die ihnen geläufigen Worte λέγειν und λόγος in ein solches Sagen verwob und daß ihm ὁ λόγος zum Leitwort seines Denkens wurde. Wohin geleitet dieses Wort ὁ λόγος, das wir jetzt als die lesende Lege nachzudenken versuchen, das Denken Heraklits? Das Wort ὁ Λόγος nennt Jenes, das alles Anwesende ins Anwesen versammelt und darin vorliegen läßt. Ὁ Λόγος nennt Jenes, worin sich das Anwesen des Anwesenden ereignet. Das Anwesen des Anwesenden heißt bei den Griechen τὸ ἐόν, d. h. τὸ εἶναι τῶν ὄντων, römisch: esse entium; wir sagen: das Sein des Seienden. Seit dem Beginn des abendländischen Denkens entfaltet sich das Sein des Seienden als das einzig Denkwürdige. Wenn wir diese historische Feststellung geschichtlich denken, dann zeigt sich erst, worin der Beginn des abendländischen Denkens beruht: *daß* im Zeitalter des Griechentums das Sein des Seienden zum Denkwürdigen wird, *ist* der Beginn des Abendlandes, *ist* der verborgene Quell seines Geschickes. Verwahrte dieser Beginn nicht das Gewesene, d. h. die Versammlung des noch Währenden, dann waltete jetzt nicht das Sein des Seienden aus dem Wesen der neuzeitlichen Technik. Durch dieses wird heute der ganze Erdball auf das abendländisch erfahrene, in der Wahrheitsform der europäischen Metaphysik und Wissenschaft vorgestellte Sein um- und festgestellt.
Im Denken Heraklits erscheint das Sein (Anwesen) des Seienden als ὁ Λόγος, als die lesende Lege. Aber dieser Aufblitz des Seins bleibt vergessen. Die Vergessenheit wird ihrerseits noch dadurch verborgen, daß sich die Auffassung des Λόγος alsbald wandelt. Darum liegt es zunächst und für eine lange Zeit außerhalb des Vermutbaren, im Wort ὁ Λόγος könnte sich gar das Sein des Seienden zur Sprache gebracht haben.
Was geschieht, wenn das Sein des Seienden, das Seiende in seinem Sein, wenn der Unterschied beider *als* Unterschied zur Sprache gebracht wird? «Zur Sprache bringen» heißt für uns

gewöhnlich: etwas mündlich oder schriftlich ausdrücken. Aber die Wendung möchte jetzt anderes denken: zur Sprache bringen: Sein in das Wesen der Sprache bergen. Dürfen wir vermuten, daß solches sich vorbereitete, als für Heraklit ὁ Λόγος zum Leitwort seines Denkens, weil zum Namen des Seins des Seienden wurde?

Ὁ Λόγος, τὸ Λέγειν ist die lesende Lege. Doch λέγειν heißt für die Griechen immer zugleich: vorlegen, darlegen, erzählen, sagen. Ὁ Λόγος wäre dann der griechische Name für das Sprechen als Sagen, für die Sprache. Nicht nur dies. Ὁ Λόγος wäre, als die lesende Lege gedacht, das griechisch gedachte Wesen der Sage. Sprache wäre Sage. Sprache wäre: versammelndes vorliegen-Lassen des Anwesenden in seinem Anwesen. In der Tat: die Griechen *wohnten* in diesem Wesen der Sprache. Allein sie haben dieses Wesen der Sprache niemals *gedacht,* auch Heraklit nicht.

So erfahren die Griechen zwar das Sagen. Aber sie denken niemals, auch Heraklit nicht, das Wesen der Sprache eigens als den Λόγος, als die lesende Lege.

Was hätte sich ereignet, wenn Heraklit – und seit ihm die Griechen – eigens das Wesen der Sprache als Λόγος, als die lesende Lege gedacht hätten! Nichts Geringeres hätte sich ereignet als dieses: die Griechen hätten das Wesen der Sprache aus dem Wesen des Seins, ja sogar als dieses selbst gedacht. Denn ὁ Λόγος ist der Name für das Sein des Seienden. Doch all dieses ereignete sich nicht. Nirgends finden wir eine Spur davon, daß die Griechen das Wesen der Sprache unmittelbar aus dem Wesen des Seins dachten. Statt dessen wurde die Sprache – und zwar durch die Griechen zuerst – von der Verlautbarung her vorgestellt als φωνή, als Laut und Stimme, phonetisch. Das griechische Wort, das unserem Wort «Sprache» entspricht, heißt γλῶσσα, die Zunge. Die Sprache ist φωνὴ σημαντική, Verlautbarung, die etwas bezeichnet. Dies besagt: die Sprache gelangt zum voraus in den Grundcharakter, den wir dann mit dem Namen «Ausdruck» kennzeichnen. Diese zwar richtige, aber von außen her genommene Vorstellung von der Sprache, Sprache als Ausdruck, bleibt fortan maßgebend. Sie ist es heute noch. Sprache gilt als Ausdruck und umgekehrt. Jede Art des Ausdrückens stellt man gern als eine Art von Sprache vor. Die Kunsthistorie redet von der Formensprache. Einmal jedoch, im Beginn des abendländischen Denkens, blitzte das Wesen der Sprache im Lichte des Seins auf. Einmal, da Heraklit den Λόγος als Leitwort dachte, um in diesem Wort das Sein des Seienden zu denken. Aber der Blitz verlosch jäh. Niemand faßte seinen Strahl und die Nähe dessen, was er erleuchtete.

Wir sehen diesen Blitz erst, wenn wir uns in das Gewitter des Seins stellen. Doch heute spricht alles dafür, daß man lediglich bemüht ist, das Gewitter zu vertreiben. Man veranstaltet mit allen nur möglichen Mitteln ein Wetterschießen, um vor dem Gewitter Ruhe zu haben. Doch diese Ruhe ist keine Ruhe. Sie ist nur eine Betäubung, zuerst die Betäubung der Angst vor dem Denken.

Um das Denken freilich ist es eine eigene Sache. Das Wort der Denker hat keine Autorität. Das Wort der Denker kennt keine Autoren im Sinne der Schriftsteller. Das Wort des Denkens ist bildarm und ohne Reiz. Das Wort des Denkens ruht in der Ernüchterung zu dem, was es sagt. Gleichwohl verändert das Denken die Welt. Es verändert sie in die jedesmal dunklere Brunnentiefe eines Rätsels, die als dunklere das Versprechen auf eine höhere Helle ist.

Das Rätsel ist uns seit langem zugesagt im Wort «Sein». Darum bleibt «Sein» nur das vorläufige Wort. Sehen wir zu, daß unser Denken ihm nicht blindlings nur nachläuft. Bedenken wir erst, daß «Sein» anfänglich «Anwesen» heißt und «Anwesen»: hervor-währen in die Unverborgenheit.

MOIRA
(PARMENIDES VIII, 34-41)

Das Verhältnis von Denken und Sein bewegt alle abendländische Besinnung. Es bleibt der unversehrliche Prüfstein, an dem ersehen werden kann, inwieweit und auf welche Art die Gunst und das Vermögen gewährt sind, in die Nähe zu dem zu gelangen, was sich dem geschichtlichen Menschen als das zu Denkende zuspricht. Parmenides nennt das Verhältnis in seinem Spruch (Fragment III):

> τὸ γὰρ αὐτὸ νοεῖν ἐστίν τε καὶ εἶναι.
> «Denn dasselbe ist Denken und Sein.»

Parmenides erläutert den Spruch an anderer Stelle im Fragment VIII, 34–41. Sie lautet:

> ταὐτὸν δ'ἐστὶ νοεῖν τε καὶ οὕνεκεν ἔστι νόημα.
> οὐ γὰρ ἄνευ τοῦ ἐόντος, ἐν ᾧ πεφατισμένον ἐστιν,
> εὑρήσεις τὸ νοεῖν· οὐδὲν γὰρ ἢ ἔστιν ἢ ἔσται
> ἄλλο πάρεξ τοῦ ἐόντος, ἐπεὶ τό γε Μοῖρ' ἐπέδησεν
> οὖλον ἀκίνητόν τ' ἔμμεναι· τῷ πάντ' ὄνομ' ἔσται,
> ὅσσα βροτοὶ κατέθεντο πεποιθότες εἶναι ἀληθῆ,
> γίγνεσθαί τε καὶ ὄλλυσθαι, εἶναί τε καὶ οὐχί,
> καὶ τόπον ἀλλάσσειν διά τε χρόα φανὸν ἀμείβειν.

«Dasselbe ist Denken und der Gedanke, daß Ist ist; denn nicht ohne das Seiende, in dem es als Ausgesprochenes ist, kannst du das Denken finden. Es ist ja nichts oder wird nichts anderes sein außerhalb des Seienden, da es ja die Moira daran gebunden hat, ein Ganzes und unbewegt zu sein. Darum wird alles bloßer Name sein, was die Sterblichen so festgesetzt haben, überzeugt, es sei wahr: ‚Werden' sowohl als ‚Vergehen', ‚Sein' sowohl als ‚Nichtsein' und ‚Verändern des Ortes' und ‚Wechseln der leuchtenden Farbe'» (W. Kranz)

Inwiefern bringen diese acht Verszeilen das Verhältnis von Denken und Sein deutlicher ans Licht? Sie scheinen das Verhältnis eher zu verdunkeln, weil sie selber ins Dunkel führen und uns im Ratlosen lassen. Darum suchen wir zuvor eine Belehrung über das Verhältnis von Denken und Sein, indem wir die bisherigen Auslegungen in ihren Grundzügen verfolgen. Sie bewegen sich jeweils in einer der drei Hinsichten, die kurz erwähnt seien, ohne daß wir im einzelnen weitläufig darstellen, inwiefern sie durch den Text des Parmenides belegbar sind. Einmal findet man das Denken vor im Hinblick darauf, daß es als etwas Vorhandenes neben vielem anderen auch vorkommt und in solchem Sinne «ist». Dies also Seiende muß demgemäß wie jedes seinesgleichen dem übrigen Seienden zugerechnet und mit diesem in eine Art des zusammenfassenden Ganzen verrechnet werden. Diese Einheit des Seienden heißt das Sein. Weil das Denken als etwas Seiendes mit jedem anderen Seienden gleichartig ist, erweist sich das Denken als das Gleiche wie das Sein.

Um dergleichen festzustellen, bedarf es kaum der Philosophie. Die Einordnung des Vorhandenen in das Ganze des Seienden ergibt sich wie von selbst und betrifft nicht nur das Denken. Auch das Befahren des Meeres, das Bauen von Tempeln, das Reden in der Volksversammlung, jede Art menschlichen Tuns gehört zum Seienden und ist so das Gleiche wie das Sein. Man wundert sich, weshalb Parmenides darauf bestand, gerade hinsichtlich des menschlichen Tuns, das Denken heißt, noch ausdrücklich festzustellen, daß es in den Bereich des Seienden falle. Man könnte sich vollends wundern, weshalb Parmenides für diesen Fall noch eine besondere Begründung anfügt und zwar durch den Gemeinplatz, außerhalb des Seienden und neben dem Seienden im Ganzen sei kein Seiendes sonst.

Doch recht besehen, wundert man sich dort längst nicht mehr, wo die Lehre des Parmenides noch in der geschilderten Weise vorgestellt wird. Man ist über sein Denken hinausgekommen, das jetzt unter die groben und unbeholfenen Bemühungen fällt, für die es freilich noch eine Anstrengung war, jegliches vorkommende Seiende, unter anderem auch das Denken, erst einmal in das Ganze des Seienden einzuordnen.

Darum lohnt es sich auch für unsere Besinnung kaum noch, auf diese massive Auslegung des Verhältnisses von Denken und Sein, die alles nur von der Masse des vorhandenen Seienden her vorstellt, einen Blick zu werfen. Indessen gibt sie uns den unschätzbaren Anlaß, eigens und im voraus einzuschärfen, daß Parmenides nirgends die Rede darauf bringt, das Denken sei *auch* eines der vielen ἐόντα, des mannigfaltigen Seienden, davon jegliches bald ist, bald nicht ist und darum stets beides zumal, zu sein und nicht zu sein, in den Anschein bringt: Vorkommendes und Weggehendes.

Gegenüber der genannten, jedermann sogleich eingängigen Auslegung des Parmenidesspruches findet eine andere und nachdenklichere Behandlung des Textes in den Versen VIII, 34 ff. wenigstens «schwerverständliche Äußerungen». Zur Erleichterung des Verständnisses muß man sich nach einer geeigneten Hilfe umsehen. Wo findet man sie? Offenbar in einem Verstehen, das gründlicher in das Verhältnis von Denken und Sein eingedrungen ist, das Parmenides zu denken versucht. Solches Eindringen bekundet sich in einem Fragen. Es betrifft das Denken, d. h. das Erkennen hinsichtlich seiner Beziehung zum Sein, d. h. zur Wirklichkeit. Die Betrachtung des so verstandenen Verhältnisses zwischen Denken und Sein ist ein Hauptanliegen der neuzeitlichen Philosophie. Sie hat dafür schließlich eine besondere Disziplin, die Erkenntnistheorie, ausgebildet, die heute noch vielfach als das grundlegende Geschäft der Philosophie gilt. Es hat nur den Titel gewechselt und heißt jetzt «Metaphysik» oder «Ontologie der Erkenntnis». Seine heute maßgebende und weittragendste Gestalt entwickelt sich unter dem Namen «Logistik». In dieser gelangt der Spruch des Parmenides durch eine seltsame, vormals unvermutbare Verwandlung zu einer entscheidenden Herrschaftsform. So weiß sich denn die neuzeitliche Philosophie überall in den Stand gesetzt, von ihrem sich überlegen dünkenden Standort aus dem Spruch des Parmenides über das Verhältnis von Denken und Sein den wahren Sinn zu geben. Angesichts der ungebrochenen Macht des neuzeitlichen Denkens (Existenzphilosophie und Existenzialismus sind neben der Logistik seine wirksamsten Ableger) ist es nötig, die maßgebende Hinsicht deutlicher hervorzuheben, innerhalb deren sich die neuzeitliche Deutung des Parmenidesspruches bewegt.

Die neuzeitliche Philosophie erfährt das Seiende als den Gegenstand. Es kommt zu seinem Entgegenstehen durch die Perception und für sie. Das percipere greift, was Leibniz deutlicher sah, als appetitus nach dem Seienden aus, greift es an, um es durchgreifend im Begriff an sich zu bringen und seine Präsenz auf das percipere zurückzubeziehen (repraesentare). Die repraesentatio, die Vorstellung, bestimmt sich als das percipierende auf sich (das Ich) Zu-stellen dessen, was erscheint.

Unter den Lehrstücken der neuzeitlichen Philosophie ragt ein Satz hervor, der auf jeden wie eine Erlösung wirken muß, der versucht, mit ihrer Hilfe den Spruch des Parmenides aufzuklären. Wir meinen den Satz Berkeleys, der auf der metaphysischen Grundstellung von Descartes fußt und lautet: esse = percipi: Sein ist gleich Vorgestelltwerden. Das Sein gelangt in die Botmäßigkeit zum Vorstellen im Sinne der Perception. Der Satz schafft erst den Raum, innerhalb dessen der Spruch des Parmenides einer wissenschaftlich-philosophischen Auslegung zugänglich und so dem Dunstkreis eines halbpoetischen Ahnens, worin man das vorsokratische Denken vermutet, entzogen wird. Esse = percipi, Sein ist Vorgestelltwerden. Sein ist kraft des Vorstellens. Das Sein ist gleich dem Denken, insofern sich die Gegenständigkeit der Gegenstände im vorstellenden Bewußtsein, im «ich denke etwas» zusammenstellt, konstituiert. Im Lichte dieser Aussage über die Beziehung von Denken und Sein nimmt sich der Spruch des Parmenides wie eine ungeschlachte Vorform der neuzeitlichen Lehre von der Wirklichkeit und ihrer Erkenntnis aus.

Es ist wohl kein Zufall, daß Hegel in seinen «Vorlesungen über die Geschichte der Philosophie» (WW XIII, 2. Aufl. S. 274) den Spruch des Parmenides über das Verhältnis von Denken und Sein in der Form des Fragmentes VIII anführt und übersetzt:

«‚Das Denken und das, um weswillen der Gedanke ist, ist dasselbe. Denn nicht ohne das Seiende, in welchem es sich ausspricht (ἐν ᾧ πεφατισμένον ἐστιν), wirst du das Denken finden, denn es ist nichts und wird nichts sein, außer dem Seienden.' Das ist der Hauptgedanke. Das Denken produziert sich; und was produziert wird, ist ein Gedanke. Denken ist also mit seinem Sein identisch; denn es ist nichts außer dem Sein, dieser großen Affirmation.»

Sein ist für Hegel die Bejahung des sich selbst pro-duzierenden Denkens. Sein ist Produktion des Denkens, der Perception, als welche schon Descartes die idea deutet. Durch das Denken wird Sein als Bejahtheit und Gesetztheit des Vorstellens in den Bereich des «Ideellen» versetzt. Auch für Hegel ist, nur in einer unvergleichlich durchdachteren und durch Kant vermittelten Weise, Sein das gleiche wie Denken. Sein ist dasselbe wie Denken, nämlich dessen Ausgesagtes und Bejahtes. So kann Hegel aus dem Gesichtskreis der neuzeitlichen Philosophie über den Spruch des Parmenides also urteilen:

«Indem hierin die Erhebung in das Reich des Ideellen zu sehen ist, so hat mit Parmenides das eigentliche Philosophieren angefangen; ... dieser Anfang ist freilich noch trübe und unbestimmt, und es ist nicht weiter zu erklären, was darin liegt; aber gerade dieß Erklären ist die Ausbildung der Philosophie selbst, die hier noch nicht vorhanden ist» (a. a. O. S. 274 ff.).

Vorhanden ist die Philosophie für Hegel erst dort, wo das Sichselbstdenken des absoluten Wissens die Wirklichkeit selbst und schlechthin ist. In der spekulativen Logik und als diese geschieht die sich vollendende Erhebung des Seins in das Denken des Geistes als der absoluten Wirklichkeit.

Im Horizont dieser Vollendung der neuzeitlichen Philosophie erscheint der Spruch des Parmenides als der Beginn des eigentlichen Philosophierens, d. h. der Logik im Sinne Hegels; doch nur als Beginn. Dem Denken des Parmenides fehlt noch die spekulative, d. h. dialektische Form, die Hegel indes bei Heraklit findet. Von diesem sagt er: «Hier sehen wir Land; es ist kein Satz des Heraklit, den ich nicht in meine Logik aufgenommen» (a.a.O. S. 301). Hegels «Logik» ist nicht nur die einzig gemäße neuzeitliche Auslegung des Berkeleyschen Satzes, sie ist dessen unbedingte Verwirklichung. Daß Berkeleys Satz esse = percipi auf dem beruht, was der Spruch des Parmenides erstmals zur Sprache gebracht hat, duldet keinen Zweifel. Aber diese geschichtliche Zusammengehörigkeit des neuzeitlichen Satzes mit dem altertümlichen Spruch gründet zugleich und eigentlich in einer Verschiedenheit des hier und dort Gesagten und Gedachten, wie sie entschiedener kaum ermessen werden kann.

Die Verschiedenheit geht so weit, daß durch sie die Möglichkeit eines Wissens von Unterschiedenem abgestorben, verschieden ist. Mit dem Hinweis auf diese Verschiedenheit deuten wir zugleich an, inwiefern unsere Auslegung des Parmenidesspruches aus einer ganz anderen Denkweise kommt wie diejenige Hegels.

Enthält der Satz esse = percipi die gemäße Auslegung des Spruches: τὸ γὰρ αὐτὸ νοεῖν ἐστίν τε καὶ εἶναι? Sagen beide Aussagen, falls wir sie dafür halten dürfen, Denken und Sein sei dasselbe? Und selbst wenn sie dies sagen, sagen sie es im gleichen Sinne? Dem aufmerksamen Blick zeigt sich sogleich ein Unterschied beider Aussagen, den man als anscheinend äußerlichen leicht abtun möchte. Parmenides nennt an beiden Stellen (Fragm. III und VIII, 34) den Spruch so, daß jeweils das νοεῖν (Denken) dem εἶναι (Sein) vorausgeht. Berkeley dagegen nennt das esse (Sein) vor dem percipi (Denken). Dies scheint darauf zu deuten, daß Parmenides dem Denken den Vorrang gibt, Berkeley jedoch dem Sein. Indes trifft das Gegenteil zu. Parmenides überantwortet das Denken dem Sein. Berkeley verweist das Sein in das Denken. In einer Entsprechung, die sich mit dem griechischen Spruch einigermaßen decken könnte, müßte der neuzeitliche Satz lauten: percipi = esse.

Der neuzeitliche Satz sagt etwas über das Sein im Sinne der Gegenständigkeit für das durchgreifende Vorstellen aus. Der griechische Spruch spricht das Denken als das versammelnde Vernehmen dem Sein im Sinne des Anwesens zu. Darum geht jede Deutung des griechischen Spruches, die sich im Gesichtskreis des neuzeitlichen Denkens bewegt, im vorhinein fehl. Dennoch genügen diese in mannigfachen Formen spielenden Deutungen einer unumgänglichen Aufgabe: sie machen das griechische Denken dem neuzeitlichen Vorstellen zugänglich und bestätigen dieses in seinem von ihm selbst gewollten Fortschreiten zu einer «höheren» Stufe der Philosophie.

Die erste der drei Hinsichten, die alle Auslegungen des Parmenidesspruches bestimmen, stellt das Denken als etwas Vorhandenes vor und reiht es in das übrige Seiende ein.

Die zweite Hinsicht begreift neuzeitlich das Sein im Sinne der Vorgestelltheit von Gegenständen als Gegenständigkeit für das Ich der Subjektivität.

Die dritte Hinsicht folgt einem Grundzug der durch Platon bestimmten antiken Philosophie. Nach der sokratisch-platonischen Lehre machen die Ideen an jedem Seienden das «seiend» aus. Die Ideen gehören aber nicht in den Bereich der αἰσθητά, des sinnlich Vernehmbaren. Die Ideen sind rein nur im νοεῖν, im nichtsinnlichen Vernehmen schaubar. Das Sein gehört in den Bereich der νοητά, des Nicht- und Übersinnlichen. Plotin deutet den Spruch des Parmenides im platonischen Sinne. Demnach will Parmenides sagen: Sein ist etwas Nichtsinnliches. Das Gewicht des Spruches fällt, nur in einem anderen Sinne als für die neuzeitliche Philosophie, auf das Denken. Durch dessen nichtsinnliche Art wird das Sein gekennzeichnet. Nach der neuplatonischen Auslegung des Parmenidesspruches ist er weder eine Aussage über das Denken, noch eine solche über das Sein, noch gar eine solche über das Wesen der Zusammengehörigkeit beider als verschiedener. Der Spruch ist die Aussage über die gleichmäßige Zugehörigkeit beider in den Bereich des Nichtsinnlichen.

Jede der drei Hinsichten rückt das frühe Denken der Griechen in den Herrschaftsbereich von Fragestellungen der nachkommenden Metaphysik. Vermutlich muß jedoch alles spätere Denken, das ein Gespräch mit dem frühen versucht, jeweils aus seinem eigenen Aufenthaltsbereich her hören und so das Schweigen des frühen Denkens in ein Sagen bringen. Hierdurch wird zwar das frühere Denken unvermeidlich in das spätere Gespräch einbezogen, in dessen Hörfeld und Gesichtskreis versetzt und so gleichsam der Freiheit seines eigenen Sagens beraubt. Dennoch zwingt solcher Einbezug keineswegs zu einer Auslegung, die sich darin erschöpft, das im Beginn des abendländischen Denkens Gedachte nur in die späteren Vorstellungsweisen umzudeuten. Alles liegt daran, ob sich das eröffnete Gespräch zum voraus und je und je erneut dafür freigibt, dem zu erfragenden Anspruch des frühen Denkens zu entsprechen,

oder ob das Gespräch sich ihm verschließt und das frühe Denken mit späteren Lehrmeinungen überdeckt. Solches ist schon geschehen, sobald das spätere Denken versäumt, dem Hörfeld und Gesichtskreis des frühen Denkens *eigens nachzufragen*.
Eine Bemühung darum darf sich indes nicht in einer historischen Nachforschung erschöpfen, die nur feststellt, was dem früheren Denken an unausgesprochenen Voraussetzungen zugrundeliegt, wobei die Voraussetzungen darnach errechnet werden, was für die spätere Auslegung als schon gesetzte Wahrheit und was nicht mehr als eine solche gilt, insofern es durch die Entwicklung überholt ist. Jenes Nachfragen muß statt dessen eine Zwiesprache sein, in der die frühen Hörfelder und Gesichtskreise nach ihrer Wesensherkunft bedacht werden, damit jenes Geheiß sich zuzusagen anfängt, unter dem das frühe und das nachfolgende und das kommende Denken, jedes auf seine Art, stehen. Ein Versuch solchen Nachfragens wird sein erstes Augenmerk auf die dunklen Stellen eines frühen Textes richten und sich nicht bei jenen ansiedeln, die den Anschein des Verständlichen vor sich her tragen; denn so ist das Gespräch zu Ende, bevor es begonnen hat.
Die nachstehende Erörterung beschränkt sich darauf, den angeführten Text mehr nur in der Folge vereinzelter Erläuterungen zu durchgehen. Sie möchten eine denkende Übersetzung des frühen griechischen Sagens in das Kommende eines zum Anfang erwachten Denkens vorbereiten helfen.

I

Das Verhältnis von Denken und Sein steht zur Erörterung. Allem zuvor müssen wir beachten, daß der Text (VIII, 34 ff.), der das Verhältnis eingehender bedenkt, vom ἐόν spricht und nicht wie das Fragment III vom εἶναι. Sogleich kommt man deshalb und sogar mit einem gewissen Recht auf die Meinung, im Fragment VIII sei nicht vom Sein, sondern vom Seienden die Rede. Doch Parmenides denkt im Namen ἐόν keineswegs das Seiende an sich, worein als das Ganze auch das Denken gehört, insofern es etwas Seiendes ist. Ebensowenig meint ἐόν das εἶναι im Sinne des Seins für sich, gleich als ob dem Denker daran gelegen sei, die nichtsinnliche Wesensart des Seins gegen das Seiende als das Sinnliche abzusetzen. Das ἐόν, das Seiend, ist vielmehr in der Zwiefalt von Sein und Seiendem gedacht und participial gesprochen, ohne daß der grammatische Begriff schon eigens in das sprachliche Wissen eingreift. Die Zwiefalt läßt sich durch die Wendungen «Sein *des* Seienden» und «Seiendes *im* Sein» wenigstens andeuten. Allein das Entfaltende verbirgt sich mehr durch das «im» und «des», als daß es in sein Wesen weist. Die Wendungen sind weit davon entfernt, die Zwiefalt als solche zu denken oder gar ihre Entfaltung ins Fragwürdige zu heben.

Das vielberufene «Sein selbst» bleibt in Wahrheit, solange es als Sein erfahren wird, stets Sein im Sinne von Sein des Seienden. Indes ist dem Beginn des abendländischen Denkens aufgegeben, das im Wort εἶναι, sein, Gesprochene aus einem zugemessenen Blick als Φύσις, Λόγος, Ἕν zu erblicken. Weil die im Sein waltende Versammlung alles Seiende einigt, entsteht aus dem Denken an die Versammlung der unvermeidliche und immer hartnäckigere Anschein, Sein (des Seienden) sei nicht nur das Gleiche wie das Seiende im Ganzen, sondern es sei als das Gleiche, zugleich aber Einende, sogar das Seiendste. *Alles wird dem Vorstellen zu Seiendem.*

Die Zwiefalt von Sein und Seiendem scheint als solche ins Wesenlose zu zerrinnen, obzwar das Denken seit seinem griechischen Beginn sich fortan innerhalb ihres Entfalteten bewegt, ohne doch seinen Aufenthalt zu bedenken und gar der Entfaltung der Zwiefalt zu gedenken. Im Beginn des abendländischen Denkens geschieht der unbeachtete Wegfall der Zwiefalt. Allein er ist nicht nichts. Der Wegfall gewährt sogar dem griechischen

Denken die Art des Beginns: daß sich die Lichtung des Seins des Seienden als Lichtung verbirgt. Die Verbergung des Wegfalls der Zwiefalt waltet so wesenhaft wie jenes, wohin die Zwiefalt entfällt. Wohin fällt sie? In die Vergessenheit. Deren währendes Walten verbirgt sich als Λήθη, der die 'Αλήθεια so unmittelbar angehört, daß jene zugunsten dieser sich entziehen und ihr das reine Entbergen in der Weise der Φύσις, des Λόγος, des Ἕν überlassen kann und zwar so, als bräuchte es keiner Verbergung.

Doch das anscheinend eitel Lichtende ist vom Dunklen durchwaltet. Darin bleibt die Entfaltung der Zwiefalt ebenso verborgen wie deren Wegfall für das beginnende Denken. Dennoch müssen wir im ἐόν auf die Zwiefalt von Sein und Seiendem achten, um der Erörterung zu folgen, die Parmenides dem Verhältnis von Denken und Sein widmet.

II

In aller Kürze sagt das Fragment III, das Denken gehöre dem Sein zu. Wie sollen wir diese Zugehörigkeit kennzeichnen? Die Frage kommt zu spät. Die Antwort hat der knappe Spruch schon mit seinem ersten Wort gegeben: τὸ γὰρ αὐτό, das nämlich Selbe. Mit dem gleichen Wort beginnt die Fassung des Spruches im Fragment VIII, 34: ταὐτόν. Gibt uns das Wort eine Antwort auf die Frage, in welcher Weise das Denken dem Sein zugehöre, insofern es sagt, beide seien das Selbe? Das Wort gibt keine Antwort. Einmal deshalb, weil durch die Bestimmung «das Selbe» jede Frage nach einer Zusammengehörigkeit unterbunden wird, die nur zwischen Verschiedenem bestehen kann. Zum anderen deshalb, weil das Wort «das Selbe» nicht das Geringste darüber sagt, nach welcher Hinsicht und aus welchem Grunde das Verschiedene im Selben übereinkommt. Darum bleibt τὸ αὐτό, das Selbe, in beiden Fragmenten, wenn nicht gar für das ganze Denken des Parmenides, das Rätselwort.

Wenn wir freilich meinen, das Wort τὸ αὐτό, das Selbe, meine das Identische, wenn wir vollends die Identität für die sonnenklarste Voraussetzung der Denkbarkeit alles Denkbaren halten, dann verlieren wir durch solches Meinen in zunehmendem Maße das Gehör für das Rätselwort, gesetzt, daß wir je schon den Ruf des Rätselwortes hörten. Indessen geschieht schon genug, wenn wir das Wort als denkwürdiges im Gehör behalten. So bleiben wir Hörende und bereit, das Wort als Rätselwort in sich beruhen zu lassen, damit wir uns erst einmal nach einem Sagen umhören, das helfen könnte, das Rätselvolle in seiner Fülle zu bedenken.

Parmenides bietet eine Hilfe an. Er sagt im Fragment VIII deutlicher, wie das «Sein» zu denken sei, dem das νοεῖν zugehört. Parmenides sagt statt εἶναι jetzt ἐόν, das «Seiend», das in seiner Zweideutigkeit die Zwiefalt nennt. Das νοεῖν aber heißt νόημα: das in die Acht Genommene eines achtenden Vernehmens.

Das ἐόν wird eigens als jenes genannt, οὕνεκεν ἔστι νόημα, wessentwegen anwest Gedanc. (Über Denken und Gedanc vgl. die Vorlesung «Was heißt Denken?», Niemeyer, Tübingen 1954, S. 91 ff.)

Das Denken west der ungesagt bleibenden Zwiefalt wegen an. Das An-wesen des Denkens ist unterwegs zur Zwiefalt von Sein und Seiendem. In-die-Acht-Nehmen west die Zwiefalt an, ist schon (nach Fragment VI) durch das voraufgehende λέγειν, vorliegen-lassen, auf die Zwiefalt versammelt. Wodurch und wie? Nicht anders wie so, daß die Zwiefalt, derentwegen die Sterblichen sich in das Denken finden, selbst solches Denken für sich verlangt.

Noch sind wir weit davon entfernt, die Zwiefalt selbst und d. h. zugleich sie, sofern sie das Denken verlangt, wesensgerecht zu erfahren. Nur das eine wird aus dem Sagen des Parmenides deutlich: weder der ἐόντα, des «Seienden an sich», wegen, noch dem εἶναι im Sinne des «Seins für sich» zuwillen west das Denken an. Damit ist gesagt: weder das «Seiende an sich» macht ein Denken erforderlich, noch benötigt das «Sein für sich» das Denken. Beide, je für sich genommen, lassen niemals erkennen, inwiefern «Sein» das Denken verlangt. Aber der Zwiefalt beider wegen, des ἐόν wegen, west das Denken. Auf die Zwiefalt *zu* west das in-die-Acht-Nehmen das Sein an. In solchem An-wesen gehört das Denken dem Sein zu. Was sagt Parmenides von diesem Zugehören?

III

Parmenides sagt, das νοεῖν sei πεφατισμένον ἐν τῷ ἐόντι. Man übersetzt: das Denken, das als Ausgesprochenes im Seienden ist. Doch wie sollen wir dieses Ausgesprochensein erfahren und verstehen können, solange wir uns nicht um die Frage kümmern, was hier «Gesprochenes», «sprechen», «Sprache» bedeutet, solange wir übereilt das ἐόν als das Seiende nehmen und den Sinn von Sein im Unbestimmten lassen? Wie sollen wir den Bezug des νοεῖν zum πεφατισμένον kennen, solange wir das νοεῖν nicht mit Rücksicht auf das Fragment VI zureichend bestimmen? (vgl. die angeführte Vorlesung S. 124 ff.). Das νοεῖν, dessen Zugehörigkeit zum ἐόν wir bedenken möchten, gründet in und west aus dem λέγειν. Darin geschieht das Vorliegenlassen von Anwesendem in seinem Anwesen. Nur als so Vorliegendes kann Anwesendes als solches das νοεῖν, das in-die Acht-Nehmen, angehen. Demgemäß ist das νόημα als νοούμενον des νοεῖν immer schon ein λεγόμενον des λέγειν. Das griechisch erfahrene Wesen des Sagens beruht aber im λέγειν. Das νοεῖν ist darum seinem Wesen nach und nie erst nachträglich oder zufällig ein Gesagtes. Allerdings ist nicht jedes Gesagte notwendig auch schon ein Gesprochenes. Es kann auch und muß sogar bisweilen ein Geschwiegenes bleiben. Alles Gesprochene und Geschwiegene ist je schon ein Gesagtes. Nicht aber gilt das Umgekehrte.

Worin besteht der Unterschied zwischen dem Gesagten und Gesprochenen? Weshalb kennzeichnet Parmenides das νοούμενον und νοεῖν (VIII, 34 f.) als πεφατισμένον? Das Wort wird lexikalisch richtig durch «Gesprochenes» übersetzt. Doch in welchem Sinne ist ein Sprechen erfahren, das durch φάσκειν und φάναι benannt wird? Gilt hier das Sprechen nur als die Verlautbarung (φωνή) dessen, was ein Wort oder Satz bedeuten (σημαίνειν)? Wird hier das Sprechen als Ausdruck eines Inneren (Seelischen) gefaßt und so auf die beiden Bestandstücke des Phonetischen und Semantischen verteilt? Keine Spur davon findet sich in der Erfahrung des Sprechens als φάναι, der Sprache als φάσις. In φάσκειν liegt: anrufen, rühmend nennen, heißen; all dies jedoch deshalb, weil es west als erscheinenlassen. Φάσμα ist das Erscheinen der Sterne, des Mondes, ihr zum-Vorschein-Kommen, ihr Sichverbergen. Φάσεις nennt die Phasen. Die wechselnden Weisen seines Scheinens sind die Mondphasen. Φάσις ist die Sage; sagen heißt: zum Vorschein bringen. Φημί, ich sage, ist des selben, obzwar nicht des gleichen Wesens wie λέγω: Anwesendes in sein Anwesen vor in das Erscheinen und Liegen bringen.

Parmenides liegt daran zu erörtern, wohin das νοεῖν gehört. Denn nur dort, wohin es von Hause aus gehört, können wir es finden und über den Fund befinden, inwiefern das Denken mit dem Sein zusammengehört. Wenn Parmenides das νοεῖν als πεφατισμένον erfährt, dann heißt das nicht, es sei ein Ausgesprochenes und müsse demzufolge in der verlauteten Rede oder in der gezeichneten Schrift als einem so und so sinnlich wahrnehmbaren Seienden gesucht werden. Dies zu meinen wäre auch dann abwegig und vom griechischen Denken so entfernt als möglich, wollte man das Sprechen und sein Gesprochenes wie Bewußtseinserlebnisse vorstellen und innerhalb ihres Bezirkes das Denken als Bewußtseinsakt feststellen. Das νοεῖν, das in-die-Acht-Nehmen und das, was es vernommen, sind ein Gesagtes, zum Vorschein Gebrachtes. Aber wo? Parmenides sagt: ἐν τῷ

ἐόντι, im ἐόν, in der Zwiefalt von Anwesen und Anwesendem. Dies gibt zu denken und befreit uns eindeutig von der übereilten Vormeinung, das Denken sei im Ausgesprochenen ausgedrückt. Davon ist nirgends die Rede.
Inwiefern kann das νοεῖν, muß das Denken in der Zwiefalt zum Vorschein kommen? Insofern die Entfaltung in die Zwiefalt von Anwesen und Anwesendem das Vorliegenlassen, λέγειν, hervorruft und mit dem so entlassenen Vorliegen des Vorliegenden dem νοεῖν solches gibt, was es in die Acht nehmen kann, um es in ihr zu verwahren. Allein Parmenides denkt noch nicht die Zwiefalt als solche; er denkt vollends nicht die Entfaltung der Zwiefalt. Aber Parmenides sagt (VIII, 35 f.): οὐ γὰρ ἄνευ τοῦ ἐόντος... εὑρήσεις τὸ νοεῖν: nicht nämlich abgetrennt von der Zwiefalt kannst du das Denken finden. Weshalb nicht? Weil es in die Versammlung mit dem ἐόν, von diesem her geheißen, gehört, weil das Denken selber, im λέγειν beruhend, die geheißene Versammlung vollbringt und so seiner Zugehörigkeit zum ἐόν als einer von diesem her gebrauchten entspricht. Denn das νοεῖν vernimmt nichts Beliebiges, sondern nur das Eine, das im Fragment VI genannt wird: ἐὸν ἔμμεναι: das Anwesend in seinem Anwesen.
So viel des ungedachten Denkwürdigen sich in der Darlegung des Parmenides ankündigt, so deutlich tritt ans Licht, was allem zuvor verlangt wird, um der von Parmenides gesagten Zugehörigkeit des Denkens zum Sein gebührend nachzusinnen. Wir müssen lernen, das Wesen der Sprache aus dem Sagen her und dieses als vorliegen-Lassen (λόγος) und als zum-Vorschein-Bringen (φάσις) zu denken. Diesem Geheiß zu genügen, bleibt zunächst deshalb schwer, weil jenes erste Aufleuchten des Sprachwesens als Sage alsbald in eine Verhüllung entschwindet und eine Kennzeichnung der Sprache zur Herrschaft kommen läßt, nach der sie fortan von der φωνή, der Verlautbarung aus als ein System des Bezeichnens und Bedeutens und schließlich des Meldens und der Information vorgestellt wird.

IV

Auch jetzt, nachdem sich die Zugehörigkeit des Denkens zum Sein um einiges deutlicher ans Licht hob, vermögen wir es kaum, das Rätselwort des Spruches: τὸ αὐτό, das Selbe, inständiger in seiner Rätselfülle zu hören. Doch wenn wir sehen, daß die Zwiefalt des ἐόν, das Anwesen des Anwesenden, das Denken zu sich versammelt, dann gibt vielleicht die also waltende Zwiefalt einen Hinweis in die Rätselfülle dessen, was die gewöhnliche Bedeutungsleere des Wortes «das Selbe» verbirgt.

Ist es die *Entfaltung* der Zwiefalt, aus der her die Zwiefalt ihrerseits das Denken auf den Weg des «Ihretwegen» ruft und dadurch das Zusammengehören des Anwesens (des Anwesenden) mit dem Denken verlangt? Doch was ist die Entfaltung der Zwiefalt? Wie geschieht sie? Finden wir im Sagen des Parmenides einen Anhalt, um der Entfaltung der Zwiefalt auf einem geeigneten Weg nachzufragen, um ihr Wesendes in dem zu hören, was das Rätselwort des Spruches verschweigt? Wir finden unmittelbar keinen.

Indes muß auffallen, daß in beiden Fassungen des Spruches über das Verhältnis von Denken und Sein das Rätselwort am Beginn steht. Das Fragment III sagt: «Das nämlich Selbe In-die-Acht-nehmen ist so auch Anwesen (von Anwesendem).» Das Fragment VIII, 34 sagt: «Das Selbe ist In-die-Acht-nehmen und (jenes), unterwegs zu dem das achtende Vernehmen.» Was bedeutet die an den Beginn des Spruches gerückte Wortstellung im Sagen des Spruches? Was möchte Parmenides dadurch betonen, daß wir diesen Ton hören? Es ist vermutlich der Grundton. In ihm klingt die Vorwegnahme dessen, *was* der Spruch eigentlich zu sagen hat. Das so Gesagte nennt man grammatisch das Prädikat im Satz. Dessen Subjekt aber ist das νοεῖν (Denken) in seinem Bezug zum εἶναι (Sein). Dem griechischen Text gemäß wird man den Satzbau des Spruches in diesem

Sinne deuten müssen. Daß der Spruch das Rätselwort als Prädikat voranstellt, heißt uns, bei diesem Wort aufmerksam zu verweilen und immer neu zu ihm zurückzukehren. Aber auch so sagt das Wort nichts von dem, was wir erfahren möchten.
So müssen wir denn im unablässigen Blick auf die Vorrangstellung von τὸ αὐτό, das Selbe, in einem freien Wagnis versuchen, aus der Zwiefalt des ἐόν (Anwesen des Anwesenden) in ihre Entfaltung vorzudenken. Dabei kommt uns die Einsicht zu Hilfe, daß in der Zwiefalt des ἐόν das Denken zum Vorschein gebracht, ein in ihr Gesagtes ist: πεφατισμένον.
Demgemäß waltet in der Zwiefalt die φάσις, das Sagen als das rufende, verlangende in-den-Vorschein-Bringen. Was bringt das Sagen ins Scheinen? Das Anwesen des Anwesenden. Das in der Zwiefalt waltende, sie ereignende Sagen ist die Versammlung des Anwesens, in dessen Scheinen Anwesendes erscheinen kann. Heraklit nennt die Φάσις, die Parmenides denkt, den Λόγος, das versammelnde Vorliegenlassen.
Was geschieht in der Φάσις und im Λόγος? Sollte das in ihnen waltende, versammelnd-rufende Sagen jenes Bringen sein, das allererst ein Scheinen erbringt, das Lichtung gewährt, in welchem Währen erst Anwesen sich lichtet, damit in seinem Licht Anwesendes erscheine und so die Zwiefalt beider walte? Sollte die Entfaltung der Zwiefalt darin beruhen, daß sich lichtendes Scheinen ereignet? Seinen Grundzug erfahren die Griechen als das Entbergen. Dementsprechend waltet in der Entfaltung der Zwiefalt die Entbergung. Die Griechen nennen sie Ἀλήθεια.
So dächte denn Parmenides doch und auf seine Weise in die Entfaltung der Zwiefalt, gesetzt, daß er von der Ἀλήθεια sagt. Nennt er sie? Allerdings und zwar im Eingang seines «Lehrgedichtes». Mehr noch: die Ἀλήθεια ist Göttin. Ihr Sagen hörend, sagt Parmenides sein Gedachtes. Gleichwohl läßt er im Ungesagten, worin das Wesen der Ἀλήθεια beruhe. Ungedacht bleibt auch, in welchem Sinne von Gottheit die Ἀλήθεια Göttin

ist. All dies bleibt für das beginnende Denken der Griechen so unmittelbar außerhalb des Denkwürdigen wie eine Erläuterung des Rätselwortes τὸ αὐτό, das Selbe.

Vermutlich waltet jedoch zwischen all diesem Ungedachten ein verborgener Zusammenhang. Die einleitenden Verse des Lehrgedichtes I, 22 ff. sind anderes als eine poetische Umkleidung abstrakter Begriffsarbeit. Man macht sich die Zwiesprache mit dem Denkweg des Parmenides zu leicht, wenn man in den Worten des Denkers die mythische Erfahrung vermißt und einwendet, die Göttin ’Αλήθεια sei im Vergleich zu den eindeutig geprägten «Götterpersonen» Hera, Athene, Demeter, Aphrodite, Artemis überaus unbestimmt und ein leeres Gedankengebilde. Man spricht in diesen Vorbehalten so, als sei man im Besitz eines längst gesicherten Wissens darüber, was die Gottheit der griechischen Götter sei, daß es einen Sinn habe, hier von «Personen» zu sprechen, daß über das Wesen der Wahrheit entschieden sei, daß, falls sie als Göttin erscheint, dies nur eine abstrakte Personifikation eines Begriffes sein könne. Im Grunde ist das Mythische noch kaum bedacht, vor allem nicht in der Hinsicht, daß der μῦθος Sage ist, das Sagen aber das rufende zum-Scheinen-Bringen. Deshalb bleiben wir besser im vorsichtigen Fragen und hören auf das Gesagte (Fragment I, 22 f.):

καί με θεὰ πρόφρων ὑπεδέξατο, χεῖρα δὲ χειρί
δεξιτερὴν ἕλεν, ὧδε δ' ἔπος φάτο καί με προσηύδα:

Und mich empfing die Göttin zugeneigt voraussinnend, Hand
    aber mit Hand
die rechte nahm sie, also denn das Wort sagte sie und sang
    mir zu:

Was sich hier dem Denker zu denken gibt, bleibt zugleich hinsichtlich seiner Wesensherkunft verhüllt. Dies schließt nicht aus, sondern ein, daß in dem, was der Denker sagt, die Entbergung waltet als das, was er stets im Gehör hat, insofern es in das zu-Denkende die Weisung gibt. Dies aber ist im Rätselwort τὸ αὐτό, das Selbe, genannt, welches Genannte vom Verhältnis des Denkens zum Sein ausgesagt wird.

Darum dürfen wir wenigstens fragen, ob nicht im αὐτό, im Selben, die Entfaltung der Zwiefalt und zwar im Sinne der Entbergung des Anwesens von Anwesendem geschwiegen ist. Wenn wir solches vermuten, gehen wir über das von Parmenides Gedachte nicht hinaus, sondern nur zurück in das anfänglicher zu-Denkende.

Die Erörterung des Spruches über das Verhältnis von Denken und Sein gerät dann in den unvermeidlichen Anschein willkürlicher Gewaltsamkeit.

Jetzt zeigt sich der Satzbau des Spruches τὸ γὰρ αὐτὸ νοεῖν ἐστίν τε καὶ εἶναι, grammatisch vorgestellt, in einem anderen Licht. Das Rätselwort τὸ αὐτό, das Selbe, mit dem der Spruch beginnt, ist nicht mehr das vorangestellte Prädikat, sondern das Subjekt, das im Grunde Liegende, das Tragende und Haltende. Das unscheinbare ἐστίν, ist, bedeutet jetzt: west, währt, und zwar gewährend aus dem Gewährenden, als welches τὸ αὐτό, das Selbe, waltet, nämlich als die Entfaltung der Zwiefalt im Sinne der Entbergung: das nämlich entbergend die Zwiefalt Entfaltende gewährt das in-die-Acht-Nehmen auf seinem Weg zum versammelnden Vernehmen des Anwesens von Anwesendem. Die Wahrheit als die gekennzeichnete Entbergung der Zwiefalt läßt aus dieser her das Denken dem Sein zugehören. Im Rätselwort τὸ αὐτό, das Selbe, schweigt das entbergende Gewähren der Zusammengehörigkeit der Zwiefalt mit dem in dieser zum Vorschein kommenden Denken.

V

So gehört denn das Denken nicht deshalb zum Sein, weil es *auch* etwas Anwesendes ist und darum in das Ganze des Anwesens, man meint: des Anwesenden, eingeordnet werden muß. Allein es scheint so, daß auch Parmenides die Beziehung des Denkens zum Sein in dieser Weise vorstellt. Fügt er doch (VIII, 36 f.), durch ein γάρ (denn) anknüpfend, eine Begründung bei, die sagt: πάρεξ τοῦ ἐόντος: außerhalb des Seienden war und sei und werde sein nichts anderes Seiendes (nach einer Konjektur von Bergk: οὐδ'ἦν). Indes heißt τὸ ἐόν nicht «das Seiende», sondern es nennt die Zwiefalt. Außerhalb ihrer freilich gibt es niemals ein Anwesen von Anwesendem, denn dieses beruht als solches in der Zwiefalt, scheint und erscheint in ihrem entfalteten Licht.

Doch weshalb fügt Parmenides im Hinblick auf das Verhältnis des Denkens zum Sein noch eigens die genannte Begründung bei? Weil der Name νοεῖν, anders lautend als εἶναι, weil der Name «Denken» den Anschein erwecken muß, als sei es doch ein ἄλλο, ein Anderes, gegenüber dem Sein und deshalb außerhalb seiner. Aber nicht nur der Name als Wortlaut, sondern sein Genanntes zeigt sich, als halte es sich «neben» und «außerhalb» dem ἐόν auf. Dieser Anschein ist auch kein bloßer Schein. Denn λέγειν und νοεῖν lassen Anwesendes im Licht von Anwesen vor-liegen. Demgemäß liegen sie selber dem Anwesen gegenüber, freilich niemals gegenüber wie zwei für sich vorhandene Gegenstände. Das Gefüge von λέγειν und νοεῖν gibt (nach Fragment VI) das ἐὸν ἔμμεναι, das Anwesen in sein Erscheinen für das Vernehmen frei und hält sich dabei in gewisser Weise aus dem ἐόν heraus. Das Denken ist in einer Hinsicht außerhalb der Zwiefalt, zu der es, ihr entsprechend und von ihr verlangt, unterwegs bleibt. In anderer Hinsicht bleibt gerade dieses Unterwegs zu ... innerhalb der Zwiefalt, die niemals nur eine irgendwo vorhandene und vorgestellte Unterscheidung von Sein und Seiendem ist, sondern aus der entbergenden Entfaltung west. Diese gewährt als 'Αλήθεια jeglichem Anwesen das Licht, darin Anwesendes erscheinen kann.

Doch die Entbergung gewährt die Lichtung des Anwesens, indem sie zugleich, wenn Anwesendes erscheinen soll, ein vorliegen-Lassen und Vernehmen braucht und also brauchend das Denken in die Zugehörigkeit zur Zwiefalt einbehält. Darum gibt es auf keine Weise ein irgendwo und irgendwie Anwesendes außerhalb der Zwiefalt.

Das jetzt Erörterte bliebe etwas willkürlich Ausgedachtes und nachträglich Untergeschobenes, wenn nicht Parmenides selbst die Begründung sagte, inwiefern ein Außerhalb von Anwesen neben dem ἐόν unmöglich bleibt.

VI

Was der Denker hierzu über das ἐόν sagt, steht, grammatisch vorgestellt, in einem Nebensatz. Wer auch nur eine geringe Erfahrung hat im Hören dessen, was große Denker sagen, wird zuweilen vor dem Seltsamen verhoffen, daß sie das eigentlich zu-Denkende in einem unversehens angefügten Nebensatz sagen und es dabei bewenden lassen. Das Spiel des rufenden, entfaltenden und wachstümlichen Lichtes wird nicht eigens sichtbar. Es scheint so unscheinbar wie das Morgenlicht in der stillen Pracht der Lilien auf dem Felde und der Rosen im Garten.

Der Nebensatz des Parmenides, der in Wahrheit der Satz aller seiner Sätze ist, lautet (VIII, 37 f.):

...... ἐπεὶ τό γε Μοῖρ' ἐπέδησεν
οὖλον ἀκίνητόν τ' ἔμμεναι:

«....... da es (das Seiende) ja die Moira daran gebunden hat, ein Ganzes und unbeweglich zu sein». (W. Kranz)

Parmenides spricht vom ἐόν, vom Anwesen (des Anwesenden), von der Zwiefalt und keineswegs vom «Seienden». Er nennt die Μοῖρα, die Zuteilung, die gewährend verteilt und so die Zwiefalt entfaltet. Die Zuteilung beschickt (versieht und beschenkt) mit der Zwiefalt. Sie ist die in sich gesammelte und also entfaltende Schickung des Anwesens als Anwesen von Anwesendem. Μοῖρα ist das Geschick des «Seins» im Sinne des ἐόν. Sie hat dieses, τό γε, in die Zwiefalt entbunden und so gerade in die Gänze und Ruhe gebunden, aus welchen und in welchen beiden sich Anwesen von Anwesendem ereignet.

Im Geschick der Zwiefalt gelangen jedoch nur das Anwesen ins Scheinen und das Anwesende zum Erscheinen. Das Geschick behält die Zwiefalt als solche und vollends ihre Entfaltung im Verborgenen. Das Wesen der Ἀλήθεια bleibt verhüllt. Die von ihr gewährte Sichtbarkeit läßt das Anwesen des Anwesenden als «Aussehen» (εἶδος) und als «Gesicht» (ἰδέα) aufgehen. Demgemäß bestimmt sich die vernehmende Beziehung zum Anwesen des Anwesenden als ein Sehen (εἰδέναι). Das von der visio her geprägte Wissen und dessen Evidenz können auch dort ihre Wesensherkunft aus der lichtenden Entbergung nicht verleugnen, wo die Wahrheit sich in die Gestalt der Gewißheit des Selbstbewußtseins gewandelt hat. Das lumen naturale, das natürliche Licht, d. h. hier die Erleuchtung der Vernunft, setzt schon die Entbergung der Zwiefalt voraus. Das Gleiche gilt von der augustinischen und von der mittelalterlichen Lichttheorie, die, von ihrer platonischen Herkunft ganz zu schweigen, nur im Bereich der schon im Geschick der Zwiefalt waltenden Ἀλήθεια ihren möglichen Spielraum finden können.

Wenn von der Geschichte des Seins die Rede sein darf, dann müssen wir zuvor bedacht haben, daß Sein besagt: Anwesen des Anwesenden: Zwiefalt. Nur von dem so bedachten Sein aus können wir dann mit der nötigen Bedachtsamkeit erst einmal fragen, was hier «Geschichte» heißt. Sie ist das Geschick der Zwiefalt. Sie ist das entbergend entfaltende Gewähren des gelichteten Anwesens, worin Anwesendes erscheint. Die Geschichte des Seins ist niemals eine Abfolge von Geschehnissen, die das Sein für sich durchläuft. Sie ist vollends nicht ein Gegenstand, der neue Möglichkeiten des historischen Vorstellens darbietet, das gewillt wäre, sich an die Stelle der bisher üblichen Betrachtung der Geschichte der Metaphysik zu setzen gleich der Anmaßung eines Besserwissens.

Was Parmenides im unscheinbaren Nebensatz von der Μοῖρα sagt, in deren Gebind das ἐόν als die Zwiefalt freigelassen wird, öffnet dem Denker die Weite des Ausblicks, der seinem Weg geschicklich beschieden ist. Denn in dieser Weite kommt jenes zum Scheinen, worin sich das Anwesen (des Anwesenden) selbst zeigt: τὰ σήματα τοῦ ἐόντος. Deren sind gar vielfältige (πολλά). Die σήματα sind keine Merkzeichen für anderes. Sie sind das vielfältige Scheinen des Anwesens selber aus der entfalteten Zwiefalt.

VII

Aber noch ist, was die Μοῖρα schickend verteilt, nicht erschöpfend dargelegt. Darum bleibt auch ein wesentlicher Zug der Art ihres Waltens ungedacht. Was geschieht dadurch, daß das Geschick das Anwesen des Anwesenden in die Zwiefalt entbindet und es so in ihre Gänze und Ruhe bindet?

Um zu ermessen, was Parmenides darüber im unmittelbaren Anschluß an den Nebensatz sagt (VIII, 39 ff.), ist nötig, an früher Dargelegtes (n. III) zu erinnern. Die Entfaltung der Zwiefalt waltet als die φάσις, das Sagen als zum-Vorschein-Bringen. Die Zwiefalt birgt in sich das νοεῖν und sein Gedachtes (νόημα) als Gesagtes. Vernommen aber wird im Denken das Anwesen des Anwesenden. Das denkende Sagen, das der Zwiefalt entspricht, ist das λέγειν als das Vorliegenlassen des Anwesens. Es geschieht rein nur auf dem Denkweg des von der Ἀλήθεια gerufenen Denkers.

Was aber wird aus der im entbergenden Geschick waltenden φάσις (Sage), wenn das Geschick das in der Zwiefalt Entfaltete dem alltäglichen Vernehmen von seiten der Sterblichen überläßt? Diese nehmen auf (δέχεσθαι, δόξα), was sich ihnen unmittelbar, sogleich und zunächst, darbietet. Sie bereiten sich nicht erst auf einen Denkweg vor. Sie hören nie eigens den Ruf der Entbergung der Zwiefalt. Sie halten sich an das in ihr Entfaltete und zwar an jenes, was die Sterblichen unmittelbar beansprucht: an das Anwesende ohne Rücksicht auf das Anwesen. Sie vergeben ihr Tun und Lassen an das gewohntermaßen Vernommene, τὰ δοκοῦντα (Fragm. I, 31). Sie halten dieses für das Unverborgene, ἀληθῆ (VIII, 39); denn es erscheint ihnen doch und ist so ein Entborgenes. Allein was wird aus ihrem Sagen, wenn es nicht vermag, das λέγειν, das Vorliegenlassen, zu sein? Das gewöhnliche Sagen der Sterblichen wird, insofern sie auf das Anwesen nicht achten, d. h. nicht denken, zum Sagen von Namen, an denen sich die Verlautbarung und die unmittelbar faßliche Gestalt des Wortes im Sinne der verlautenden und geschriebenen Wörter vordrängt.

Die Vereinzelung des Sagens (des Vorliegenlassens) in die bezeichnenden Wörter zerschlägt das versammelnde in-die-Acht-Nehmen. Es wird zum κατατίθεσθαι (VIII, 39), zum Festsetzen, das je gerade dieses oder jenes für das eilige Meinen festlegt. Alles so Festgesetzte bleibt ὄνομα. Parmenides sagt keineswegs, das gewöhnlich Vernommene werde zum «bloßen» Namen. Aber es bleibt einem Sagen überlassen, das die einzige Weisung aus den gängigen Wörtern nimmt, die, rasch gesprochen, alles von allem sagen und sich im «Sowohl-als auch» umhertreiben.

Auch das Vernehmen des Anwesenden (der ἐόντα) nennt das εἶναι, kennt das Anwesen, aber so flüchtig wie dieses auch das Nichtanwesen; freilich nicht wie das Denken, das auf seine Weise den Vorenthalt der Zwiefalt beachtet (das μὴ ἐόν). Das gewöhnliche Meinen kennt nur εἶναί τε καὶ οὐχί (VIII, 40), Anwesen sowohl als auch Nichtanwesen. Das Gewicht des so Bekannten liegt im τέ-καί (VIII, 40 f.), sowohl-als auch. Und wo das gewohnte, aus den Wörtern sprechende Vernehmen das Aufgehen und Untergehen antrifft, begnügt es sich mit dem Sowohl-als auch des Entstehens, γίγνεσθαι, und Vergehens, ὄλλυσθαι (VIII, 40). Den Ort, τόπος, vernimmt es nie als die Ortschaft, als welche die Zwiefalt dem Anwesen des Anwesenden die Heimat bietet. Das Meinen der Sterblichen verfolgt im Sowohl-als auch nur das je und je Andere (ἀλλάσσειν VIII, 41) der Plätze. Das gewohnte Vernehmen bewegt sich zwar im Gelichteten des Anwesenden, sieht Scheinendes, φανόν (VIII, 41) in der Farbe, aber tummelt sich in ihrem Wechsel, ἀμείβειν, achtet nicht des stillen Lichtes der Lichtung, die aus der Entfaltung der Zwiefalt kommt und die Φάσις ist, das zum-Vorschein-Bringen, die Weise, in der das Wort sagt, nicht aber die Wörter, das verlautende Nennen, sprechen.

Τῷ πάντ' ὄνομ' ἔσται (VIII, 38), dadurch alles (das Anwesende) wird anwesen im vermeintlichen Entbergen, das die Herrschaft der Wörter erbringt. Wodurch geschieht dies? Durch die Μοῖρα, durch das Geschick der Entbergung der Zwiefalt. Wie sollen wir dies verstehen? In der Entfaltung der Zwiefalt kommt mit dem Scheinen des Anwesens das Anwesende zum Erscheinen. Auch das Anwesende ist Gesagtes, aber gesagt in den nennenden Wörtern, in deren Sprechen sich das gewöhnliche Sagen der Sterblichen bewegt. Das Geschick der Entbergung der Zwiefalt (des ἐόν) überläßt das Anwesende (τὰ ἐόντα) dem alltäglichen Vernehmen der Sterblichen.

Wie geschieht dieses geschickliche Überlassen? Allein schon dadurch, daß die Zwiefalt als solche und damit ihre Entfaltung verborgen bleiben. Dann waltet in der Entbergung ihr Sichverbergen? Ein kühner Gedanke. Heraklit hat ihn gedacht. Parmenides hat dies Gedachte ungedacht erfahren, insofern er, den Ruf der Ἀλήθεια hörend, die Μοῖρα des ἐόν, das Geschick der Zwiefalt im Hinblick auf das Anwesen sowohl als auch auf das Anwesende denkt.

Parmenides wäre nicht ein Denker in der Frühe des Beginns jenes Denkens, das sich in das Geschick der Zwiefalt schickt, dächte er nicht in die Weite des Rätselvollen, das sich im Rätselwort τὸ αὐτό, das Selbe, verschweigt. Hierin ist das Denkwürdige geborgen, das sich uns als das Verhältnis des Denkens zum Sein, als die Wahrheit des Seins im Sinne der Entbergung der Zwiefalt, als Vorenthalt der Zwiefalt (μὴ ἐόν), in der Vorherrschaft des Anwesenden (τὰ ἐόντα, τὰ δοκοῦντα) zu denken gibt.

Das Gespräch mit Parmenides gelangt an kein Ende; nicht nur, weil vieles in den überlieferten Bruchstücken seines Lehrgedichtes dunkel, sondern weil auch das Gesagte immerfort denkwürdig bleibt. Aber das Endlose des Gesprächs ist kein Mangel. Es ist das Zeichen des Grenzenlosen, das in sich und für das Andenken die Möglichkeit einer Verwandlung des Geschickes verwahrt.
Wer jedoch vom Denken nur eine Versicherung erwartet und den Tag errechnet, an dem es ungebraucht übergangen werden kann, der fordert dem Denken die Selbstvernichtung ab. Die Forderung erscheint in einem seltsamen Licht, wenn wir uns darauf besinnen, daß das Wesen der Sterblichen in die Achtsamkeit auf das Geheiß gerufen ist, das sie in den Tod kommen heißt. Er ist als äußerste Möglichkeit des sterblichen Daseins nicht Ende des Möglichen, sondern das höchste Ge-birg (das versammelnde Bergen) des Geheimnisses der rufenden Entbergung.

ALETHEIA

(HERAKLIT, FRAGMENT 16)

Er heißt der Dunkle, ὁ Σκοτεινός. In diesem Ruf stand Heraklit schon zu der Zeit, da seine Schrift noch vollständig erhalten war. Jetzt kennen wir nur noch Bruchstücke daraus. Spätere Denker, Platon und Aristoteles, nachkommende Schriftsteller und Gelehrte der Philosophie, Theophrast, Sextus Empiricus, Diogenes Laërtius und Plutarch, aber auch christliche Kirchenväter, Hippolytus, Clemens Alexandrinus und Origenes führen in ihren Werken hier und dort Stellen aus der Schrift des Heraklit an. Diese Zitate sind als Fragmente gesammelt, welche Sammlung wir der philologischen und philosophiehistorischen Forschung verdanken. Die Fragmente bestehen bald aus mehreren Sätzen, bald nur aus einem einzigen, zuweilen sind es bloße Satzfetzen und vereinzelte Wörter.
Der Gedankengang der späteren Denker und Schriftsteller bestimmt die Auswahl und die Art der Anführung von Worten Heraklits. Dadurch ist der Spielraum ihrer jeweiligen Auslegung festgelegt. Deshalb können wir durch eine genauere Betrachtung ihres Fundortes in den Schriften der späteren Autoren stets nur denjenigen Zusammenhang ausmachen, in den das Zitat von ihnen eingerückt, nicht aber jenen, aus dem es bei Heraklit entnommen wurde. Die Zitate samt den Fundstellen überliefern uns das Wesentliche gerade nicht: die alles gliedernde und maßgebende Einheit des inneren Baues der Schrift Heraklits. Nur aus einem ständig wachsenden Einblick in dieses Baugefüge ließe sich dartun, von woher die einzelnen Bruchstücke sprechen, in welchem Sinne jedes als ein Spruch gehört werden darf. Weil jedoch die quellende Mitte, aus der Heraklits Schrift ihre Einheit empfing, kaum zu vermuten und immer schwer zu

denken ist, kann dieser Denker erst recht für uns «der Dunkle» heißen. Der eigentliche Sinn, in dem der Beiname zu uns spricht, bleibt selbst dunkel.

Heraklit heißt «der Dunkle». Aber er ist der Lichte. Denn er sagt das Lichtende, indem er versucht, dessen Scheinen in die Sprache des Denkens hervorzurufen. Das Lichtende währt, insofern es lichtet. Wir nennen sein Lichten die Lichtung. Was zu ihr gehört, wie sie geschieht und wo, bleibt zu bedenken. Das Wort «licht» bedeutet: leuchtend, strahlend, hellend. Das Lichten gewährt das Scheinen, gibt Scheinendes in ein Erscheinen frei. Das Freie ist der Bereich der Unverborgenheit. Ihn verwaltet das Entbergen. Was zu diesem notwendig gehört, ob und inwiefern die Entbergung und die Lichtung das Selbe sind, bleibt zu erfragen.

Mit der Berufung auf die Bedeutung des Wortes ἀλήθεια ist nichts getan und wird Ersprießliches nie gewonnen. Auch muß offen bleiben, ob das, was man unter den Titeln «Wahrheit», «Gewißheit», «Objektivität», «Wirklichkeit» verhandelt, das Geringste mit dem zu tun hat, wohin die Entbergung und die Lichtung das Denken weisen. Vermutlich steht für das Denken, das solcher Weisung folgt, Höheres in Frage als die Sicherstellung der objektiven Wahrheit im Sinne gültiger Aussagen. Woran liegt es, daß man sich immer wieder beeilt, die Subjektivität zu vergessen, die zu jeder Objektivität gehört? Wie kommt es, daß man auch dann, wenn man das Zusammengehören beider vermerkt, dieses von einer der beiden Seiten her zu erklären versucht oder aber ein drittes beizieht, was Objekt und Subjekt zusammengreifen soll? Woran liegt es, daß man sich hartnäckig sträubt, einmal zu bedenken, ob das Zusammengehören von Subjekt und Objekt nicht in Solchem west, was dem Objekt und seiner Objektivität, was dem Subjekt und seiner Subjektivität erst ihr Wesen und d. h. zuvor den Bereich ihres Wechselbezuges gewährt? Daß unser Denken so mühsam in dieses Ge-

währende findet, um auch nur erst nach ihm auszuschauen, kann weder an einer Beschränktheit des herrschenden Verstandes liegen, noch an einem Widerwillen gegen Ausblicke, die das Gewohnte beunruhigen und das Gewöhnliche stören. Eher dürfen wir anderes vermuten: wir wissen zu viel und glauben zu eilig, um in einem recht erfahrenen Fragen heimisch werden zu können. Dazu braucht es das Vermögen, vor dem Einfachen zu erstaunen und dieses Erstaunen als Wohnsitz anzunehmen.
Das Einfache ist uns freilich noch nicht dadurch gegeben, daß wir in einer simplen Art die wörtliche Bedeutung von ἀλήθεια als «Unverborgenheit» aus- und nachsprechen. Unverborgenheit ist der Grundzug dessen, was schon zum Vorschein gekommen ist und die Verborgenheit hinter sich gelassen hat. Das ist hier der Sinn des α-, das nur eine im spätgriechischen Denken gegründete Grammatik als α-privativum kennzeichnet. Der Bezug zur λήθη, Verbergung und diese selbst verlieren für unser Denken keineswegs dadurch an Gewicht, daß das Unverborgene unmittelbar nur als das zum-Vorschein-Gekommene, Anwesende erfahren wird.
Mit der Frage, was dies alles heiße und wie es geschehen könne, *beginnt* erst das Erstaunen. Wie vermögen wir es, dahin zu gelangen? Vielleicht so, daß wir uns auf ein Erstaunen einlassen, das nach dem ausschaut, was wir Lichtung und Entbergung nennen?
Das denkende Erstaunen spricht im Fragen. Heraklit sagt:

τὸ μὴ δῦνόν ποτε πῶς ἄν τις λάθοι;

«Wie kann einer sich bergen vor dem, was nimmer untergeht?»
(Übersetzt von Diels-Kranz)

Der Spruch wird als Fragment 16 gezählt. Vielleicht sollte es für uns, was den inneren Rang und die weisende Tragweite angeht, das *erste* werden. Heraklits Spruch wird von Clemens

Alexandrinus in seinem Paidagogos (Buch III, Kap. 10) angeführt und zwar als Beleg für einen theologisch-erzieherischen Gedanken. Er schreibt: λήσεται (!) μὲν γὰρ ἴσως τὸ αἰσθητὸν φῶς τις, τὸ δὲ νοητὸν ἀδύνατόν ἐστιν, ἢ ὥς φησιν Ἡράκλειτος ... «Vielleicht kann sich einer vor dem sinnlich wahrnehmbaren Licht verborgen halten, vor dem geistigen aber ist es unmöglich oder, wie Herakleitos sagt ...» Clemens Alexandrinus denkt an die Allgegenwart Gottes, der alles, auch die im Finsteren begangene Untat sieht. Darum sagt seine Schrift «Der Erzieher» an anderer Stelle (Buch III, Kap. 5): οὕτως γὰρ μόνως ἁπτῶς τις διαμένει, εἰ πάντοτε συμπαρεῖναι νομίζοι τὸν θεόν. «So denn allein kommt einer nie zu Fall, wenn er dafürhält, daß überall bei ihm anwese der Gott.» Wer wollte es verwehren, daß Clemens Alexandrinus seinen theologisch-erzieherischen Absichten gemäß sieben Jahrhunderte später das Wort Heraklits in den christlichen Vorstellungsbereich einbezieht und es dadurch auf seine Weise deutet? Der Kirchenvater denkt dabei an das Sichverborgenhalten des sündigen Menschen vor einem Licht. Heraklit dagegen spricht nur von einem Verborgenbleiben. Clemens meint das übersinnliche Licht, τὸν θεόν, den Gott des christlichen Glaubens. Heraklit dagegen nennt nur das nie-Untergehen. Ob dieses von uns betonte «nur» eine Einschränkung bedeutet oder anderes, bleibe hier und im folgenden offen.

Was wäre gewonnen, wollte man die theologische Deutung des Fragments nur als eine unrichtige zurückweisen? So könnte sich höchstens der Anschein verfestigen, die nachstehenden Bemerkungen huldigten der Meinung, Heraklits Lehre in der einzig richtigen Weise und absolut zu treffen. Das Bemühen beschränkt sich darauf, näher am Wort des heraklitischen Spruches zu bleiben. Dies könnte dazu beitragen, ein künftiges Denken in den Bereich noch ungehörter Zusprüche einzuweisen.

Insofern diese aus dem Geheiß kommen, unter dem das Denken steht, liegt wenig daran, abzuschätzen und zu vergleichen, welche Denker in welche Nähe jener Zusprüche gelangten. Vielmehr sei alle Bemühung darauf verwendet, uns durch die Zwiesprache mit einem frühen Denker dem Bereich des zu-Denkenden näher zu bringen.

Einsichtige verstehen, daß Heraklit anders zu Platon, anders zu Aristoteles, anders zu einem christlichen Kirchenschriftsteller, anders zu Hegel, anders zu Nietzsche spricht. Bleibt man in der historischen Feststellung dieser vielfältigen Deutungen hängen, dann muß man sie für nur beziehungsweise richtig erklären. Man sieht sich durch eine solche Vielfalt von dem Schreckgespenst des Relativismus bedroht und zwar notwendig. Weshalb? Weil das historische Verrechnen der Auslegungen das fragende Gespräch mit dem Denker schon verlassen, vermutlich sich nie darauf eingelassen hat.

Das jeweils Andere jeder gesprächsweisen Deutung des Gedachten ist das Zeichen einer ungesagten Fülle dessen, was auch Heraklit selbst nur auf dem Weg der *ihm* gewährten Hinblicke zu sagen vermochte. Der objektiv richtigen Lehre des Heraklit nachjagen zu wollen, ist ein Vorhaben, das sich der heilsamen Gefahr entzieht, von der Wahrheit eines Denkens betroffen zu werden.

Die folgenden Bemerkungen führen zu keinem Ergebnis. Sie zeigen in das Ereignis.

Heraklits Spruch ist eine Frage. Das Wort, worin sie sich im Sinne des τέλος be-endet, nennt jenes, von woher das Fragen beginnt. Es ist der Bereich, worin sich das Denken bewegt. Das Wort, in das die Frage aufsteigt, heißt λάθοι. Was kann jemand leichter feststellen als dies: λανθάνω, aor. ἔλαθον, bedeute: ich bleibe verborgen? Gleichwohl vermögen wir es kaum noch, unmittelbar in die Weise zurückzufinden, nach der dieses Wort griechisch spricht.

Homer erzählt (Od. VIII, 83 ff.), wie Odysseus beim ernsten sowohl wie beim heiteren Lied des Sängers Demodokos im Palast des Phäakenkönigs jedesmal sein Haupt verhüllt und, so von den Anwesenden unbemerkt, weint. Vers 93 lautet: ἔνθ' ἄλλους μὲν πάντας ἐλάνθανε δάκρυα λείβων. Wir übersetzen nach dem Geist unserer Sprache richtig: «alsdann vergoß er Tränen, ohne daß alle anderen es merkten.» Die Übersetzung von Voß kommt dem griechischen Sagen näher, weil sie das tragende Zeitwort ἐλάνθανε in die deutsche Fassung übernimmt: «Allen übrigen Gästen verbarg er die stürzende Träne.» Doch ἐλάνθανε heißt nicht transitiv «er verbarg», sondern «er blieb verborgen» – als der Tränen Vergießende. Das «verborgen bleiben» ist in der griechischen Sprache das regierende Wort. Die deutsche Sprache sagt dagegen: er weinte, ohne daß die anderen es merkten. Entsprechend übersetzen wir das bekannte epikurëische Mahnwort λάθε βιώσας durch: «lebe im Verborgenen». Griechisch gedacht sagt das Wort: «bleibe als der sein Leben Führende (dabei) verborgen.» Die Verborgenheit bestimmt hier die Weise, wie der Mensch unter Menschen anwesen soll. Die griechische Sprache gibt durch die Art ihres Sagens kund, daß das Verbergen und d. h. zugleich das Unverborgenbleiben einen beherrschenden Vorrang vor allen übrigen Weisen hat, nach denen Anwesendes anwest. Der Grundzug des Anwesens selbst ist durch das Verborgen- und Unverborgenbleiben bestimmt. Es bedarf nicht erst einer anscheinend freischwebenden Etymologie des Wortes ἀλήθεια, um zu erfahren, wie überall das Anwesen des Anwesenden nur im Scheinen, Sichbekunden, Vor-liegen, Aufgehen, Sich-hervor-bringen, im Aussehen zur Sprache kommt.

Dies alles wäre in seinem ungestörten Zusammenklang innerhalb des griechischen Daseins und seiner Sprache undenkbar, waltete nicht Verborgenbleiben – Unverborgenbleiben als jenes, was sich gar nicht erst eigens zur Sprache bringen muß, weil aus ihm her diese Sprache selbst kommt.

Demgemäß denkt das griechische Erfahren im Falle des Odysseus nicht nach der Hinsicht, daß die anwesenden Gäste als Subjekte vorgestellt werden, die in ihrem subjektiven Verhalten den weinenden Odysseus als ihr Wahrnehmungsobjekt nicht erfassen. Vielmehr waltet für das griechische Erfahren um den Weinenden eine Verborgenheit, die ihn den anderen entzieht. Homer sagt nicht: Odysseus verbarg seine Tränen. Der Dichter sagt auch nicht: Odysseus verbarg sich als ein Weinender, sondern er sagt: Odysseus blieb verborgen. Wir müssen diesen Sachverhalt oft und immer eindringlicher bedenken auf die Gefahr hin, weitschweifig und umständlich zu werden. Ohne die zureichende Einsicht in diesen Sachverhalt bleibt die Auslegung des Anwesens durch Platon als ἰδέα für uns entweder eine Willkür oder ein Zufall.

Im angeführten Zusammenhang heißt es bei Homer allerdings einige Verse vorher (V. 86): αἴδετο γὰρ Φαίηκας ὑπ' ὀφρύσι δάκρυα λείβων. Voß übersetzt gemäß der Sageweise der deutschen Sprache: (Odysseus verhüllte sein Haupt) «daß die Phäaken nicht die tränenden Wimpern erblickten.» Das tragende Wort läßt Voß sogar unübersetzt: αἴδετο. Odysseus scheute sich – als ein Tränen Vergießender vor den Phäaken. Heißt dies nun aber nicht deutlich genug soviel wie: er verbarg sich aus Scheu vor den Phäaken? Oder müssen wir auch die Scheu, αἰδώς, aus dem Verborgenbleiben her denken, wenn wir uns bemühen, ihrem griechisch erfahrenen Wesen näher zu kommen? Dann hieße «sich scheuen»: geborgen und verborgen bleiben im Verhoffen, im an-sich-Halten.

In der griechisch gedichteten Szene des in der Verhüllung weinenden Odysseus wird offenkundig, wie der Dichter das Walten des Anwesens erfährt, welcher Sinn von Sein, noch ungedacht, schon Geschick geworden. Anwesen ist das gelichtete Sichverbergen. Ihm entspricht die Scheu. Sie ist das verhaltene Verborgenbleiben vor dem Nahen des Anwesenden. Sie ist das Bergen des Anwesenden in die unantastbare Nähe des je und je im Kommen Verbleibenden, welches Kommen ein wachsendes Sichverhüllen bleibt. So ist denn die Scheu und alles ihr verwandte Hohe im Licht des Verborgenbleibens zu denken.

So müssen wir uns denn auch bereit machen, ein anderes griechisches Wort, das zum Stamm λαθ- gehört, nachdenklicher zu gebrauchen. Es lautet ἐπιλανθάνεσθαι. Wir übersetzen es richtig durch «vergessen». Auf Grund dieser lexikalischen Richtigkeit scheint alles im reinen zu sein. Man tut so, als sei das Vergessen die sonnenklarste Sache von der Welt. Man bemerkt nur flüchtig, daß im entsprechenden griechischen Wort das Verborgenbleiben genannt ist.

Doch was heißt «vergessen»? Der moderne Mensch, der alles darauf anlegt, möglichst rasch zu vergessen, müßte doch wissen, was das Vergessen ist. Aber er weiß es nicht. Er hat das Wesen des Vergessens vergessen, gesetzt, daß er es je hinreichend bedacht, d. h. in den Wesensbereich der Vergessenheit hinausgedacht hat. Die bestehende Gleichgültigkeit gegenüber dem Wesen des Vergessens liegt keineswegs nur an der Flüchtigkeit der heutigen Art zu leben. Was in solcher Gleichgültigkeit geschieht, kommt selbst aus dem Wesen der Vergessenheit. Dieser ist es eigen, sich selbst zu entziehen und in den eigenen Sog ihres Verbergens zu geraten. Die Griechen haben die Vergessenheit, λήθη, als ein Geschick der Verbergung erfahren.

Λανθάνομαι sagt: ich bleibe mir – hinsichtlich des Bezugs eines sonst Unverborgenen zu mir – verborgen. Das Unverborgene ist damit seinerseits ebenso, wie ich mir in meinem Bezug zu ihm, verborgen. Das Anwesende sinkt dergestalt in die Verborgenheit weg, daß ich mir bei solcher Verbergung selbst verborgen bleibe als derjenige, dem sich das Anwesende entzieht. In einem damit wird diese Verbergung ihrerseits verborgen. Solches geschieht in dem Vorkommnis, das wir meinen, wenn wir sagen: ich habe (etwas) vergessen. Beim Vergessen entfällt uns nicht nur etwas. Das Vergessen selbst fällt in eine Verbergung und zwar von einer Art, daß wir dabei selbst samt unserem Bezug zum Vergessenen in die Verborgenheit geraten. Deshalb sagen die Griechen in der medialen Form verschärfend ἐπιλανθάνομαι. So ist die Verborgenheit, in die der Mensch gerät, zugleich hinsichtlich ihres Bezugs zu dem genannt, was durch sie dem Menschen entzogen wird.

Sowohl in der Weise wie die griechische Sprache das λανθάνειν, Verborgenbleiben, als tragendes und leitendes Zeitwort gebraucht, wie auch in der Erfahrung des Vergessens vom Verborgenbleiben her zeigt sich deutlich genug, daß λανθάνω, ich bleibe verborgen, nicht irgendeine Verhaltungsweise des Menschen unter vielen anderen meint, sondern den Grundzug alles Verhaltens zu An- und Abwesendem, wenn nicht gar den Grundzug des An- und Abwesens selbst nennt.

Spricht nun aber das Wort λήθω, ich bleibe verborgen, im Spruch eines Denkers zu uns, beendet dieses Wort gar noch eine denkende Frage, dann müssen wir uns auf dieses Wort und sein Gesagtes so weiträumig und ausdauernd besinnen, als wir es heute schon vermögen.

Jedes Verborgenbleiben schließt den Bezug auf solches in sich, dem das Verborgene entzogen, aber dadurch in manchen Fällen gerade zugeneigt bleibt. Die griechische Sprache nennt jenes, worauf das im Verbergen Entzogene bezogen bleibt, im Accusativus: ἐνθ' ἄλλους μὲν πάντας ἐλάνθανε...

Heraklit frägt: πῶς ἄν τις λάθοι; «wie denn könnte irgendwer verborgen bleiben?» In Bezug worauf? Auf das, was in den vorangehenden Worten genannt wird, mit denen der Spruch anhebt: τὸ μὴ δῦνόν ποτε, das niemals Untergehende. Der hier genannte «irgendwer» ist somit nicht das Subjekt, in Rückbeziehung auf welches irgend etwas anderes verborgen bleibt, sondern der «irgendwer» steht hinsichtlich der Möglichkeit *seines* Verborgenbleibens in Frage. Heraklits Frage bedenkt im vorhinein nicht die Verborgenheit und die Unverborgenheit in Beziehung auf denjenigen Menschen, den wir nach der neuzeitlichen Vorstellungsgewohnheit gern zum Träger, wenn nicht gar Macher der Unverborgenheit erklären möchten. Heraklits Frage denkt, neuzeitlich gesprochen, umgekehrt. Sie bedenkt das Verhältnis des Menschen zum «niemals Untergehenden» und denkt den Menschen aus diesem Verhältnis.

Mit diesen Worten «das niemals Untergehende» übersetzen wir, als verstünde sich dies von selbst, das griechische Wortgefüge τὸ μὴ δῦνόν ποτε. Was meinen diese Worte? Woher nehmen wir die Auskunft darüber? Es liegt nahe, dem zuerst nachzuforschen, auch wenn uns dieses Vorhaben weit vom Spruch Heraklits wegführen sollte. Indes kommen wir hier und in ähnlichen Fällen leicht in die Gefahr, daß wir zu weit suchen. Denn wir halten das Wortgefüge im voraus für deutlich genug, um sogleich und ausschließlich nach solchem Ausschau zu halten, dem nach Heraklits Denken «das niemals Untergehen» zugesprochen werden muß. Doch wir fragen so weit nicht. Wir lassen auch unentschieden, ob die erwähnte Frage so gefragt werden kann. Denn der Versuch, darüber zu entscheiden, fällt dahin, wenn sich zeigen sollte, daß die Frage, was denn jenes sei, dem Heraklit «das niemals Untergehen» zuspreche, sich erübrigt. Wie kann sich dies zeigen? Wie sollen wir der Gefahr entgehen, zu weit zu fragen?

Nur so, daß wir erfahren, inwiefern das Wortgefüge τὸ μὴ δῦνόν ποτε schon genug zu denken gibt, sobald wir erläutern, was es sagt.

Das leitende Wort ist τὸ δῦνον. Es hängt mit δύω zusammen, das einhüllen, versenken bedeutet. Δύειν besagt: in etwas eingehen: die Sonne geht ins Meer ein, taucht darin unter; πρὸς δύνοντος ἡλίου heißt: gegen die untergehende Sonne zu, gegen Abend; νέφεα δῦναι meint: unter die Wolken gehen, hinter Wolken verschwinden. Das griechisch gedachte Untergehen geschieht als Eingehen in die Verbergung.

Wir sehen leicht, wenn auch nur erst ungefähr: die beiden tragenden, weil inhaltlichen Worte des Spruches, mit denen er anhebt und endet, τὸ δῦνον und λάθοι, sagen vom Selben. Doch die Frage bleibt, in welchem Sinne dies zutrifft. Indessen ist schon einiges gewonnen, wenn wir gewahren, daß der Spruch sich fragend im Bereich des Verbergens bewegt. Oder fallen wir, sobald wir dem nachdenken, nicht eher einer groben Täuschung anheim? Es scheint in der Tat so; denn der Spruch nennt τὸ μὴ δῦνόν ποτε, das doch ja nicht Untergehende je. Dies ist offenkundig jenes, das niemals in eine Verbergung eingeht. Diese bleibt ausgeschlossen. Der Spruch frägt zwar nach einem Verborgenbleiben. Aber er stellt die Möglichkeit einer Verbergung so entschieden in Frage, daß solches Fragen einer Antwort gleichkommt. Diese weist den möglichen Fall des Verborgenbleibens ab. In der nur rhetorischen Frageform spricht die behauptende Aussage: vor dem niemals Untergehenden kann keiner verborgen bleiben. Dies hört sich beinahe wie ein Lehrsatz an.
Sobald wir die tragenden Worte τὸ δῦνον und λάθοι nicht mehr als vereinzelte Wörter herausgreifen, sondern sie im unversehrten Ganzen des Spruches hören, wird deutlich: der Spruch bewegt sich durchaus nicht im Felde des Verbergens, sondern in dem schlechthin entgegengesetzten Bereich. Eine geringe Umstellung des Wortgefüges in die Form τὸ μήποτε δῦνον macht augenblicklich klar, wovon der Spruch sagt: vom niemals Untergehenden. Wenden wir vollends die verneinende Redeweise noch in die entsprechende Bejahung um, dann hören wir erst, was der Spruch mit «dem niemals Untergehenden» nennt: das ständig Aufgehende. Im griechischen Wortlaut müßte dies heißen: τὸ ἀεὶ φύον. Diese Wendung findet sich bei Heraklit nicht. Allein der Denker spricht von der φύσις. Wir hören darin ein Grundwort des griechischen Denkens. So ist uns unversehens eine Antwort auf die Frage zugefallen, was denn jenes sei, dem Heraklit das Untergehen abspreche.

Doch kann uns der Hinweis auf die φύσις als Antwort gelten, solange dunkel bleibt, in welchem Sinne die φύσις zu denken sei? Und was helfen uns großtönende Titel wie «Grundwort», wenn uns die Gründe und Abgründe griechischen Denkens so wenig angehen, daß wir sie mit beliebig aufgegriffenen Namen zudecken, die wir, immer noch unbedacht genug, aus den uns geläufigen Vorstellungsbezirken entlehnen? Wenn schon τὸ μήποτε δῦνον die φύσις meinen soll, dann erläutert uns die Bezugnahme auf die φύσις nicht, was τὸ μὴ δῦνόν ποτε ist, sondern umgekehrt: «das niemals Untergehende» weist uns an, zu bedenken, daß und inwiefern die φύσις als das ständig Aufgehende erfahren wird. Was ist dieses jedoch anderes als das immerwährend Sichentbergende? Demnach bewegt sich das Sagen des Spruches im Bereich des Entbergens und nicht in dem des Verbergens.

Wie und im Hinblick auf welchen Sachverhalt sollen wir uns den Bereich des Entbergens und dieses selbst so denken, daß wir nicht Gefahr laufen, bloßen Wörtern nachzujagen? Je entschiedener wir davon abkommen, das immerwährend Aufgehende, das niemals Untergehende uns wie ein anwesendes Ding anschaulich vorzustellen, umso notwendiger wird eine Auskunft darüber, was denn nun dieses selbst sei, dem «das niemals Untergehen» als Eigenschaft zugesprochen ist.

Wissenwollen verdient oft ein Lob, nur dann nicht, wenn es sich übereilt. Doch bedächtiger, um nicht zu sagen umständlicher, können wir kaum vorgehen, wo wir überall am Wort des Spruches bleiben. Blieben wir es denn? Oder hat uns eine kaum merkliche Umstellung von Wörtern zur Eile verleitet und uns dadurch um die Gelegenheit gebracht, Wichtiges zu beachten? Allerdings. Wir stellten τὸ μὴ δῦνόν ποτε *um* in die Wendung τὸ μήποτε δῦνον und übersetzten μήποτε richtig durch «niemals», τὸ δῦνον richtig durch «das Untergehende». Wir bedachten weder das vor dem δῦνον für sich gesagte μή, noch das nachgestellte ποτέ. Wir konnten deshalb auch nicht auf einen

Wink achten, den die Negation μή und das Adverbium ποτ uns für eine bedachtsamere Erläuterung des δῦνον vorbehalten.
Das μή ist ein Wort der Verneinung. Es meint wie das οὐκ ein «nicht», jedoch in einem anderen Sinne. Das οὐκ spricht dem, was von der Verneinung betroffen wird, geradehin etwas ab. Das μή dagegen spricht dem in den Bereich seiner Verneinung Gelangten etwas zu: eine Abwehr, ein Fernhalten, ein Verhüten. Μή... ποτέ sagt: daß ja nicht... jemals... Was denn? Etwas anders wese, als wie es west.
Im Spruch Heraklits umschließen μή und ποτέ das δῦνον. Das Wort ist grammatisch gesehen ein Participium. Bisher übersetzten wir es in die anscheinend näher liegende nominale Bedeutung und bestärkten so die gleichfalls naheliegende Meinung, Heraklit spräche von solchem, was niemals dem Untergehen anheimfällt. Aber das verneinende μή... ποτε betrifft ein so und so Währen und Wesen. Die Verneinung geht somit den verbalen Sinn des Participiums δῦνον an. Das Selbe gilt vom μή im ἐόν des Parmenides. Das Wortgefüge τὸ μὴ δῦνόν ποτε sagt: das doch ja nicht Untergehen je.
Wagen wir es noch einmal für einen Augenblick, das verneinende Wortgefüge in ein bejahendes zu wenden, dann zeigt sich: Heraklit denkt das immerwährende Aufgehen, nicht irgend etwas, dem das Aufgehen als Eigenschaft zufällt, auch nicht das All, das vom Aufgehen betroffen wird. Heraklit denkt vielmehr das Aufgehen und nur dieses. Das eh und je währende Aufgehen wird im denkend gesagten Wort φύσις genannt. Wir müßten es auf eine ungewohnte, aber gemäße Weise durch «Aufgehung» übersetzen, entsprechend dem geläufigen Wort «Entstehung».
Heraklit denkt das niemals Untergehen. Griechisch gedacht ist es das niemals Eingehen in die Verbergung. In welchem Bereich bewegt sich demnach das Sagen des Spruches? Es nennt dem Sinne nach die Verbergung, nämlich das niemals Eingehen

in sie. Der Spruch meint zugleich und gerade das immerwährende Aufgehen, die eh und je währende Entbergung. Das Wortgefüge τὸ μὴ δῦνόν ποτε, das doch ja nicht Untergehen je, meint beides: Entbergung *und* Verbergung, nicht als zwei verschiedene, nur aneinandergeschobene Geschehnisse, sondern als Eines und das Selbe. Achten wir hierauf, dann ist uns verwehrt, an die Stelle von τὸ μὴ δῦνόν ποτε unbedacht τὴν φύσιν zu setzen. Oder ist dies immer noch möglich, wenn nicht gar unumgänglich? Im letzteren Fall dürfen wir jedoch die φύσις nicht mehr nur als Aufgehen denken. Dies ist sie im Grunde auch niemals. Kein Geringerer als Heraklit sagt es deutlich und geheimnisvoll zugleich. Das Fragment 123 lautet:
Φύσις κρύπτεσθαι φιλεῖ. Ob die Übersetzung: «das Wesen der Dinge versteckt sich gern» auch nur entfernt in den Bereich des heraklitischen Denkens zeigt, sei hier nicht genauer erörtert. Vielleicht dürfen wir Heraklit einen solchen Gemeinplatz nicht zumuten, davon abgesehen, daß ein «Wesen der Dinge» erst seit Platon gedacht wird. Auf anderes müssen wir achten: φύσις und κρύπτεσθαι, Aufgehen (Sichentbergen) und Verbergen, sind in ihrer nächsten Nachbarschaft genannt. Dies mag auf den ersten Blick befremden. Denn wenn die φύσις als Aufgehen sich von etwas abkehrt oder gar gegen etwas sich kehrt, dann ist es das κρύπτεσθαι, Sichverbergen. Doch Heraklit denkt beide in der nächsten Nachbarschaft zueinander. Ihre Nähe wird sogar eigens genannt. Sie ist durch das φιλεῖ bestimmt. Das Sichentbergen liebt das Sichverbergen. Was soll dies heißen? Sucht das Aufgehen die Verborgenheit auf? Wo soll diese sein und wie, in welchem Sinne von «sein»? Oder hat die φύσις nur eine gewisse, bisweilen sich einstellende Vorliebe dafür, statt ein Aufgehen zur Abwechslung ein Sichverbergen zu sein? Sagt der Spruch, das Aufgehen schlage gern einmal in ein Sichverbergen um, sodaß bald das eine, bald das andere waltet? Keineswegs. Diese Deutung verfehlt den Sinn des φιλεῖ, wodurch

das Verhältnis zwischen φύσις und κρύπτεσθαι genannt ist. Die Deutung vergißt vor allem das Entscheidende, was der Spruch zu denken gibt: die Weise, wie das Aufgehen als Sichentbergen west. Wenn hier schon im Hinblick auf die φύσις von «wesen» die Rede sein darf, dann meint φύσις nicht das Wesen, das ὅ τι, das Was der Dinge. Davon spricht Heraklit weder hier noch in den Fragmenten 1 und 112, wo er die Wendung κατὰ φύσιν gebraucht. Nicht die φύσις als Wesenheit der Dinge, sondern das Wesen (verbal) der φύσις denkt der Spruch.

Das Aufgehen ist als solches je schon dem Sichverschließen zugeneigt. In dieses bleibt jenes geborgen. Das κρύπτεσθαι ist als Sichver-bergen nicht ein bloßes Sichverschließen, sondern ein Bergen, worin die Wesensmöglichkeit des Aufgehens verwahrt bleibt, wohin das Aufgehen als solches gehört. Das Sichverbergen verbürgt dem Sichentbergen sein Wesen. Im Sichverbergen waltet umgekehrt die Verhaltenheit der Zuneigung zum Sichentbergen. Was wäre ein Sichverbergen, wenn es nicht an sich hielte in seiner Zuwendung zum Aufgehen?

So sind denn φύσις und κρύπτεσθαι nicht voneinander getrennt, sondern gegenwendig einander zugeneigt. Sie sind das Selbe. In solcher Zuneigung gönnt erst eines dem anderen das eigene Wesen. Diese in sich gegenwendige Gunst ist das Wesen des φιλεῖν und der φιλία. In dieser das Aufgehen und Sichverbergen ineinander verneigenden Zuneigung beruht die Wesensfülle der φύσις.

Die Übersetzung des Fragments 123 φύσις κρύπτεσθαι φιλεῖ könnte darum lauten: «Das Aufgehen (aus dem Sichverbergen) dem Sichverbergen schenkt's die Gunst.»

Wir denken die φύσις auch dann noch vordergründig, wenn wir sie nur als Aufgehen und Aufgehenlassen denken und ihr dann noch irgendwelche Eigenschaften zusprechen, dabei aber das Entscheidende außerachtlassen, daß das Sichentbergen das Verbergen nicht nur nie beseitigt, sondern es braucht, um so zu wesen, wie es west, als Ent-bergen. Erst wenn wir die φύσις in diesem Sinne denken, dürfen wir statt τὸ μὴ δῦνόν ποτε auch τὴν φύσιν sagen.

Beide Namen nennen den Bereich, den die schwebende Innigkeit von Entbergen und Verbergen stiftet und durchwaltet. In dieser Innigkeit birgt sich die Einigkeit und Ein-heit des ῾Εν, welches Eine die frühen Denker vermutlich in einem Reichtum seines Einfachen geschaut haben, der den Nachkommenden verschlossen bleibt. Τὸ μὴ δῦνόν ποτε, «das niemals Eingehen in die Verbergung,» fällt der Verbergung nie anheim, um in ihr zu verlöschen, aber es bleibt dem Sichverbergen zugetan, weil es als das niemals Eingehen *in* . . . . stets ein Aufgehen *aus* der Verbergung ist. Für das griechische Denken wird in τὸ μὴ δῦνόν ποτε ungesprochen das κρύπτεσθαι gesagt und so die φύσις in ihrem vollen, von der φιλία zwischen Entbergen und Sichverbergen durchwalteten Wesen genannt.

Vielleicht sind die φιλία des φιλεῖν in Fragment 123 und die ἁρμονίη ἀφανής in Fragment 54 das Selbe, gesetzt, daß die Fuge, dank deren sich Entbergen und Verbergen gegenwendig ineinanderfügen, das Unscheinbare alles Unscheinbaren bleiben muß, da es jedem Erscheinenden das Scheinen schenkt.

Der Hinweis auf φύσις, φιλία, ἁρμονίη hat das Unbestimmte herabgemindert, worin uns zunächst τὸ μὴ δῦνόν ποτε, das doch je nicht Untergehen je, vernehmlich wurde. Dennoch läßt sich der Wunsch kaum noch länger zurückhalten, an die Stelle der bild- und ortlosen Erläuterung über Entbergen und Sichverbergen möchte eine anschauliche Auskunft darüber treten, wohin das Genannte eigentlich gehöre. Mit dieser Frage kommen wir freilich zu spät. Weshalb? Weil τὸ μὴ δῦνόν ποτε für das frühe Denken den Bereich aller Bereiche nennt. Er ist indes nicht die oberste Gattung, der sich verschiedene Arten von Bereichen unterordnen. Er ist jenes, worin im Sinne der Ortschaft jedes mögliche Wohin eines Hingehörens beruht. Demgemäß ist der

Bereich im Sinne des μὴ δῦνόν ποτε aus seiner versammelnden Reichweite her einzig. In ihm wächst alles auf und zusammen (concrescit), was in das Ereignis des recht erfahrenen Entbergens gehört. Er ist das Konkrete schlechthin. Wie soll aber dieser Bereich durch die voraufgegangenen abstrakten Darlegungen konkret vorgestellt werden? Die Frage scheint berechtigt zu sein, solange nämlich, als wir außerachtlassen, daß wir das Denken Heraklits nicht vorschnell mit Unterscheidungen wie «konkret» und «abstrakt», «sinnlich» und «nichtsinnlich», «anschaulich» und «unanschaulich» überfallen dürfen. Daß sie uns und seit langem geläufig sind, verbürgt noch nicht ihre vermeintlich unbegrenzte Tragweite. So könnte es denn geschehen, daß Heraklit gerade dort, wo er durch ein Wort spricht, das Anschauliches nennt, das schlechthin Unanschauliche denkt. Dadurch wird klar, wie wenig wir mit solchen Unterscheidungen auskommen.

Nach der Erläuterung dürfen wir statt τὸ μὴ δῦνόν ποτε unter zwei Bedingungen τὸ ἀεὶ φύον setzen. Wir müssen φύσις vom Sichverbergen her und φύον verbal denken. Wir suchen bei Heraklit das Wort ἀείφυον vergeblich, finden jedoch statt seiner in Fragment 30 ἀείζωον, immerwährend lebend. Das Zeitwort «leben» spricht ins Weiteste, Äußerste, Innigste aus einer Bedeutung, die auch Nietzsche noch in seiner Aufzeichnung aus dem Jahre 1885/86 denkt, wenn er sagt: «‚das Sein‘ – wir haben keine andere Vorstellung davon als ‚leben‘. – Wie kann etwas Todtes ‚sein‘?» (Wille zur Macht, n. 582).

Wie müssen wir unser Wort «leben» verstehen, wenn wir es als getreue Übersetzung des griechischen ζῆν in Anspruch nehmen? In ζῆν, ζάω spricht die Wurzel ζα-. Wir können freilich niemals aus diesem Lautgebilde hervorzaubern, was «leben» im griechischen Sinne bedeutet. Doch wir beachten, daß die griechische Sprache vor allem im Sagen Homers und Pindars Wörter wie ζάθεος, ζαμενής, ζάπυρος gebraucht. Die Sprachwissenschaft erklärt, ζα- bedeute eine Verstärkung; ζάθεος heißt demnach «sehr göttlich», «sehr heilig»; ζαμενής «sehr wuchtig»; ζάπυρος «sehr feurig». Aber diese «Verstärkung» meint weder eine mechanische noch eine dynamische Mehrung. Pindar nennt Orte und Berge, Auen und Ufer eines Flusses ζάθεος und zwar dann, wenn er sagen möchte, die Götter, die scheinend Hereinblickenden, ließen sich hier oft und eigentlich blicken, westen im Erscheinen an. Die Orte sind besonders heilig, weil sie rein im Erscheinenlassen des Scheinenden aufgehen. So meint auch ζαμενής jenes, was das Hervor-und Ankommen des Sturmes in sein volles Anwesen aufgehen läßt.

Ζα- bedeutet das reine Aufgehenlassen innerhalb der und für die Weisen des Erscheinens, Hereinblickens, Hereinbrechens, Ankommens. Das Zeitwort ζῆν nennt das Aufgehen in das Lichte. Homer sagt: ζῆν καὶ ὁρᾶν φάος ἠελίοιο «leben und dies sagt: schauen das Licht der Sonne». Das griechische ζῆν, ζωή, ζῷον dürfen wir weder vom Zoologischen noch vom Biologischen im weiteren Sinne her denken. Was das griechische ζῷον nennt, liegt so weit ab von allem biologisch vorgestellten Tierwesen, daß die Griechen sogar ihre Götter ζῷα nennen können. Weshalb? Die Hereinblickenden sind die ins Schauen Aufgehenden. Die Götter werden nicht als Tiere erfahren. Das Tierwesen gehört jedoch in einem besonderen Sinne dem ζῆν an. Das Aufgehen des Tieres zum Freien bleibt auf eine zugleich befremdende und bestrickende Weise in sich verschlossen und gebunden. Sichentbergen und Sichverbergen sind im Tier auf eine Art einig, daß unser menschliches Auslegen kaum Wege findet, sobald es die mechanische Erklärung des Tierwesens, die jederzeit durchführbar ist, ebenso entschieden meidet wie die anthropomorphe Deutung. Weil das Tier nicht spricht, haben Sichentbergen und Sichverbergen samt ihrer Einheit bei den Tieren ein ganz anderes Lebe-Wesen.

Doch ζωή und φύσις sagen das Selbe: ἀείζωον bedeutet: ἀείφυον, bedeutet: τὸ μὴ δῦνόν ποτε.

Das Wort ἀείζωον folgt in Fragment 30 auf πῦρ, Feuer, weniger als Eigenschaftswort, eher als neu im Sagen anhebender Name, der sagt, wie das Feuer zu denken sei, nämlich als immerwährendes Aufgehen. Durch das Wort «Feuer» nennt Heraklit jenes, was οὔτε τις θεῶν οὔτε ἀνθρώπων ἐποίησεν «was weder irgendwer der Götter noch der Menschen her-vor-brachte», was vielmehr schon immer, vor den Göttern und Menschen und für sie als φύσις in sich beruht, in sich verbleibt und so alles Kommen verwahrt. Dies aber ist der κόσμος. Wir sagen «die Welt» und denken sie ungemäß, solange wir sie ausschließlich oder auch nur in erster Linie kosmologisch und naturphilosophisch vorstellen.
Welt ist währendes Feuer, währendes Aufgehen nach dem vollen Sinne der φύσις. Sofern man hier von einem ewigen Weltbrand redet, darf man sich nicht zuerst eine Welt für sich vorstellen, die außerdem noch von einer fortdauernden Feuersbrunst befallen und durchwütet wird. Vielmehr sind das Welten der Welt, τὸ πῦρ, τὸ ἀείζωον, τὸ μὴ δῦνόν ποτε das Selbe. Dementsprechend liegt das Wesen des Feuers, das Heraklit *denkt*, nicht so unmittelbar am Tag, wie es uns der Anblick einer lodernden Flamme einreden möchte. Wir brauchen nur auf den Sprachgebrauch zu achten, der das Wort πῦρ aus vielfältigen Hinsichten spricht und so in die Wesensfülle dessen weist, was sich im denkenden Sagen des Wortes andeutet.
Πῦρ nennt das Opferfeuer, das Herdfeuer, das Wachtfeuer, aber auch den Schein der Fackeln, das Leuchten der Gestirne. Im «Feuer» waltet das Lichten, das Glühen, das Lodern, das milde Scheinen, solches, was eine Weite in Helle entbreitet. Im «Feuer» waltet aber auch das Versehren, Zusammenschlagen, Verschließen, Verlöschen. Wenn Heraklit vom Feuer spricht, denkt er vornehmlich das lichtende Walten, das Weisen, das Maße gibt und entzieht. Nach einem von Karl Reinhardt (Hermes Bd. 77, 1942 S. 1 ff.,) bei Hippolytus entdeckten und über-

zeugend gesicherten Fragment ist für Heraklit τὸ πῦρ zugleich τὸ φρόνιμον, das Sinnende. Jeglichem weist es die Wegrichtung und legt jeglichem vor, wohin es gehört. Das vor-legend sinnende Feuer versammelt alles und birgt es in sein Wesen. Das sinnende Feuer ist die vor- (ins Anwesen) legende und darlegende Versammlung. Τὸ Πῦρ ist ὁ Λόγος. Dessen Sinnen ist das Herz, d. h. die lichtend-bergende Weite der Welt. Heraklit denkt in der Vielfalt verschiedener Namen: φύσις, πῦρ, λόγος, ἁρμονίη, πόλεμος, ἔρις, (φιλία), ἕν die Wesensfülle des Selben.

Von daher und dorthin zurück ist das Wortgefüge gesagt, mit dem das Fragment 16 anhebt: τὸ μὴ δῦνόν ποτε, das doch ja nicht Untergehen je. Was hier genannt wird, müssen wir in allen angeführten Grundworten des heraklitischen Denkens mithören.

Inzwischen zeigte sich: das niemals Eingehen in die Verbergung ist das währende Aufgehen aus dem Sichverbergen. Auf solche Weise glüht und scheint und sinnt das Weltfeuer. Denken wir es als das reine Lichten, dann bringt dieses nicht nur die Helle, sondern zugleich das Freie, worin alles, zumal das Gegenwendige, ins Scheinen kommt. Lichten ist somit mehr als nur Erhellen, mehr auch als Freilegen. Lichten ist das sinnend-versammelnde Vorbringen ins Freie, ist Gewähren von Anwesen.

Das Ereignis der Lichtung ist die Welt. Das sinnend-versammelnde, ins Freie bringende Lichten ist Entbergen und beruht im Sichverbergen, das zu ihm gehört als jenes, das selber im Entbergen sein Wesen findet und darum nie ein bloßes Eingehen in die Verbergung, nie ein Untergehen sein kann.

Πῶς ἄν τις λάθοι; «wie denn könnte irgendwer verborgen bleiben?» frägt der Spruch im Hinblick auf das vorgenannte τὸ μὴ δῦνόν ποτε, das im Accusativus steht. Übersetzend nennen wir es im Dativus: «Wie könnte dem, der Lichtung nämlich, irgendwer verborgen bleiben?» Die *Art* des Fragens weist eine solche

Möglichkeit ohne eine Begründung ab. Diese müßte denn schon im Gefragten selbst liegen. Wir sind auch rasch bei der Hand, sie vorzubringen. Weil das niemals Untergehen, das Lichten, alles sieht und bemerkt, kann sich nichts vor ihm verstecken. Allein von einem Sehen und Bemerken ist im Spruch keine Rede. Vor allem aber sagt er nicht πῶς ἄν τι «wie könnte irgend-*etwas*...», sondern πῶς ἄν τις «wie könnte denn irgend*wer*....?» Die Lichtung ist nach dem Spruch keineswegs auf jedes beliebige Anwesende bezogen. Wer ist in dem τίς gemeint? Nahe liegt, an den Menschen zu denken, zumal die Frage von einem Sterblichen gestellt und zu Menschen gesprochen ist. Doch weil hier ein Denker spricht und zwar jener, der in der Nähe zu Apollon und Artemis wohnt, könnte sein Spruch eine Zwiesprache mit dem Hereinblickenden sein und im τίς, irgendwer, die Götter mitmeinen. In dieser Vermutung werden wir durch das Fragment 30 bestärkt, das sagt: οὔτε τις θεῶν οὔτε ἀνθρώπων. Insgleichen nennt das oft und meist unvollständig angeführte Fragment 53 die Unsterblichen und die Sterblichen zusammen, indem es sagt: πόλεμος, die Aus-einander-setzung (die Lichtung), zeige die einen der Anwesenden als Götter, die anderen als Menschen, sie bringe die einen als Knechte, die anderen als Freie hervor – zum Vorschein. Dies sagt: die während Lichtung läßt Götter und Menschen in die Unverborgenheit anwesen, sodaß nie irgendwer von ihnen je verborgen bleiben könnte; dies aber nicht, weil er erst noch von irgendwem bemerkt wird, sondern allein schon insofern, als jedweder anwest. Indessen bleibt das Anwesen der Götter ein anderes als das der Menschen. Jene sind als δαίμονες, θεάοντες die Hereinblickenden, herein in die Lichtung des Anwesenden, das die Sterblichen auf ihre Weise an-gehen, indem sie es in seiner Anwesenheit vorliegenlassen und in der Acht behalten.

Demgemäß ist das Lichten kein bloßes Erhellen und Belichten. Weil Anwesen heißt: aus der Verbergung her in die Entbergung vor währen, deshalb betrifft das entbergend-verbergende Lichten das Anwesen des Anwesenden. Aber das Fragment 16 spricht nicht von allem und jedem beliebigen etwas, τί, das anwesen könnte, sondern eindeutig nur von τίς, irgendwer der Sterblichen und der Götter. Demnach scheint der Spruch nur einen beschränkten Bezirk des Anwesenden zu nennen. Oder enthält der Spruch statt einer Beschränkung auf einen besonderen Bereich des Anwesenden eine Auszeichnung und Entschränkung, die den Bereich aller Bereiche angeht? Ist diese Auszeichnung gar von einer Art, daß der Spruch solches erfrägt, was ungesprochen auch jenes Anwesende zu sich einholt und bei sich einbehält, das zwar gebietsmäßig nicht mehr unter die Menschen und die Götter zu rechnen, aber gleichwohl in einem anderen Sinne göttlich und menschlich ist, Gewächs und Getier, Gebirg und Meer und Gestirn?

Worin anders könnte jedoch die Auszeichnung der Götter und Menschen beruhen, wenn nicht darin, daß gerade sie es niemals vermögen, in ihrem Verhältnis zur Lichtung verborgen zu bleiben? Weshalb vermögen sie dies nicht? Weil ihr Verhältnis zur Lichtung nichts anderes ist als die Lichtung selber, insofern diese die Götter und Menschen in die Lichtung einsammelt und einbehält.

Die Lichtung beleuchtet Anwesendes nicht nur, sondern sie versammelt und birgt es zuvor ins Anwesen. Welcher Art ist jedoch das Anwesen der Götter und Menschen? Sie sind in der Lichtung nicht nur beleuchtet, sondern aus ihr zu ihr er-leuchtet. So vermögen sie es denn auf *ihre* Weise, das Lichten zu vollbringen (ins Volle seines Wesens bringen) und dadurch die Lichtung zu hüten. Götter und Menschen sind nicht nur von einem Licht, und sei dies auch ein übersinnliches, belichtet, sodaß sie sich vor ihm nie in das Finstere verstecken können. Sie sind in ihrem Wesen gelichtet. Sie sind er-lichtet: in das Ereignis der Lichtung vereignet, darum nie verborgen, sondern ent-borgen, dies noch in einem anderen Sinne gedacht. Wie die Entfernten der Ferne gehören, so sind die in dem jetzt zu denkenden Sinne Entborgenen der bergenden, sie haltenden und verhaltenden Lichtung zugetraut. Sie sind ihrem Wesen nach in das Verbergende des Geheimnisses ver-legt, versammelt, dem Λόγος zu eigen im ὁμολογεῖν (Fragment 50).

Meint Heraklit seine Frage so, wie wir es jetzt erörterten? Stand das durch diese Erörterung Gesagte im Feld seines Vorstellens? Wer wollte dies wissen und behaupten? Doch vielleicht sagt der Spruch, unabhängig vom damaligen Vorstellungsfeld Heraklits, solches, was die versuchte Erörterung vorbrachte. Der Spruch sagt es, gesetzt, daß ein denkendes Gespräch ihn zum Sprechen bringen darf. Er sagt es und läßt es im Ungesprochenen. Die Wege, die durch die Gegend des also Ungesprochenen führen, bleiben Fragen, die immer nur solches hervorrufen, was ihnen von altersher in vielfältiger Verhüllung gezeigt worden.

Daß Heraklit das entbergend-verbergende Lichten, das Weltfeuer, in einem kaum erschaubaren Bezug zu jenen bedenkt, die ihrem Wesen nach Erlichtete und so in einem ausgezeichneten Sinne der Lichtung Zu-hörende und Zugehörige sind, darauf deutet der fragende Grundzug des Spruches.

Oder spricht der Spruch aus einer Erfahrung des Denkens, die schon jeden seiner Schritte trägt? Möchte Heraklits Frage nur sagen, keine Möglichkeit lasse sich ersehen, nach der das Verhältnis des Weltfeuers zu den Göttern und Menschen je anders sein könnte als so, daß diese nicht nur als Belichtete und Angeschaute in die Lichtung gehören, sondern als jene Unscheinbaren, die auf ihre Weise das Lichten mitbringen und es in seinem Währen verwahren und überliefern?

In diesem Falle könnte der fragende Spruch das denkende Erstaunen zur Sprache bringen, das vor dem Verhältnis verhofft, in das die Lichtung das Wesen der Götter und Menschen zu ihr selbst einbehält. Das fragende Sagen entspräche dem, was eh und je des denkenden Erstaunens würdig und durch dieses in seiner Würde gewahrt bleibt.

Wie weit und wie deutlich Heraklits Denken den Bereich aller Bereiche vordeutend erst ahnen durfte, läßt sich nicht abschätzen. Daß der Spruch sich jedoch im Bereich der Lichtung bewegt, duldet keinen Zweifel, sobald wir fortan immer deutlicher dies eine bedenken: Beginn und Ende der Frage nennen das Entbergen und Verbergen und zwar hinsichtlich ihres Bezugs. Es bedarf dann nicht einmal des gesonderten Hinweises auf das Fragment 50, wo das entbergend-bergende Sammeln genannt ist, das sich den Sterblichen so zuspricht, daß ihr Wesen sich *darin* entfaltet, dem Λόγος zu entsprechen oder nicht.

Zu leicht meinen wir, das Geheimnis des zu-Denkenden liege jedes Mal weit ab und tief versteckt in schwer durchdringbaren Schichten einer Verheimlichung. Indes hat es seinen Wesensort in der Nähe, die alles ankommend Anwesende nähert und das Genahte verwahrt. Das Wesende der Nähe ist unserem gewohnten Vorstellen, das ins Anwesende und dessen Bestellung sich ausgibt, zu nahe, als daß wir das Walten der Nähe unvorbereitet erfahren und zureichend denken könnten. Vermutlich ist das Geheimnis, das im zu-Denkenden ruft, nichts anderes als das Wesende dessen, was wir mit dem Namen «die Lichtung» anzudeuten versuchen. Darum geht auch das alltägliche Meinen sicher und hartnäckig am Geheimnis vorbei. Heraklit wußte dies. Das Fragment 72 lautet:

ὧι μάλιστα διηνεκῶς ὁμιλοῦσι Λόγωι, τούτωι διαφέρονται,
καὶ οἷς καθ' ἡμέραν ἐγκυροῦσι, ταῦτα αὐτοῖς ξένα φαίνεται.

«Dem sie am meisten, von ihm durchgängig getragen, zugekehrt sind, dem Λόγος, mit dem bringen sie sich auseinander; und so zeigt sich denn: das, worauf sie täglich treffen, dies bleibt ihnen (in seinem Anwesen) fremd.»

Die Sterblichen sind unablässig dem entbergend-bergenden Versammeln zugekehrt, das alles Anwesende in sein Anwesen lichtet. Doch sie kehren sich dabei ab von der Lichtung und kehren sich nur an das Anwesende, das sie im alltäglichen Verkehr mit allem und jedem unmittelbar antreffen. Sie meinen, dieser Verkehr mit dem Anwesenden verschaffe ihnen wie von selbst die gemäße Vertrautheit. Und dennoch bleibt es ihnen fremd. Denn sie ahnen nichts von jenem, dem sie zugetraut sind: vom Anwesen, das lichtend jeweils erst Anwesendes zum Vorschein kommen läßt. Der Λόγος, in dessen Lichtung sie gehen und stehen, bleibt ihnen verborgen, ist für sie vergessen.

Je bekannter ihnen alles Kennbare wird, um so befremdlicher bleibt es ihnen, ohne daß sie dies wissen können. Sie würden auf all solches erst aufmerksam, wenn sie fragen möchten: wie könnte denn irgendwer, dessen Wesen der Lichtung zugehört, jemals sich dem Empfangen und Hüten der Lichtung entziehen? Wie könnte er dies, ohne alsbald zu erfahren, daß ihm das Alltägliche nur deshalb das Geläufigste sein kann, weil diese Geläufigkeit an das Vergessen dessen verschuldet bleibt, was auch das anscheinend von selbst Bekannte erst ins Licht eines Anwesenden bringt?

Das alltägliche Meinen sucht das Wahre im Vielerlei des immer Neuen, das vor ihm ausgestreut wird. Es sieht nicht den stillen Glanz (das Gold) des Geheimnisses, das im Einfachen der Lichtung immerwährend scheint. Heraklit sagt (Fragment 9):

> ὄνους σύρματ' ἂν ἑλέσθαι μᾶλλον ἢ χρυσόν.
> «Esel holen sich Spreu eher als Gold.»

Aber das Goldene des unscheinbaren Scheinens der Lichtung läßt sich nicht greifen, weil es selbst kein Greifendes, sondern das reine Ereignen ist. Das unscheinbare Scheinen der Lichtung entströmt dem heilen Sichbergen in der ansichhaltenden Verwahrnis des Geschickes. Darum ist das Scheinen der Lichtung in sich zugleich das Sichverhüllen und in diesem Sinne das Dunkelste.

Heraklit heißt ὁ Σκοτεινός. Er wird diesen Namen auch künftig behalten. Er ist der Dunkle, weil er fragend in die Lichtung denkt.

HINWEISE

DIE FRAGE NACH DER TECHNIK

Vortrag, gehalten am 18. November 1953 im Auditorium Maximum der Technischen Hochschule München, in der Reihe «Die Künste im technischen Zeitalter», veranstaltet von der Bayerischen Akademie der Schönen Künste unter Leitung des Präsidenten Emil Preetorius, im Druck erschienen in Band III des Jahrbuches der Akademie (Redaktion: Clemens Graf Podewils), R. Oldenbourg München 1954, S. 70 ff.

WISSENSCHAFT UND BESINNUNG

Vortrag, in der vorliegenden Fassung für einen kleinen Kreis gehalten zur Vorbereitung der oben genannten Tagung am 4. August 1953 in München.

ÜBERWINDUNG DER METAPHYSIK

Der Text gibt Aufzeichnungen zur Verwindung der Metaphysik aus den Jahren 1936 bis 1946. Der Hauptteil ist als Beitrag zur Festschrift für Emil Preetorius ausgewählt; ein Stück (n. XXVI) ist im Barlachheft des Landestheaters Darmstadt 1951 erschienen (Redaktion: Egon Vietta).

WER IST NIETZSCHES ZARATHUSTRA?

Vortrag, gehalten am 8. Mai 1953 im Club zu Bremen (vgl. die Vorlesung «Was heißt Denken?». Niemeyer Tübingen 1954, S. 19 ff.).

WAS HEISST DENKEN?

Vortrag, gesprochen (Mai 1952) im Bayerischen Rundfunk; gedruckt in der Zeitschrift «Merkur» (Herausgeber J. Moras und H. Paeschke), VI. Jahrgang 1952, S. 601 ff. (vgl. die obengenannte Vorlesung).

BAUEN WOHNEN DENKEN

Vortrag, gehalten am 5. August 1951 im Rahmen des «Darmstädter Gesprächs II» über «Mensch und Raum»; gedruckt in der Veröffentlichung dieses Gesprächs, Neue Darmstädter Verlagsanstalt 1952, S. 72 ff.

DAS DING

Vortrag, gehalten in der Bayerischen Akademie der Schönen Künste am 6. Juni 1950; gedruckt im Jahrbuch der Akademie Band I, Gestalt und Gedanke 1951, S. 128 ff. (Redaktion: Clemens Graf Podewils).

«... DICHTERISCH WOHNET DER MENSCH ...»

Vortrag, gehalten am 6. Oktober 1951 auf «Bühlerhöhe»; gedruckt im ersten Heft der «Akzente«, Zeitschrift für Dichtung (herausgegeben von W. Höllerer und Hans Bender) Heft 1, 1954, S. 57 ff.

LOGOS

Beitrag zur Festschrift für Hans Jantzen (herausgegeben von Kurt Bauch.) Berlin 1951, S. 7 ff., und als Vortrag gehalten im Club zu Bremen am 4. Mai 1951; ausführlich erörtert in einer unveröffentlichten Vorlesung «Logik» vom Sommersemester 1944.

MOIRA

Ein nicht vorgetragenes Stück der Vorlesung «Was heißt Denken?» Niemeyer Tübingen 1954, zu S. 146 ff.

ALETHEIA

Beitrag zur Festschrift der 350. Jahresfeier des Humanistischen Gymnasiums in Konstanz; zuerst vorgetragen in einer unveröffentlichten Heraklitvorlesung des Sommersemesters 1943.